Doris Becher-Hedenus & Michael Hedenus

GENUSS WANDERN

REGENSBURG

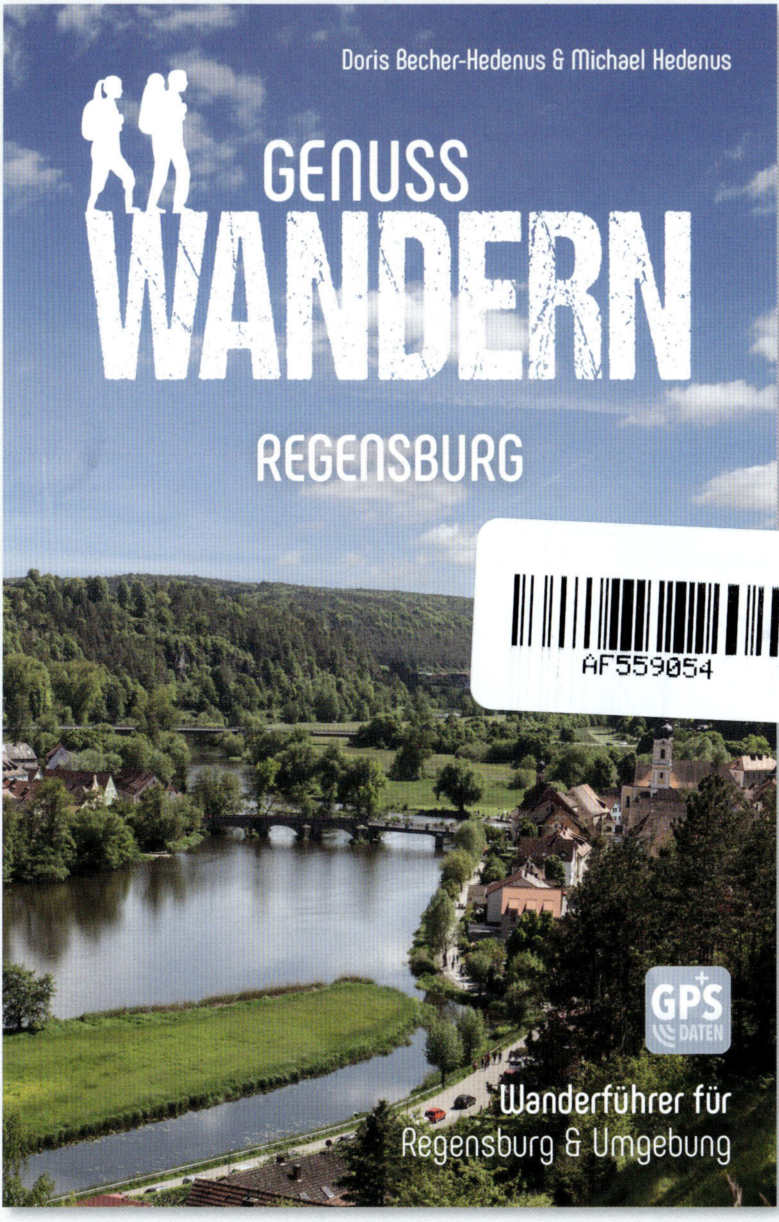

GPS+ DATEN

Wanderführer für Regensburg & Umgebung

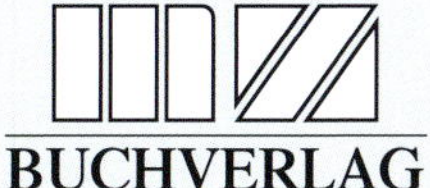

STRECKENDETAILS

PIKTOGRAMME

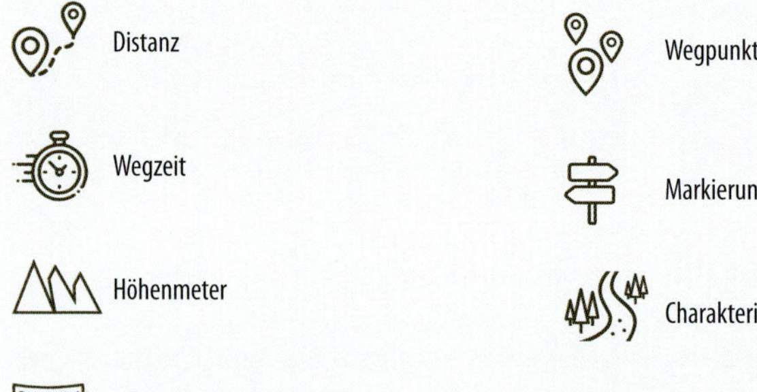

SCHWIERIGKEITSBEWERTUNG

Die Schwierigkeitsgrade sind subjektiv und von mir frei gewählt. Sie beziehen sich auf die Kriterien: Länge und Anstiege der Wanderung, Beschaffenheit und Markierung der Wege

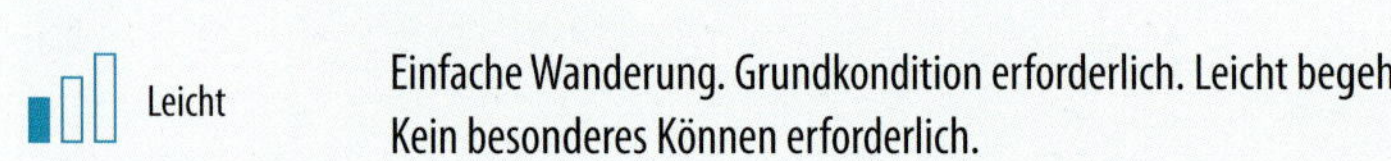

Leicht — Einfache Wanderung. Grundkondition erforderlich. Leicht begehbare Wege. Kein besonderes Können erforderlich.

Mittel — Mittelschwere Wanderung mit einer gewissen Länge. Gute Grundkondition erforderlich. Meist leicht begehbare Wege. Trittsicherheit oftmals vorteilhaft. Durchaus mit einigen Höhenmetern.

Schwer — Anspruchsvolle Wanderung mit einer gewissen Länge. Gute Grundkondition erforderlich. Überwiegend gut begehbare Wege, aber auch steile Passagen. Trittsicherheit und ggf. Schwindelfreiheit erforderlich. Wanderstöcke können sehr hilfreich sein. Es können einige Höhenmeter zu bewältigen sein.

VORWORT

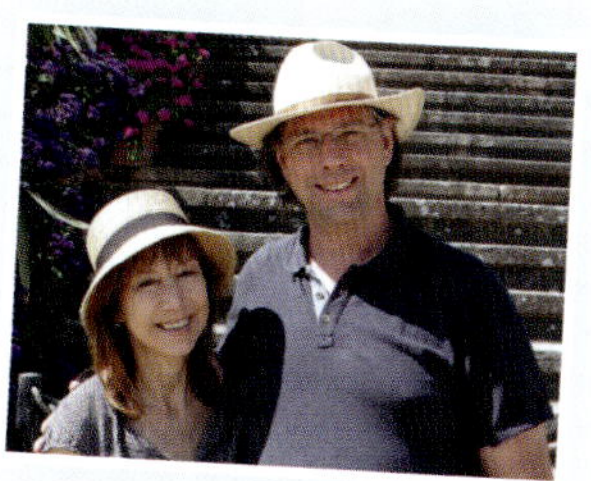

„Nur wo du zu Fuß warst, bist du auch wirklich gewesen." Rückblickend auf eine sehr intensive Wanderzeit, hatten wir daher viel erlebt: seltene Blumen entdeckt wie den Akanthus bei Neueglofsheim oder die gefüllten rosa Akeleien im Wald bei der Hohenschambach-Tour, einen Hexenbesen in einer Fichte und einen Salamander am Teich. Noch nie haben wir so viele Wildschweine im Thiergarten aufgeschreckt (und sie uns) und konnten auch den Mythos vom geheimen Schwammerlplatz aufklären ... Wir fanden sie nämlich reichlich überall rund um Regensburg.

Wir erfuhren unsere Gegend intensiv und damit auch die unterschiedlichen Charaktere, die sie ausmachen. Jede Gegend hat ihre eigene Stimmung und ist auf ihre Art reizvoll, man muss sich drauf einlassen wollen. Da gibt es tolle Aussichtsfelsen über den Flüssen und ganz stille Wege im Mintrachinger Holz. Nichts davon ist ein Berggipfel, nichts ein reißender Wasserfall oder eine tiefe Schlucht. Alles ist ein paar Nummern kleiner, damit aber persönlicher, es ist eben „unseres", unser Gefühl, unsere Heimat – und damit ungleich wertvoller.

Anders als in der grauen Stadt ist es in der Natur auch immer schön. Wenn es besonders feucht und neblig ist, leuchtet das Moos umso intensiver; ist es besonders heiß, freut man sich auf das spätere Eintauchen in den Weiher oder Fluss: ist es eher windig, auf den Wald, bei trübem Wetter auf die helle Wiese.

Die Touren sind neu und ausschließlich als Rundtouren konzipiert, denn die Hölle bei Brennberg oder der Alpine Steig bei Eilsbrunn, die Runde Schönhofen/Eichhofen oder auch der Max-Schultze-Steig sind zwar wirkliche Highlights, mittlerweile aber hinlänglich bekannt und oftmals entsprechend überlaufen. Geteerte Straßen haben wir so weit wie möglich vermieden, weite Ausblicke dagegen gesucht. Die Touren sind möglichst genau beschrieben, nicht mit Geschichten, sondern mit der Information, die Wandernde an der Abzweigung brauchen: rechts oder links. Interessante Details stehen am Schluss, vor den Einkehrtipps, die wir allerdings selbst nicht alle testen konnten.

Erfahren mussten wir aber auch, wie rasend schnell die Landschaft in unserer Boomregion zerstört wird: Kommt man ein halbes Jahr später wieder an einem Ort vorbei, entsteht dort plötzlich ein großes Neubaugebiet, wird eine Straße durch Felder gebaut oder mindestens der Weg zu einem Einödhof asphaltiert. Man möchte fast sagen: Gehen Sie heute, schon morgen könnte es ein Gewerbegebiet sein!

Danken möchten wir an dieser Stelle dem Waldverein für seine unermüdliche und fleißige Markierungsarbeit! Wie froh ist der Wanderer und die Tourenplanerin, wenn etwa das verlässliche Zeichen *Grünes Dreieck* zu finden ist. Wir danken auch Frau Bonfissuto und dem Team des Battenberg Gietl Verlages für die überaus angenehme Zusammenarbeit. Danken möchte ich (Doris) an dieser Stelle auch meinen Eltern, die mich von klein auf jeden Sonntag mit ins Grüne geschleift haben: Nein, es hatte mir keinen Spaß gemacht ... und das ist jetzt draus geworden. :-)

Das Wandern und das Erstellen dieses Buches hat uns viel Freude, Bewegung und auch richtig Arbeit gebracht, und nun geben wir es Ihnen an die Hand und hoffen, Sie haben viel Vergnügen damit!

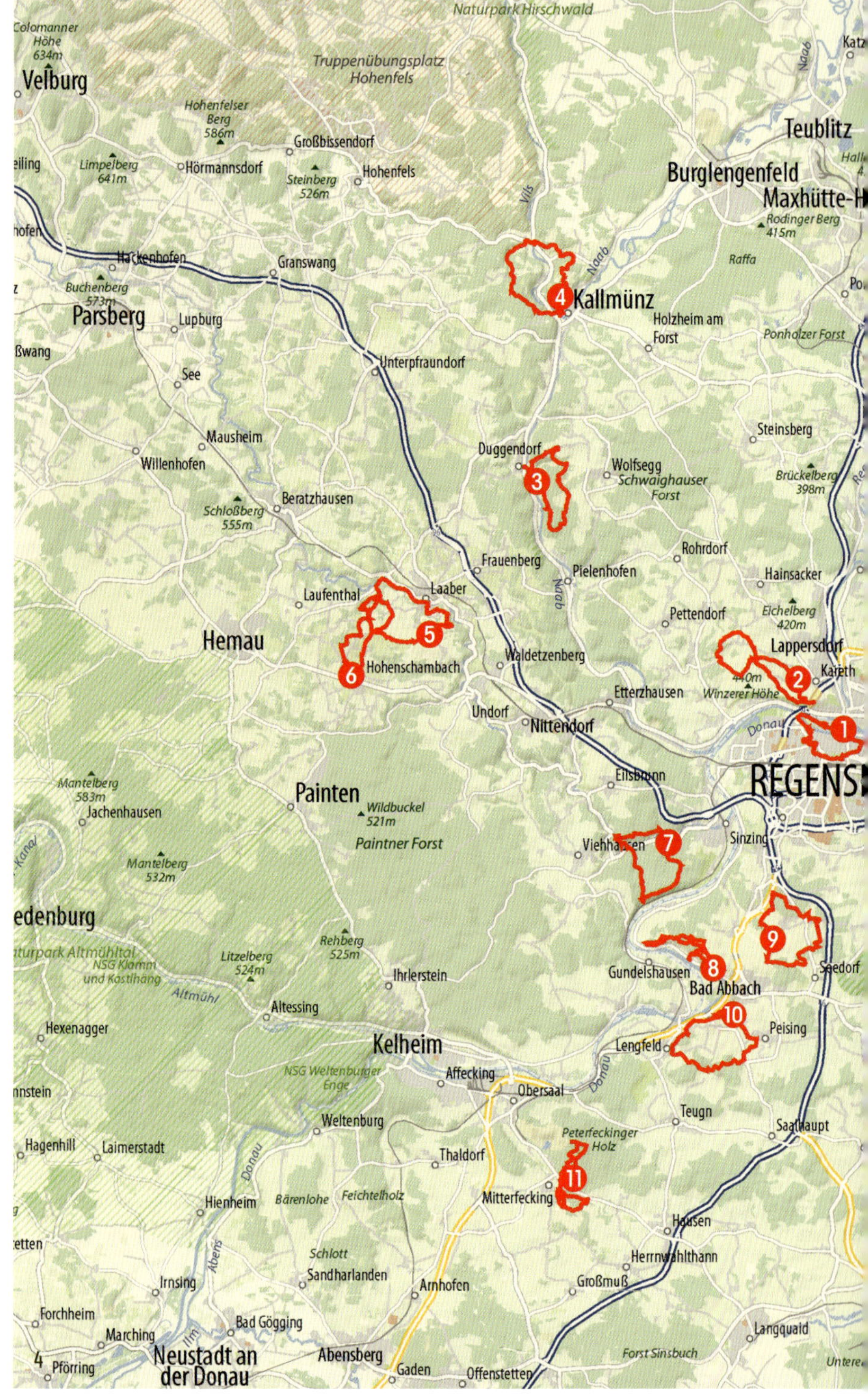

Naturpark Hirschwald
Colomanner Höhe 634m
Velburg
Truppenübungsplatz Hohenfels
Hohenfelser Berg 586m
Großbissendorf
Teublitz
Limpelberg 641m
Hörmannsdorf
Steinberg 526m
Hohenfels
Burglengenfeld
Vils
Rodinger Berg 415m
Hackenhofen
Granswang
Naab
Raffa
Buchenberg 573m
Parsberg
Lupburg
Kallmünz
Holzheim am Forst
Ponholzer Forst
Unterpfraundorf
See
Steinsberg
Mausheim
Willenhofen
Duggendorf
Wolfsegg
Schwaighauser Forst
Brückelberg 398m
Beratzhausen
Schloßberg 555m
Rohrdorf
Frauenberg
Pielenhofen
Hainsacker
Laufenthal
Laaber
Pettendorf
Eichelberg 420m
Hemau
Lappersdorf
Waldetzenberg
Kareth
Hohenschambach
440m
Winzerer Höhe
Etterzhausen
Undorf
Nittendorf
Donau
Mantelberg 583m
Eilsbrunn
Jachenhausen
Painten
Wildbuckel 521m
Paintner Forst
Viehhausen
Sinzing
Mantelberg 532m
Rehberg 525m
Litzelberg 524m
NSG Klamm und Kastlhang
Altmühl
Ihrlerstein
Gundelshausen
Seedorf
Bad Abbach
Altessing
Hexenagger
Peising
Kelheim
Lengfeld
NSG Weltenburger Enge
Affecking
Obersaal
Teugn
Weltenburg
Saalhaupt
Hagenhill
Laimerstadt
Peterfeckinger Holz
Thaldorf
Hienheim
Bärenlohe
Feichtelholz
Mitterfecking
Hausen
Schlott
Herrnwahlthann
Sandharlanden
Arnhofen
Großmuß
Irnsing
Abens
Forchheim
Ilm
Bad Gögging
Marching
Langquaid
Neustadt an der Donau
Abensberg
Forst Sinsbuch
Pförring
Gaden
Offenstetten
1
2
3
4
5
6
7
8
9
10
11

Hinweis zu den Öffnungszeiten von Gaststätten

Es kann immer zu spontanen Änderungen von Öffnungszeiten oder auch zu generellen Schließungen kommen. Wir bitten Sie, dies bei Ihrer Tourplanung zu berücksichtigen und sich vorab selbst über die tagesaktuellen Öffnungszeiten der jeweiligen Gaststätte zu informieren – telefonisch oder auf der Website (falls vorhanden).

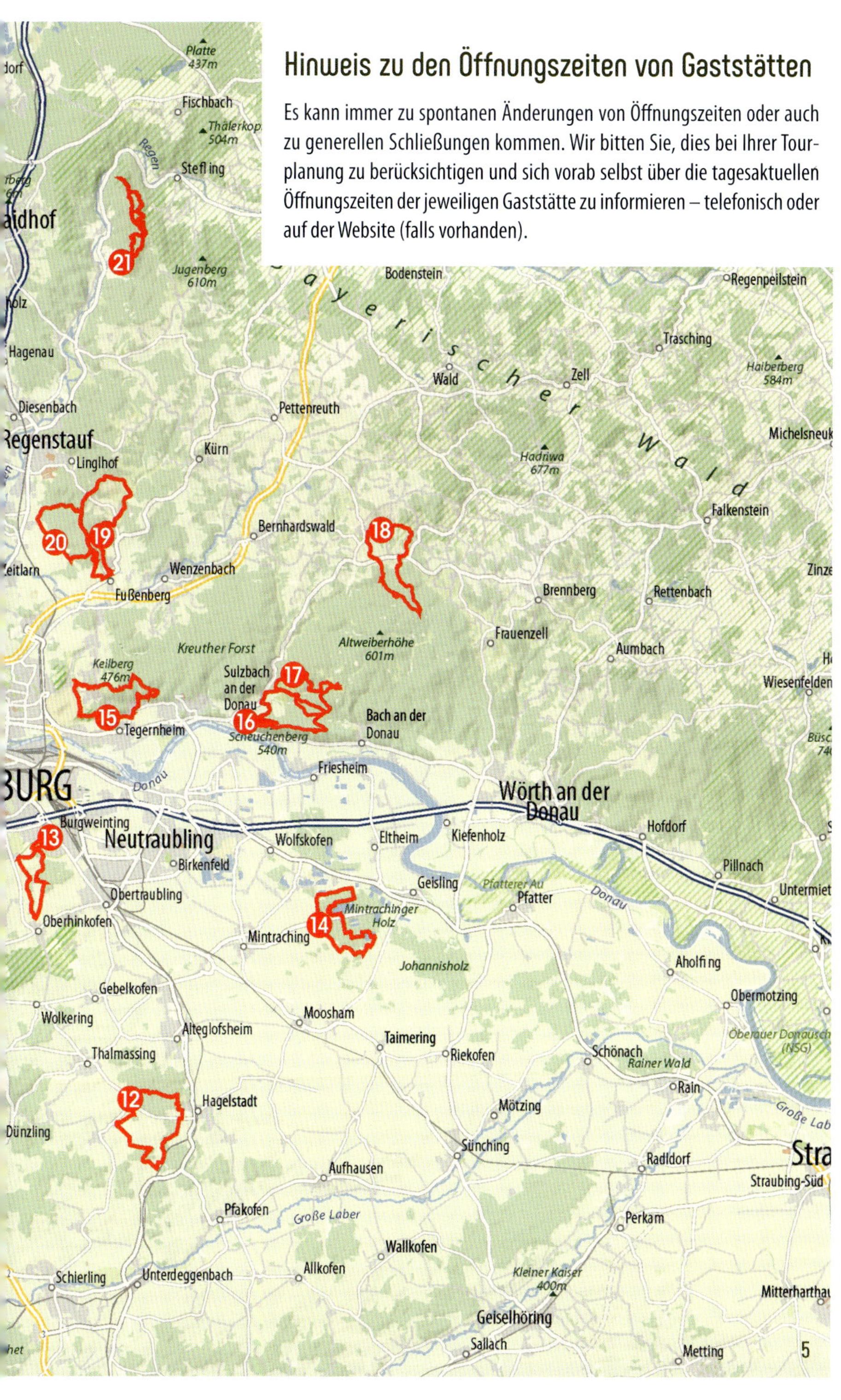

INHALT

INHALT

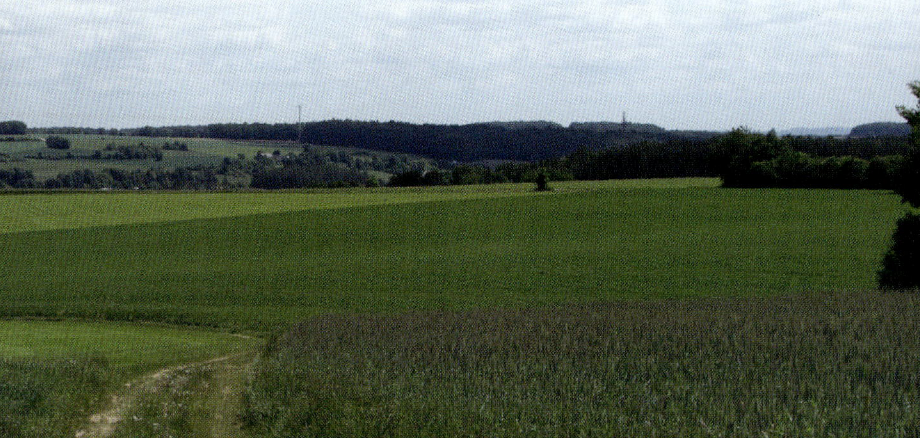

Regensburg

Regensburg liegt in einem Talkessel. Die günstige Topographie ermöglicht es, in alle Himmelsrichtungen „auszuwandern". Es wird dabei nie langweilig, denn die Landschaften wiederholen sich nicht, sie sind sogar von sehr unterschiedlichem Charakter – wie die Wandernden, die sie entdecken sollen. Für Abwechslung sorgen der Bayerische Jura im Westen, der nur leicht gewellte Gäuboden und die Gegend südlich der Donau, der Vordere Bayerische Wald im Nordosten und gleich vier Flüsse (Donau, Regen, Naab und Laber), begleitet von steilen, mitunter überhängenden Felswänden. Spannend zu entdecken sind auch die zahlreichen von Menschen geschaffenen Bauwerke wie Schlösser und Burg(-ruinen), daneben zahlreiche Ausdrucksformen der Volksfrömmigkeit wie Wegkreuze, Marterln und Bildstöcke. Die vielen kleinen Kapellen, sehr alte wie recht neue, mal auf offenem Feld weithin sichtbar, mal versteckt im Wald, sind ein unabtrennbarer Bestandteil unserer Kulturlandschaft. Aber auch einige vergessene Orte, Lost Places, werden wieder gefunden. Überall bieten sich interessante oder idyllische Ausblicke, ob von den Felsen über Flüsse oder von der Ebene in das weite Land.

Der aus einem riesigen Urmeer entstandene Oberpfälzer Jura bietet an seinen Ausläufern, die sich bis zum Keilberg erstrecken, durch seinen Kalkstein besonders abwechslungsreiche Gebiete und Karstlandschaften: Hier kann man lange über ausgedehnte und höher gelegene Ebenen wandern, in Naturschutzgebieten mit Trockenrasen, aber auch entlang der schönen Flussufer oder der steilen Felsenhänge darüber. Alle paar Kilometer, teilweise nach nur hundert Metern, kommt man dort zumindest an Mauerresten einer Burg vorbei.

Der meist flache, aber dennoch leicht hügelige Gäuboden mit der Mischung aus den aus Löss und Lehm hervorgegangenen, fruchtbaren Feldern, Wiesen und nur kleinen Wäldchen ist eine friedliche, unaufgeregte Landschaft. Sie bietet eine erholsame Weite als Gegensatz zur Enge der Stadt und etliche, durch den Sand- und Kiesabbau entstandene Badeseen, im Sommer eine willkommene Abkühlung.

Der Vorwald bietet einen ersten Vorgeschmack auf das Mittelgebirge des Bayerischen Waldes. Die Gegend ist sehr hügelig, und Flusstäler fehlen hier. Am beeindruckendsten sind sicherlich die unzähligen Granitfelsen aller Größen, Formen und Kombinationen, bemoost und kahl, rund und kantig, aufeinandergestapelte Wollsackverwitterungen oder solitäre Findlinge. Hier findet die Phantasie nicht nur allerlei Fabelwesen, sondern auch echte vorzeitliche Relikte wie Schalensteine sind zu bestaunen.

Finden Sie heraus, welcher Winkel Ihnen am besten gefällt und am meisten entspricht. Das kann, je nach Lust und Laune, körperlicher Fitness oder aber auch Witterung, ganz unterschiedlich sein. Sie bekommen für jede Himmelsrichtung und jede Stimmung ein paar Tourenvorschläge. Hoffentlich gelangen Sie auf diese Weise auch an Orte, an denen Sie noch nie waren, und erhalten Anregungen, selbst weiter auf Entdeckungsreisen zu gehen.

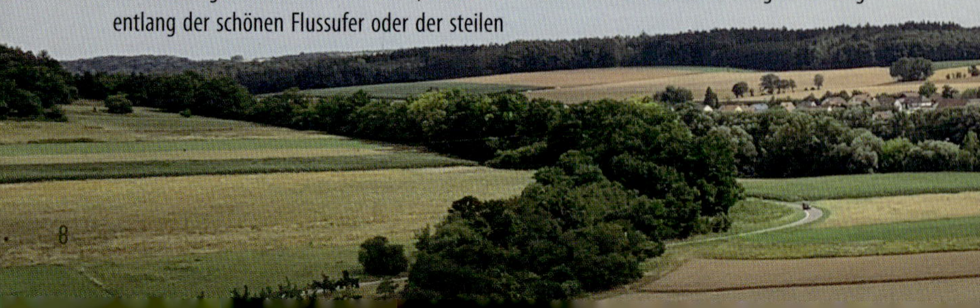

Wandern mit GPS

Dieses Buch ist so aufgebaut, dass Sie die Wege mithilfe der Tourbeschreibungen und der abgebildeten Karten auch ohne moderne Technik finden können. Es kann aber sicher nicht schaden, wenn man im Zweifelsfall auf technische Hilfsmittel zurückgreifen kann; besonders nützlich ist die elektronische Unterstützung auf unmarkierten Streckenabschnitten. Deshalb bieten wir unseren Lesern auf der Webseite des Verlags die GPS-Daten zu diesem Wanderführer kostenlos zum Download an. Die Adresse der Webseite lautet: **https://gps.battenberg-gietl.de/**

Geben Sie zuerst das Passwort **6d5Kz371** in das entsprechende Feld ein und klicken Sie dann bei der Tour Ihrer Wahl auf den Download-Button.

Die GPS-Daten wurden sorgfältig von den Autoren erstellt. Es kann aber vorkommen, dass Ihre Position aus technischen Gründen nicht exakt angezeigt werden kann. Mithilfe der Wegbeschreibungen und einer Wanderkarte sollten Sie sich aber stets orientieren können.

Die Touren sind im gängigen GPX-Format gespeichert. Sie können einzelne Touren direkt herunterladen oder gleich alle auf einmal; in dem Fall erhalten Sie eine ZIP-Datei, die Sie erst einmal „entpacken" müssen.

Um die GPS-Daten benutzen zu können, benötigen Sie ein Smartphone (iPhone oder Android) mit GPS-Empfänger und eine App, die GPX-Dateien darstellen kann (z. B. *Komoot, Bergfex, Outdooractive* o. ä.). Sie sollten nach Möglichkeit die Dateien so speichern, dass Sie sie offline nutzen können, da häufig Wälder und Berge beim Netzausbau nicht vorrangig behandelt werden und es im Online-Betrieb bei schlechtem Netz zu lästigen Verzögerungen kommen kann.

Navigationsaufgaben verursachen meist einen höheren Energieverbrauch auf dem Smartphone. Achten Sie daher besonders bei längeren Touren darauf, dass der Akku ausreichend aufgeladen ist.

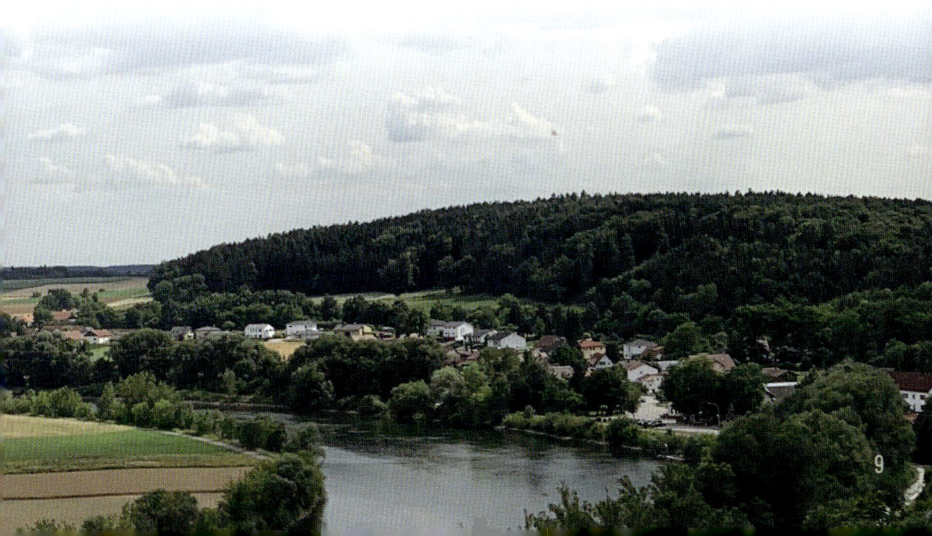

REGENSBURG

Im Grünen um das Welterbe

TOUR 01

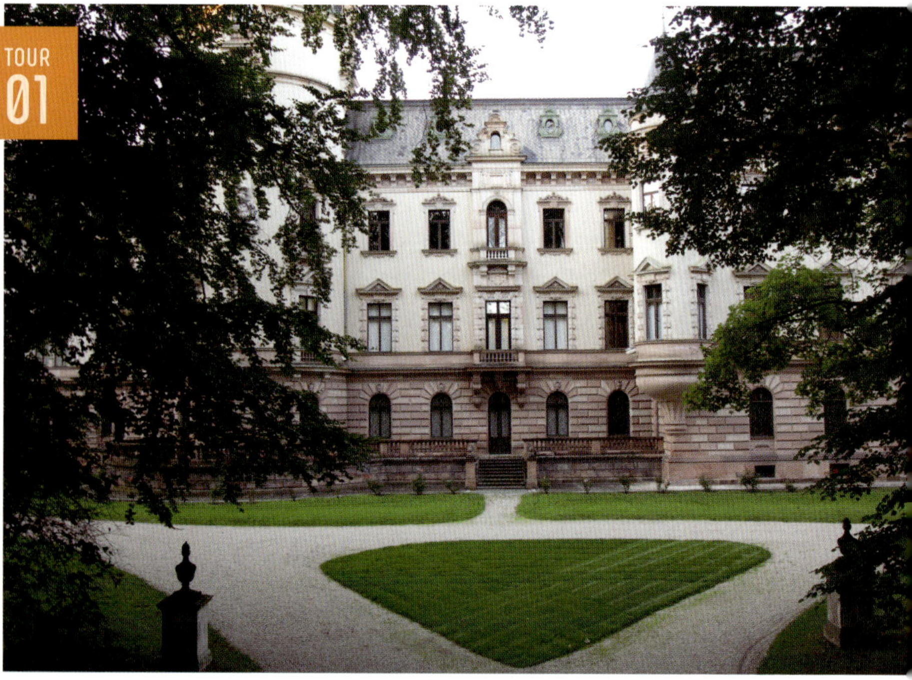

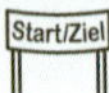

Parkplatz: Dultplatz, Am Protzenweiher 19A, 93059 Regensburg

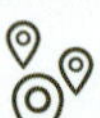

Dultplatz – Herzogspark – Dörnbergpark – Keplerdenkmal – Grieser Steg

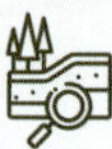

Durch die berühmte Pappelallee auf dem Oberen Wöhrd, vier Parks und den Alleengürtel geht es über die Jahninsel bzw. Stadtamhof durchs Welterbe, immer im grünen Bereich. Da die Parks alle von überschaubarer Größe sind, können Sie hier beliebig umherschlendern und werden sich nicht verlaufen.

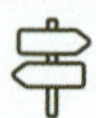

keine

Unter den Linden
Dr.-Johann-Maier-Str. 1, 93049 Regensburg (im Stadtpark): benannt nach dem Lindenhain, der sich vor dem Stadtpark an dieser Stelle befand

Rosarium
Hoppestraße 3A, 93049 Regensburg (im Dörnbergpark): denkmalgeschütztes Gebäude von 1871, früher Schweizer Haus genannt

Pernsteiner
Von-der-Tann-Straße 40, 93047 Regensburg (neben der Ostenallee)

Alte Linde
Müllerstr. 1, 93059 Regensburg (Jahninsel)

Viele Gaststätten und Biergärten/Freisitze in Stadtamhof

Foto: Schloss Thurn & Taxis

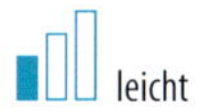 leicht

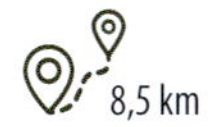 8,5 km

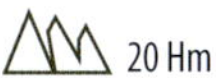 20 Hm

 2:15 h

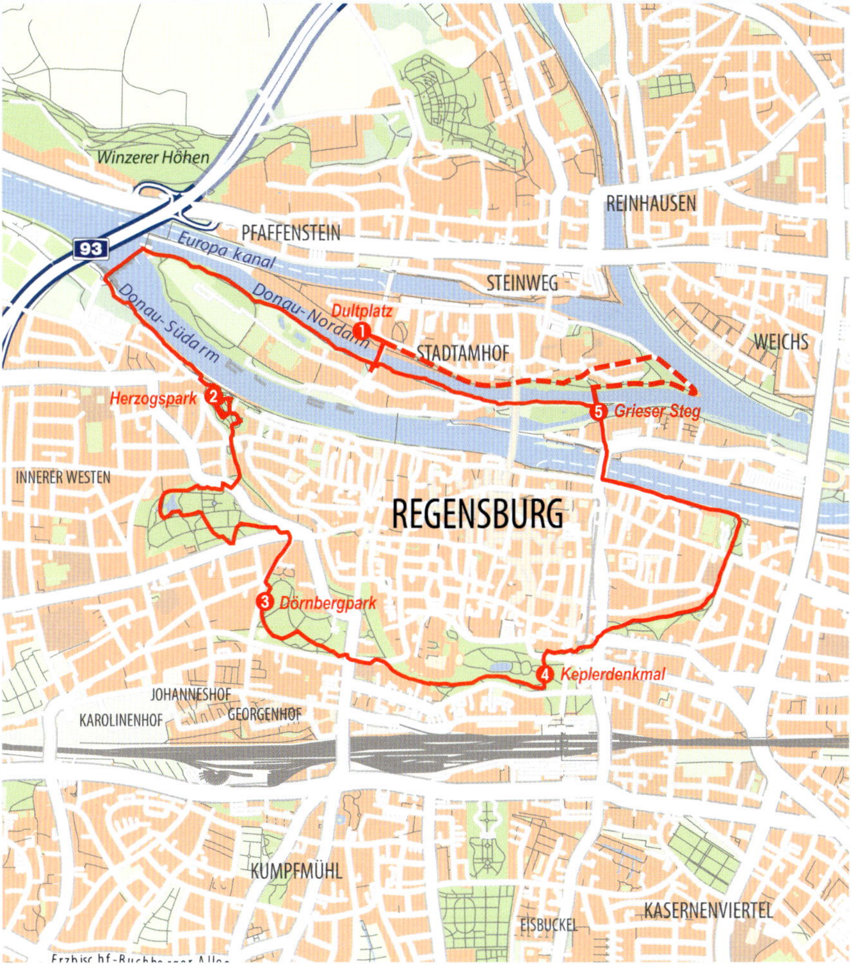

Winzerer Höhen
93
PFAFFENSTEIN
Europa kanal
REINHAUSEN
STEINWEG
Donau-Nordarm
Donau-Südarm
Dultplatz
STADTAMHOF
WEICHS
Herzogspark
Grieser Steg
INNERER WESTEN
REGENSBURG
Dörnbergpark
Keplerdenkmal
JOHANNESHOF
KAROLINENHOF
GEORGENHOF
KUMPFMÜHL
KASERNENVIERTEL
EISBUCKEL

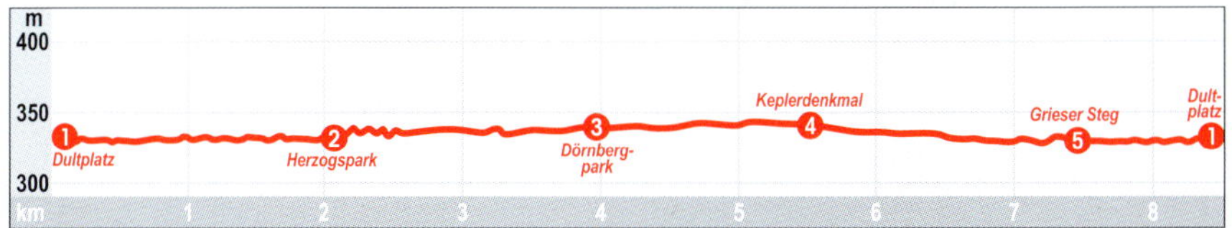

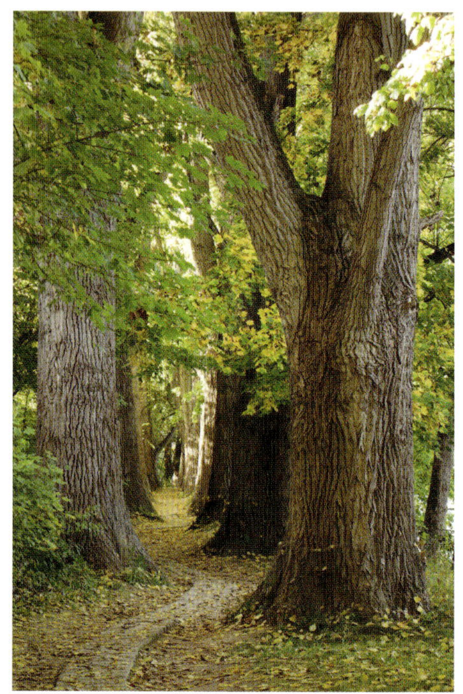

Pappelallee an der Donau

Das erste Highlight unseres Stadtspaziergangs wird die mittlerweile berühmte Pappelallee an der Donau sein. Dazu gehen wir vom Dultplatz ❶ über den Pfaffensteiner Steg und danach sofort nach rechts in den Weg, der parallel zur Donau flussaufwärts führt.

Donauwehr

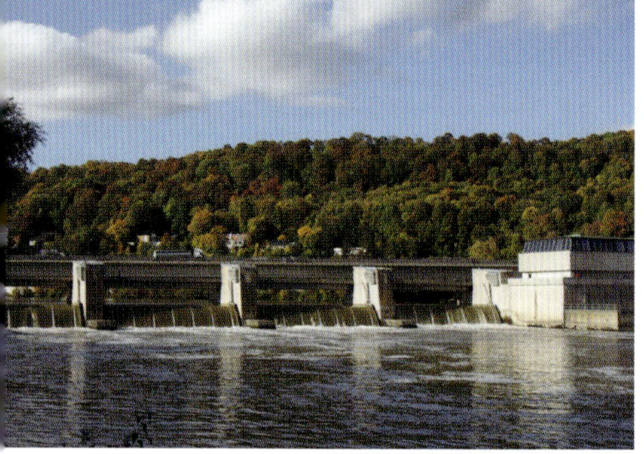

Vorbei an Apfel- und Walnussbäumen geht es nun an der Rückseite des RT-Bades entlang, und wir gelangen schnell zu den mächtigen Pappeln, zwischen denen sich unser Pfad hindurchschlängelt, bis wir auf einem breiteren Weg geradeaus weitergehen. Bald schon kommen wir an einem schönen Spielplatz und diversen Fitness- und Trainingsgeräten vorbei. Wir überqueren das Wehr Richtung Süden und genießen auf der Brücke schon den ersten Blick auf die Altstadt. Danach geht es nach links, und wir gelangen zunächst zur Schillerwiese: Hinter Bäumen versteckt befindet sich seit 1905 auf einem Hügel ein äußerst unauffälliger Gedenkstein für den Dichter Friedrich Schiller und daneben eine ihm zu Ehren gepflanzte Linde. Vor uns haben wir dann einen schönen Ausschnitt der Stadt, der sich nun zunächst vergrößert, während wir auf die Mauern des Herzogsparks ❷ zusteuern. Kurz davor steigen wir nach rechts über eine Treppe hoch und gelangen so zur Westendstraße, wo wir links von uns schon den Eingang zum Park sehen. Drinnen sind wir zunächst im Rosengarten, gehen an dessen Ende die Stufen hinunter und biegen dann rechts ab. In diesem Parterreteil ist es besonders im Mai schön, wenn die zahlreichen Azaleen und Rhododendren in vielen Nuancen von creme- und lachsfarben bis zu einem dunklen Pink blühen. Nach links gewandt besteigen wir dann die Treppe, die uns wiederum links um den Hang herum zum Seerosenteich führen. Weiter geht es zum Prebrunn-Turm, der manchmal bestiegen werden kann (ausprobieren!) und von dem aus man natürlich einen tollen Rundblick über die Altstadt hat.

Am Turm vorbei spazieren wir dann nach links zum formalen Garten mit dem Renaissancebrunnen, weiter an der Rückseite des Naturkundemuseums, wieder die Treppen hinunter, und verlassen den Park durch den südlichen Ausgang. Dann

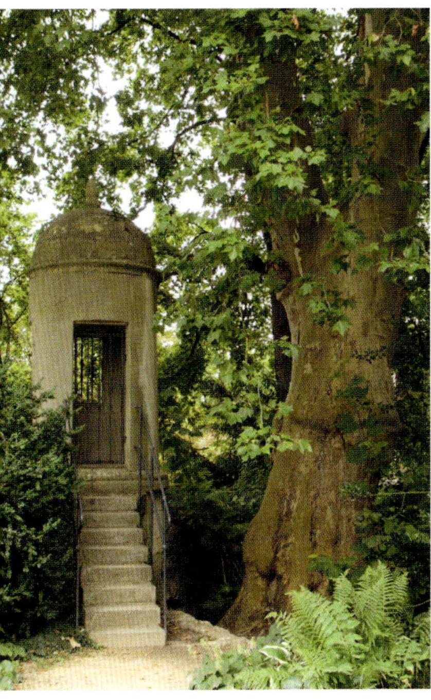

Pavillon im Herzogspark

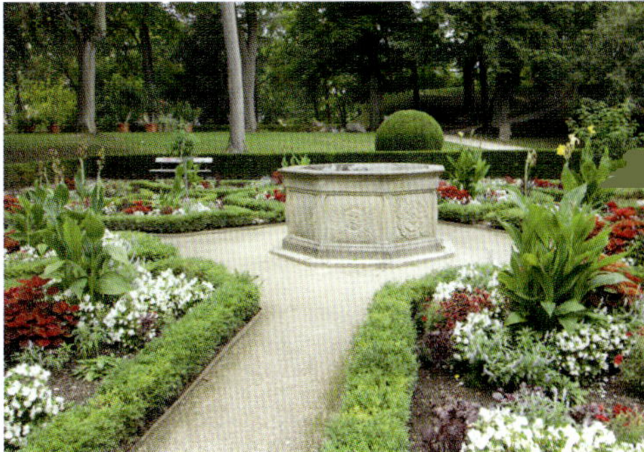

Renaissancebrunnen im Herzogspark

überqueren wir den Zebrastreifen in die Prebrunnallee, die wir bei der ersten Möglichkeit nach rechts abbiegend wieder verlassen und so schnell den Stadtpark erreichen. Unser Vorschlag wäre es nun, sich nach rechts zu wenden, denn so gelangt man zum Teich mit dem Springbrunnen, den wir umrunden. In der entgegengesetzten Richtung sieht man von hier die Ostdeutsche Galerie. Rechts des Weges befindet sich danach die russisch-orthodoxe Mariae-Schutz-Kirche und danach kommt der nackte Mann aus Bronze, bei dem wir rechts abbiegen. Wir kommen dann am Kindergarten vorbei, der ehemaligen Aussegnungshalle des Friedhofes, der sich hier früher befand, wovon die danach wachsenden düsteren Thujen und Grabsteine noch Zeugnis ablegen.

Nun spazieren wir zum südöstlichen Ende des Parks und überqueren dort die Prüfeninger Straße, gehen dann zunächst entlang der Dechbettener Straße und biegen dann durch das Tor in den Dörnbergpark ❸ ein. Wir wenden uns nach

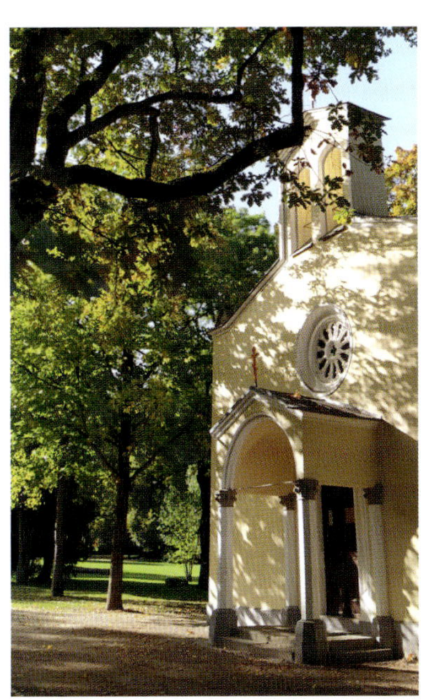

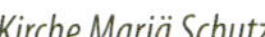

Kirche Mariä Schutz

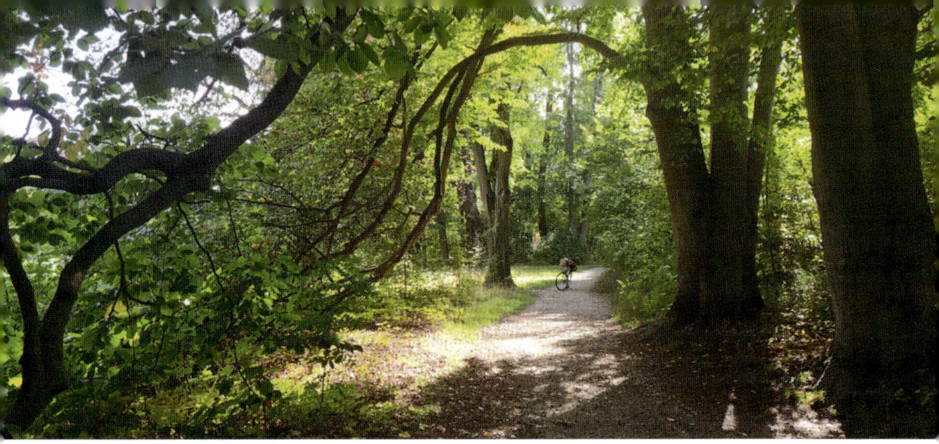

Dörnbergpark

rechts, kommen am Garten des Rosarium vorbei und gelangen, nach Osten schlendernd, entweder direkt, oder mit ein paar Wendungen durch den Park, zum südöstlichen Ausgang an der Kumpfmühler Straße. Weiter geht es gegenüber durch die Helenenstraße, auf das Schloss Thurn und Taxis zusteuernd, und nach rechts in die mit drei Denkmälern staffierte Carl-Anselm-Allee, die uns entlang des Schlosses und um seinen Park geleitet. Zunächst empfängt uns in der Allee eine steinerne Sphinx zur Erinnerung an Heinrich Karl Freiherr von Gleichen, später der Obelisk für den Stifter der Anlagen Fürst Carl Anselm. Nachdem unser Weg nach links abgebogen ist, sehen wir den Montopteros des Keplerdenkmals ❹. Das ehemalige „Milchschwammerl" ist dazwischen nicht zu übersehen.

Obelisk für Fürst Carl Anselm

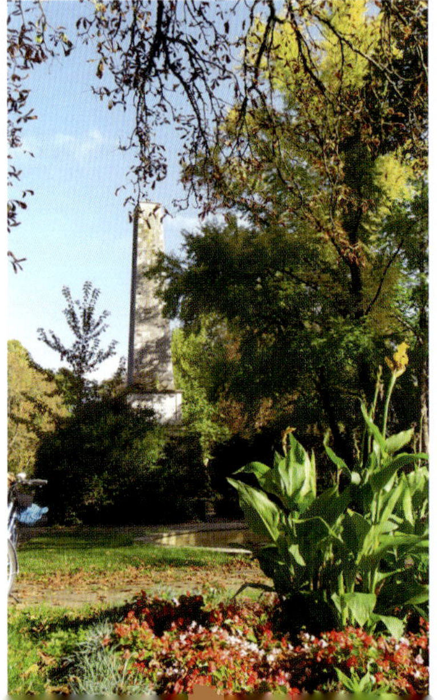

Ein Zebrastreifen führt danach über den St.-Peters-Weg direkt auf die gotische Predigtsäule zu, bei der wir rechts abbiegen. Danach überqueren wir die Maximilianstraße, gehen am Ernst-Reuter-Platz an den Resten der römischen Stadtmauer vorbei, und über die Dr.-Martin-Luther-Str. gelangen wir in die Ostenallee. Gleich zu Anfang findet sich ein weiteres Denkmal, und zwar für den Polizeidirektor Franz Xaver Gruber, der im Jahr 1814 verstorben war. Vorbei geht es später links am Städtischen Hallenbad und weiter durch die Allee zum Eingang des Villaparks. Links von uns befindet sich nun das fünftstöckige, um das Jahr 1300 erbaute Ostentor, das einzig vollständig erhaltene Tor der Stadt. Wir erkunden nun noch den kleinen Villapark (links befindet sich die königliche Villa), die letzte Anlage des Grüngürtels um die Altstadt, verlassen ihn auf der Nordseite, und stehen nun am Ufer der Donau.

An der nördlichen Mauer entlang spazieren wir jetzt donauaufwärts, vorbei am Medizinalturm. Auf der Ostseite des Ziegelgebäudes Donaulände

7 ist noch ein langer Schriftzug entdeckenswert: „Agentie der ersten k . K . priv. oesterr. Donau-Dampfschiffahrts-Gesellschaft". Vorbei am Haus der Bayerischen Geschichte geht es nun nach rechts über die Eiserne Brücke, von der aus man den Postkartenblick auf Rathaus, Dom, Salzstadel und Steinerne Brücke genießen kann. Geradeaus führt unser Weg weiter über die Ampel in die Proskestraße, die uns zum Grieser Steg bringt.

Alternative A (Jahninsel): Auf der Mitte des Grieser Stegs ❺ führt eine Treppe hinunter zur Jahninsel. Vor uns und hinter dem Zaun befindet sich die Schwimmabteilung des namensgebenden SSV Jahn. Wir wenden uns nun nach Westen Richtung Steinerne Brücke, begleitet von alten hohen Bäumen, während wir links von uns die Stelzenhäuschen des Schwimmvereins sehen und rechts einen malerischen Blick auf die Südseite von Stadtamhof haben. Wir wandern dann am nördlichen Uferrand der Insel unter der Brücke durch und weiter immer geradeaus, vorbei an der Rückseite der Lauservilla bzw. deren Park. Nach rechts gelangen wir dann über den Pfaffensteiner Steg wieder zu unserem Ausgangspunkt zurück.

Alternative B (Stadtamhof): Wir gehen ganz über den Grieser Steg, biegen rechts ab und gelangen so zum Grieser Spitz, wo sich Rhein-Main-Donau-Kanal und alte Donau wieder vereinigen. Wir biegen dann nach links ab (rechts vor uns sehen wir, wo der Regen in die Donau fließt), und wenn wir links von uns die ersten Häuser von Stadtamhof sehen, gehen wir direkt über die Wiese auf sie zu. Wir spazieren nun durch die malerische Gasse „Am Gries" mit ihren teilweise winzigen Kapitänshäuschen und dem Kloster der Armen Schulschwestern und treffen am Ende auf den Andreasstadel. Dort gehen wir nach links, dann rechts Richtung Steinerne Brücke. Unter der Brücke hindurch geht es nun immer geradeaus bis zum Ausgangspunkt.

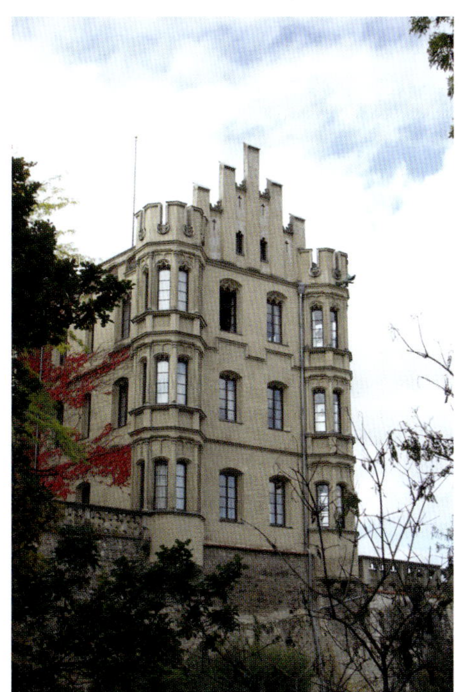

Königliche Villa

Bemerkenswert

Herzogspark: Der 1804 angelegte Park wurde nach der Schwester des Fürsten von Thurn und Taxis, Herzogin Marie Sophie von Württemberg, benannt, die das dreiflügelige Palais am südlichen Ende des Parks als Wohnsitz nutzte. Heute befindet sich darin das Naturkundemuseum. Hier, am westlichen Ende der Altstadt, endete die ehemalige Stadtmauer, heute noch erkennbar am Stadttor, dem Prebrunnturm. Der mittlerweile 1,5 Hektar große und eher ruhige Park besitzt u.a. einen kleinen formalen Renaissancegarten, der um den achteckigen Brunnen von 1599 angelegt wurde.

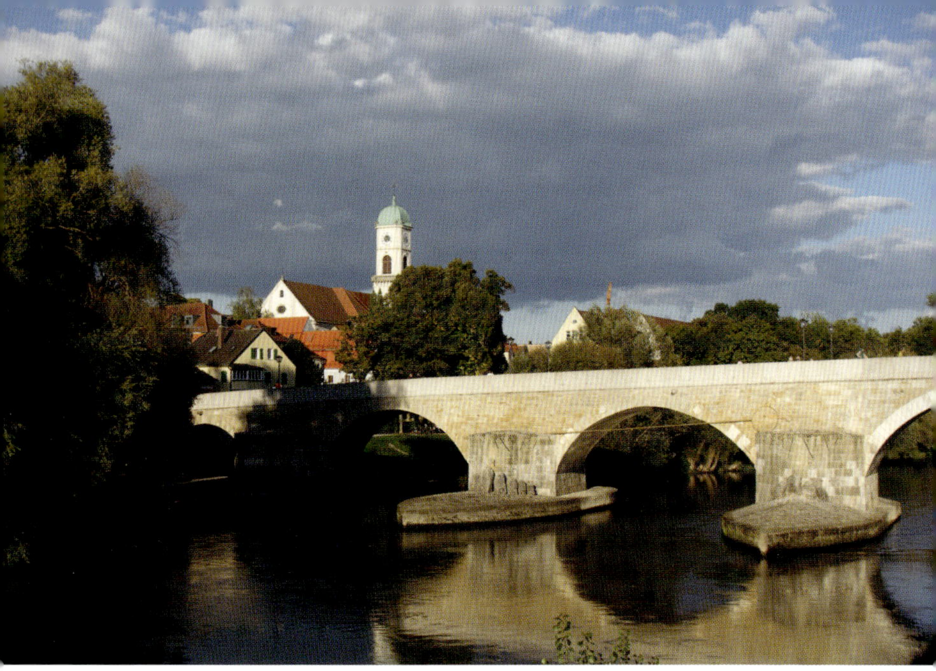

Steinerne Brücke und Kirche St. Mang Stadtamhof

Stadtpark: Anfang des 20. Jahrhunderts entstand dieser 8 Hektar große Park auf einem Gelände, das vorher bereits einen Lindenhain, einen Schieß- und Festplatz und die bis Anfang des 20. Jahrhunderts bestehenden beiden Lazarus-Friedhöfe aufwies. Das Friedhofstor und die ehemalige Friedhofskirche (heute russisch-orthodox) sind noch vorhanden. Für die Oberpfälzer Kreisausstellung von 1910 wurde ein großer Platz benötigt, den man hier (noch mit Ausnahme der Friedhöfe) fand. Das einzige verbliebene Gebäude davon beherbergt heute das Museum Kunstforum Ostdeutsche Galerie.

Dörnbergpark: Der 7,4 Hektar große, von Buchen dominierte englische Landschaftsgarten wurde 1865 vom königlich bayerischen Hofgärtner Carl von Effner für Ernst Friedrich von Dörnberg geplant und steht heute unter Denkmalschutz. Ebenfalls unter Denkmalschutz steht das Dörnbergpalais, das sich am östlichen Ende des Parks befindet. Es wurde 1804–1806 von Emanuel d'Herigoyen erbaut und 1832 an Dörnberg verkauft.

Carl-Anselm-Allee: An Stelle der geschleiften Stadtmauern begann Fürst Carl Anselm von Thurn und Taxis ab 1779 eine Allee im englischen Stil entlang seines Schlossparks anlegen zu lassen und zunächst auch zu finanzieren. Fürstprimas Karl Theodor von Dalberg erweiterte die Allee, und reiche Bürger errichteten hier ihre Villen und Gärten.

Milchschwammerl: Unter Denkmalschutz stehender Kiosk, der wie ein Fliegenpilz aussieht und sich in der Carl-Anselm-Allee in Nähe des Obelisken befindet. In den 1950er Jahren entstanden 50 solcher Kioske, aber auch Milchbars, um der (jugendlichen) Bevölkerung – mit großem Erfolg – das gesunde Milch-Trinken (und nicht Cola-Trinken) schmackhaft zu machen. Heute ein Steh-Café.

Villapark: Der nur 1,5 Hektar kleine Park im englischen Stil gehörte zur königlichen Villa, nach welcher er auch benannt ist. König Maximilian II. wollte sich ursprünglich hier seinen Sommersitz einrichten, wofür er sich ein neugotisches Schlösschen bauen ließ. Allerdings wurde das Gebäude insgesamt nur wenige Wochen genutzt. 1856/57 plante der Münchner Oberhofgärtner Carl Effner die dazugehörige, heute denkmalgeschützte Parkanlage, in der der einstige Stadtgraben noch erkennbar ist.

Jahninsel: Grünanlage zwischen den Donauarmen, zwischen Stadtamhof und Altstadt. Benannt nach der Schwimmabteilung des SSV Jahn 1889, die auf dem Gelände der ehemaligen Militärschwimmschule entstand. Die Mitglieder des Vereins haben Zugang zum dornröschenhaften Gelände mit seinen Stelzenhäuschen.

Lauservilla: Die 1795 erbaute Gartenvilla (heute Lieblstr. 2) besaß ursprünglich einen englischen Landschaftspark zur Donau hin. Die Lage erlaubte es auch, in Gondeln auf dem Fluss zu fahren. Noch erkennbar sind die Reste des achteckigen Gartenpavillons, einer Pagode in chinesischem Stil.

Milchschwammerl

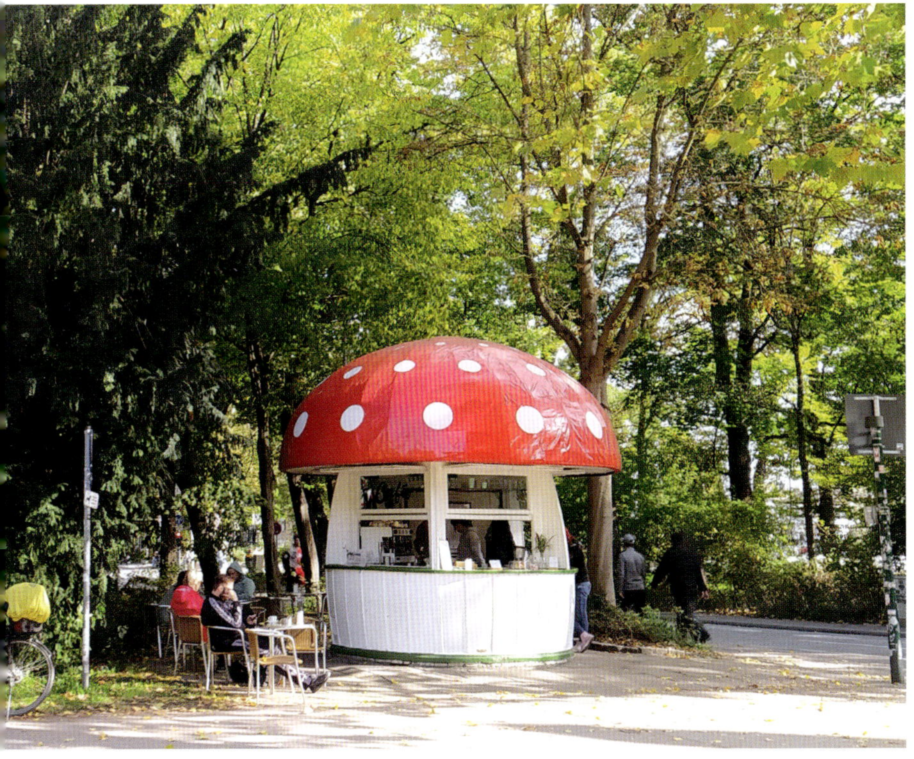

TREMMELHAUSERHÖHE

Nahe der Stadt mitten auf dem Land

TOUR 02

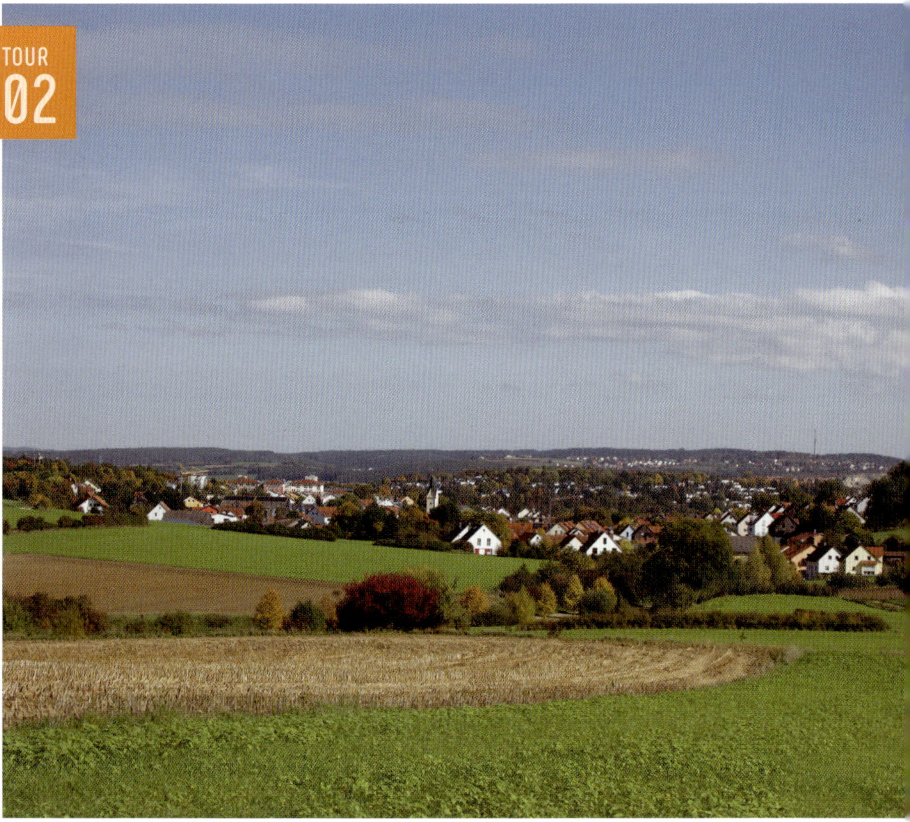

Parkplatz: Auf der Winzerer Höhe, 93138 Lappersdorf, auf dem Parkplatz im Wald, Navi: Auf der Winzerer Höhe 10, 93059 Regensburg

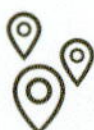

Winzerer Höhe – Magnifikatkapelle Rehtal – Tannerl-Kapelle – Watzlik-Kapelle – Karether Weg

Sonniger und stiller Weg über Wiesen und Felder, immer oben auf der Tremmelhauser Höhe, mit drei längeren Aufstiegen

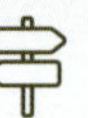

keine

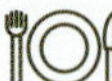

Gasthaus Huf (Höhwirt)
Karether Weg 3,
93138 Lappersdorf/ Tremmelhausen

Nicht direkt an der Wanderroute, aber in der näheren Umgebung:
Spitalkeller
Alte Nürnberger Str. 12, 93059 Regensburg

 Foto: Kareth und Keilberg

TREMMELHAUSERHÖHE – TOUR 02

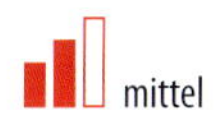 mittel

 11,7 km

180 Hm

 3:15 h

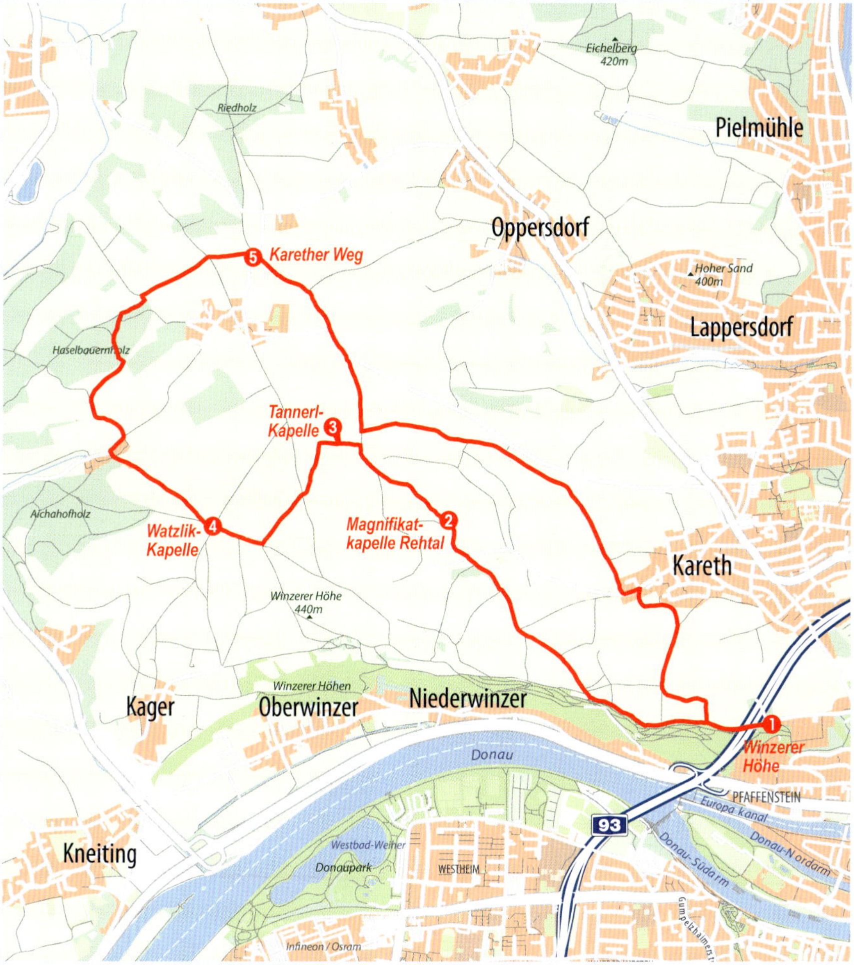

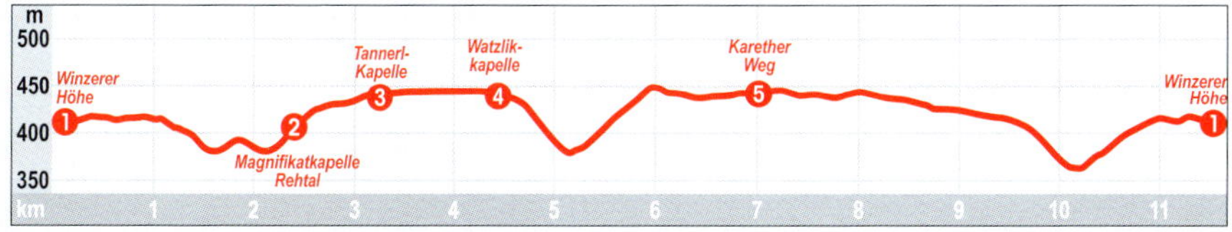

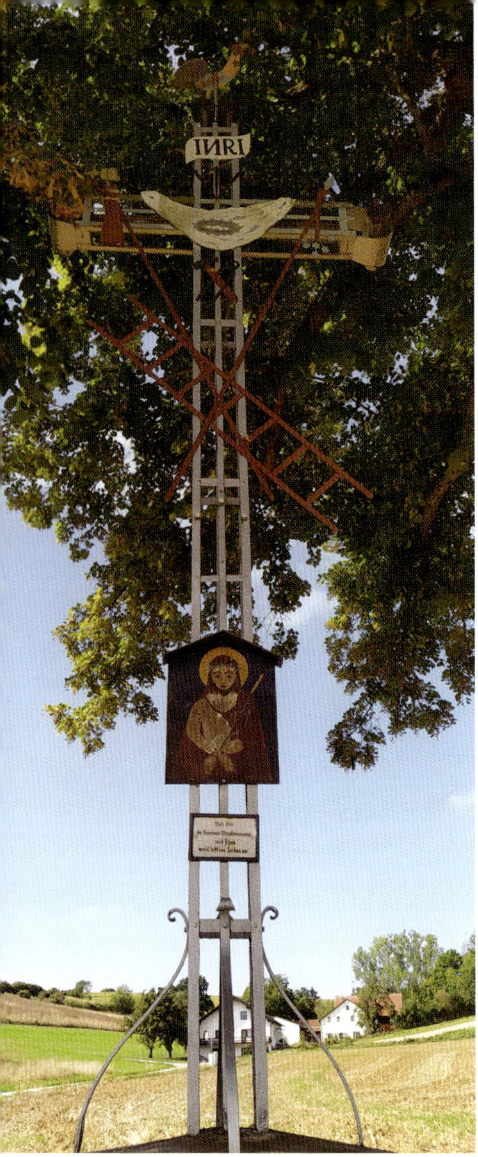

Kreuz bei Rehtal

Zunächst bleiben wir auf der Winzerer Höhe ❶ Richtung Westen, bis links zwei Infotafeln „Lebensraum Blühfläche" am Rand stehen. Hier biegen wir nach rechts ab in den Weg, neben dem auch ein Strommast steht, und kommen nun auch an weiteren Schautafeln der Bayerischen Landesanstalt für Landwirtschaft vorbei, immer geradeaus weiter wandernd. Rechts von uns sehen wir Kareth, weiter im Osten den Sallerner Berg, dahinter den Keilberg und den Sendemast.

Unser Weg führt uns vorbei an einer offiziellen Feuerstelle, dem **Rennerhof** und dem großen **Arma-Christi-Kreuz**, danach zur **Magnifikatkapelle Rehtal** ❷ hinauf. Vom weiteren Weg aus sieht man nun auch schon die Spitze des Scheuchenbergs hinter Donaustauf aufragen.

Nach einem hohen Kreuz folgen wir dem Wegweiser zur Tannerl-Kapelle nach links und gehen auf ein kleines Feldgehölz zu. Bevor wir von dort geradeaus dem Trampelpfad über das Feld folgen, machen wir einen Abstecher zur **Tannerl-Kapelle** ❸.

Blick von der Kapelle Rehtal auf das Gut

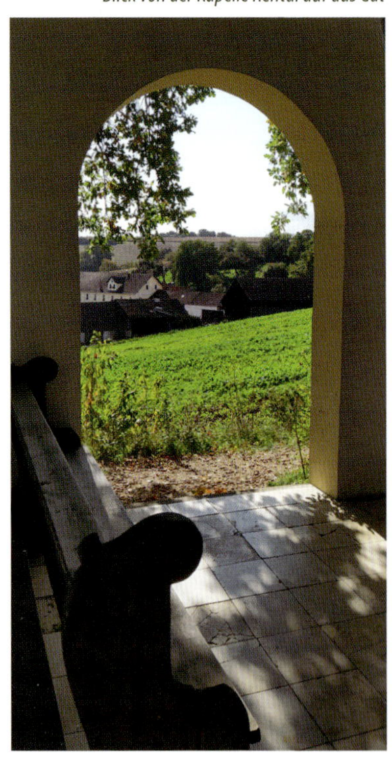

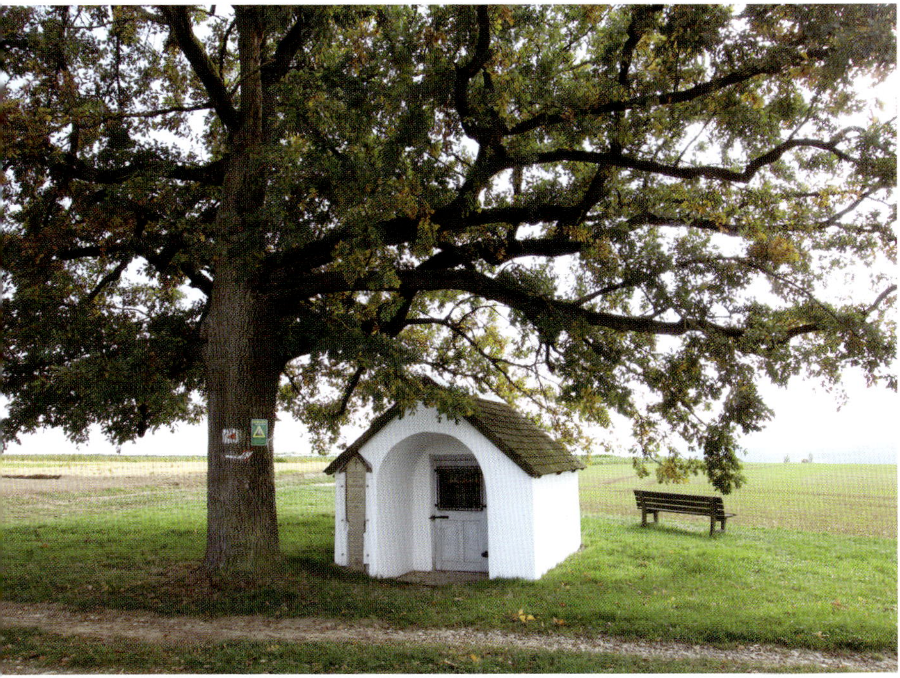

Watzlik-Kapelle

Nach dem Pfad biegen wir nach links in den Weg ab und gehen jetzt immer geradeaus. Wir sehen nun die Domtürme aufragen und die Stadt in ihrem Talkessel, deren Trubel und Lärm jedoch ganz weit weg sind. Wenn rechts ein ebenfalls breiter Weg in Richtung einer allein stehenden Eiche abzweigt, biegen wir ab und gelangen so zu der neben diesem großen Baum befindlichen **Watzlik-Kapelle ❹**.

Wir gehen danach in einem rechten Bogen auf dem Tremmelhauserweg weiter, der uns zum Bauernhof Tremmelhausen hinunterführt. Wenn wir an den Häusern vorbei sind, ist nun westlich von uns in der Ferne die Klosterkirche von Adlersberg zu erkennen; wir biegen jetzt nach rechts ab, gehen am Teich vorbei, und nach dem verfallenden Gebäude geht es nach links und vorbei an zwei großen Bäumen, einer Linde und einem mächtigen Nussbaum. Wir wandern aufwärts in Richtung Wald, den wir dann auch durchqueren. Danach biegen wir rechts ab und marschieren weiter am Waldrand entlang, an dessen Ende wir

Tannerl-Kapelle

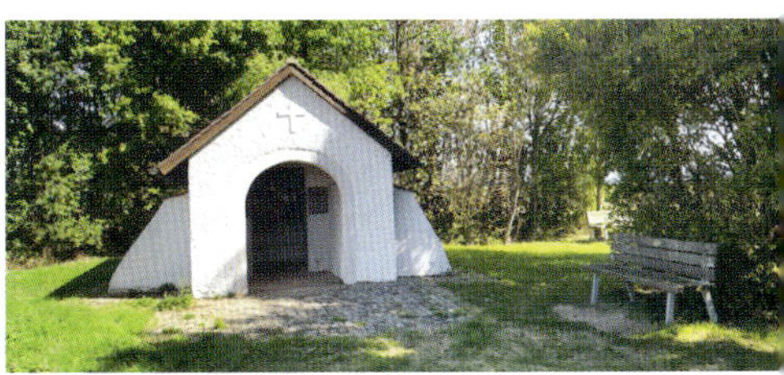

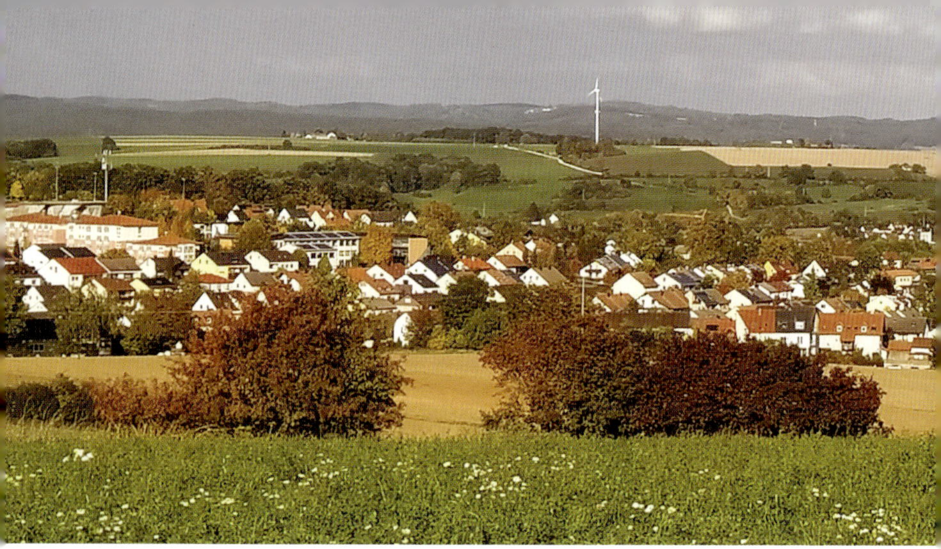

Blick nach Kareth

Teich beim Hof Tremmelhausen

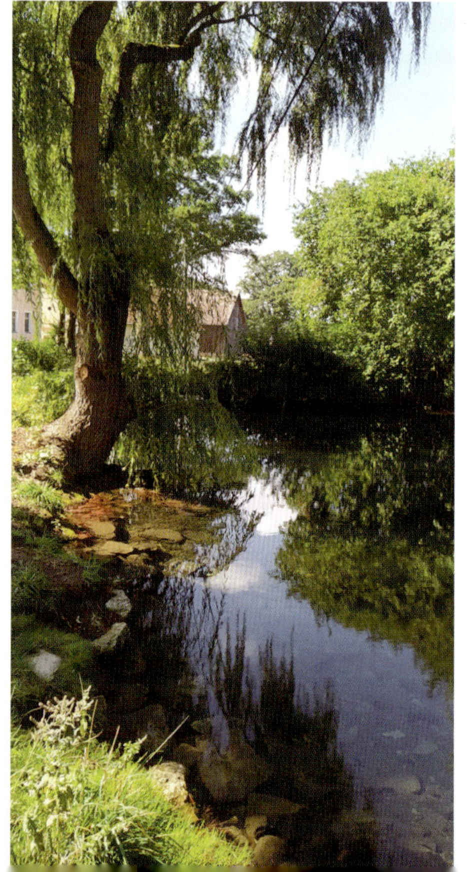

nach links abbiegen und bei der nächsten Gelegenheit schon wieder rechts Richtung Osten. Wir gehen geradeaus durch Wiese und Feld bis zur Asphaltstraße (Karether Weg) ❺. Wen nun der Durst bereits zu sehr plagt, der kann auf dieser Straße weiter nach rechts gehend einen Ausflug zum Biergarten Huf machen und danach zum geplanten Weg wieder aufschließen.

Dieser führt über die Straße geradeaus an den Häusern von Schinderwies vorbei, wobei wir links unten nun den Ort Oppersdorf und weiter weg schon die Hügel des Vorwaldes im Blick haben. Unser Weg trifft nun auf die Straße zur Tremmelhauser Höhe, auf der wir geradeaus weiter wandern und ca. 100 Meter vor uns schon zwei neu angepflanzte junge Bäume sehen, bei denen sich auch ein kleiner Parkplatz befindet. (Gegenüber ist auch ein Startplatz für Gleitschirmflieger.) Davor biegen wir rechts ab und erkennen bald schon vor uns das schmale hohe Kreuz vom Hinweg.

Bis dorthin geht es aber nicht, denn bei der nächsten Möglichkeit biegen wir nach links ab in einen schmalen Wiesenpfad, der uns jetzt ei-

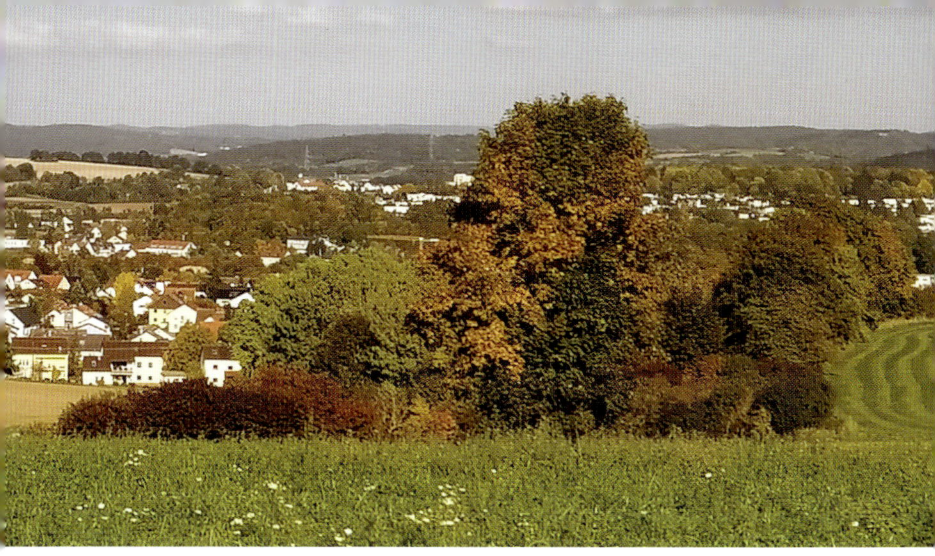

nige Zeit nach Osten führt und später in das Sträßchen nach Kareth mündet. Im Ort biegen wir links in die Hauptstraße ab und nach dem Haus mit der Nummer 121 nach rechts. Nun geht es noch einmal aufwärts, beim Walnussbaum mit der Bank nach links und oben auf der Winzerer Höhe noch einmal nach links zurück zum Ausgangspunkt.

Bemerkenswert

Arma-Christi-Kreuz: Ein Arma-Christi-Kreuz wird auch Waffen-Christi-Kreuz oder Passionskreuz genannt. Das lateinische „arma" bedeutet „Waffen" und meint hier die Leidenswerkzeuge bei der Kreuzigung Christi. Arma-Christi-Kreuze sind im katholischen Süddeutschland verbreitet, im Raum Regensburg aber ungewöhnlich.

Rennerhof: Im 14. Jahrhundert wurde hier von einer mit Zugbrücke und Mauer ausgestatteten Burg gesprochen, doch ist auf einem Brunnen im Hof sogar die Zahl 1143 zu lesen. Mitte des 15. Jahrhunderts gelangte der Besitz an das Stadtamhofer Kloster St. Mang, dem er nicht nur zur Versorgung, sondern auch als Sommersitz der Mönche diente. Interessanterweise führte ein Geheimgang zum Dominikanerinnenkloster auf dem Adlersberg. Seit der Säkularisation in Privatbesitz.

Magnifikatkapelle Rehtal: Die Kapelle oberhalb des Rennerhofes wurde im Jahr 1961 erbaut. Der Name leitet sich vom Anfang des Lobgesangs Mariens ab: „Magnificat anima mea Dominum" („Meine Seele preist den Herrn"). Hier werden gerne Maiandachten gefeiert.

Tannerl-Kapelle: Bereits 1650 befand sich an dieser damals noch bewaldeten Stelle auf der Tremmelhauser Höhe ein Marienbild an einer Tanne, die dann zur Namensgeberin für die spätere Kapelle wurde. Als Pestkapelle war diese 1713 von dankbaren Überlebenden gestiftet worden.

Watzlik-Kapelle: Nach dem aus Böhmen stammenden und in Tremmelhausen wohnhaften Literaten Hans Watzlik (1879 – 1948) benannte Kapelle mit seinem Totenbrett.

DUGGENDORF

Engel und Fledermäuse über der Naab

TOUR 03

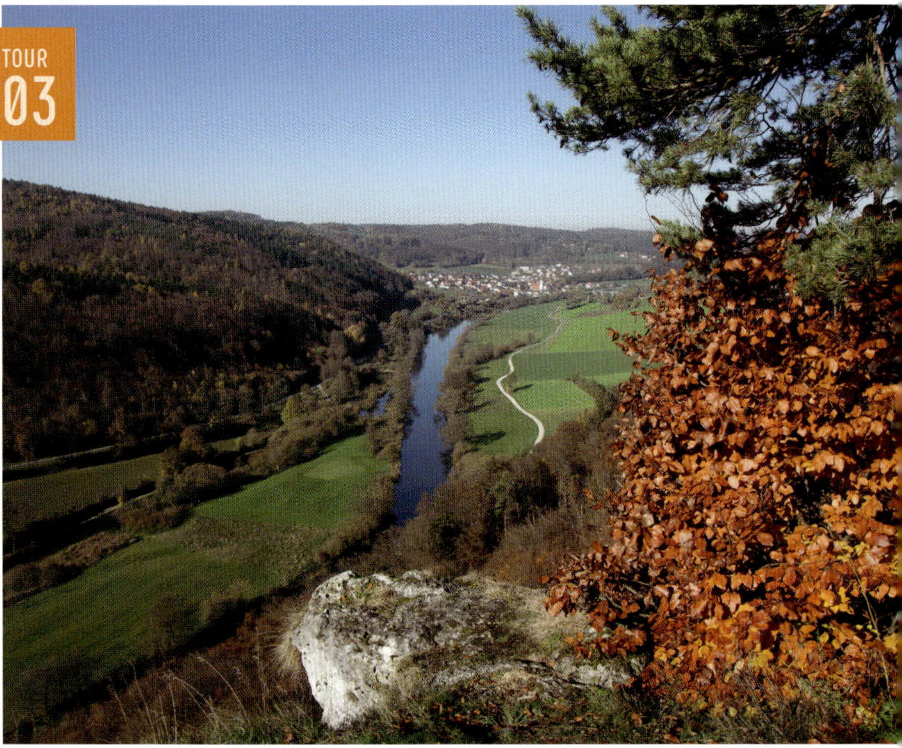

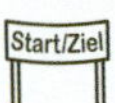

Regensburger Straße 10,
93182 Duggendorf

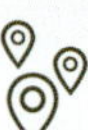

Duggendorf – Burgstall Lichtenroth – Hof Biersackschlag – Grabenhäuser – Hammerberg

Wir wandern zum bekannten Engelsfelsen und dann in einem weiten Bogen durch Buchen- und Mischwälder über den Hammerberg zu einem weiteren Aussichtspunkt mit Blick auf das Naabtal und Duggendorf. Vorsicht an ungesicherten Aussichtspunkten: Absturzgefahr!

Rotes Rechteck, grünes Rechteck, grünes Dreieck, Denkmalwanderweg Wolfsegg, teilweise unmarkiert

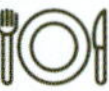

Unterwegs keine.
In der Nähe:

Klosterwirtschaft Pielenhofen
Klosterstr. 6, 93188 Pielenhofen

Gasthaus Naabtal
Amberger Str. 6, 93182 Heitzenhofen

 Foto: Blick ins Naabtal

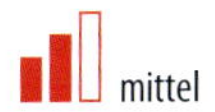 mittel

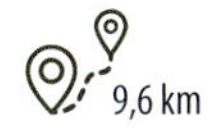 9,6 km

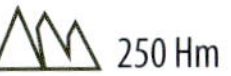 250 Hm

 2:45 h

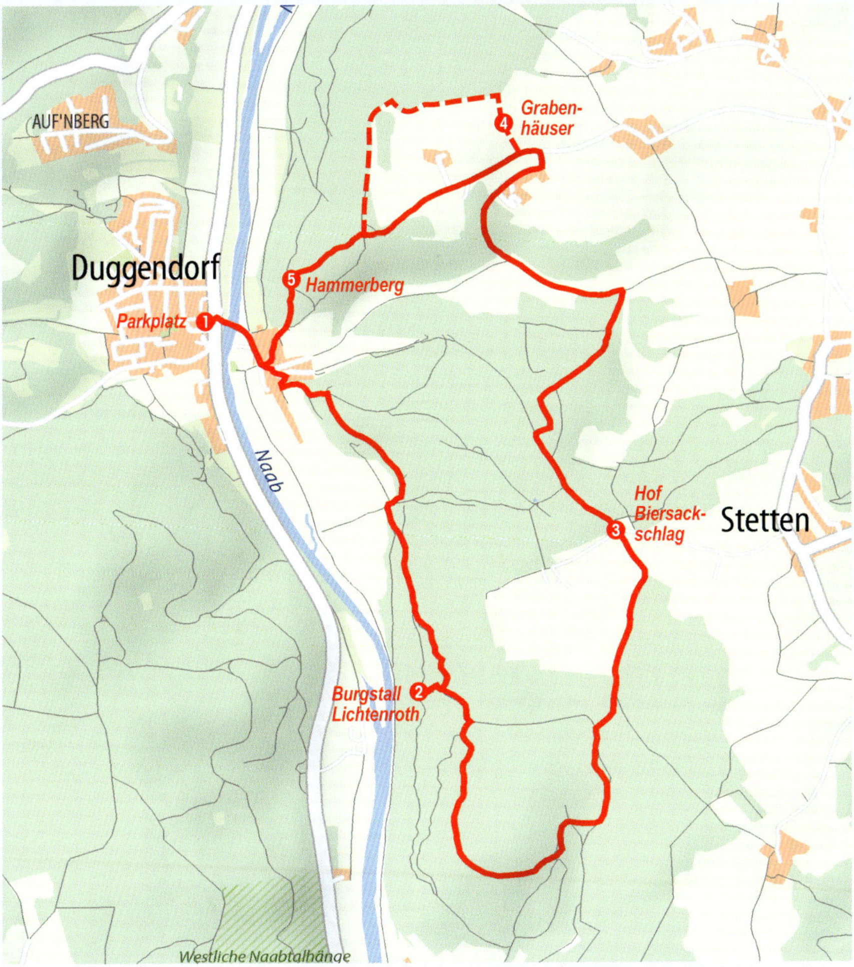

AUF'NBERG
Duggendorf
Graben-häuser
Hammerberg
Parkplatz
Naab
Hof Biersack-schlag
Stetten
Burgstall Lichtenroth
Westliche Naabtalhänge

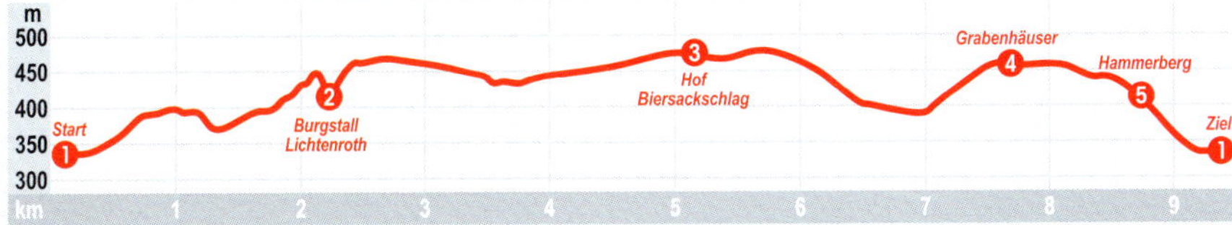

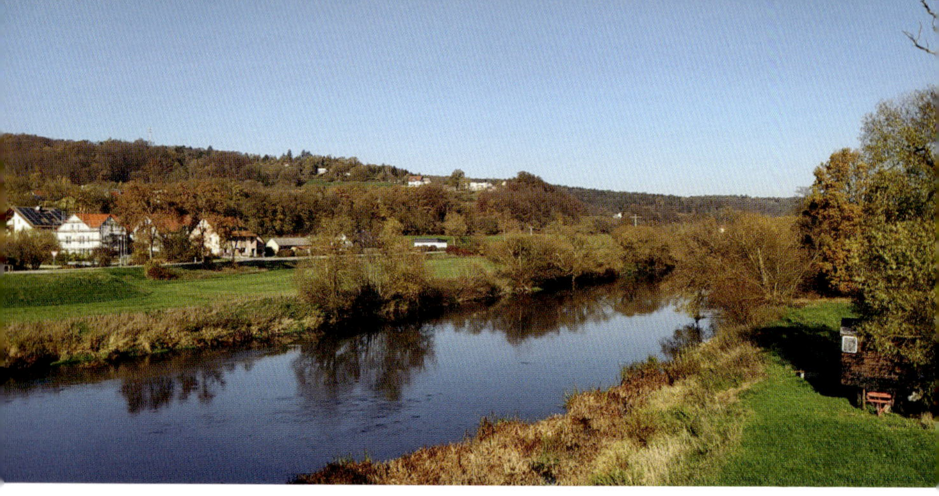

Blick auf die Naab Richtung Norden

Wir wandern zunächst über die Naabbrücke ❶ nach Kleinduggendorf und folgen dort der Markierung rotes Rechteck die Talstraße entlang, zur „Wagensonn" und auf den Weinberg. Schon finden wir die ersten idyllischen Bänke mit Aussicht auf das Naabtal. Weiter geht es nun länger mit Rechteck und auf dem Jurasteig (den Hang hinauf, hinunter und wieder hinauf), bis sich der Weg teilt und beide markierten Pfade nun nach rechts führen. Hier müssen wir, um zum Engelsfelsen zu gelangen, nach links und aufwärts wandern, und erreichen so unser Ziel, den **Burgstall Lichtenroth** ❷ und den Felsen. Da der Burggraben noch gut erhalten ist, geht es zunächst erst einmal kurz und heftig bergab, doch ein zwischen den Bäumen gespanntes Seil dient hier als willkommene Kletterhilfe. Der zum Fluss steil abfallende Engelsfels belohnt dann mit einer malerischen Aussicht auf das Naabtal und Duggendorf.

Unsere Tour setzen wir anschließend nach rechts weiter fort, bis wir auf einen breiten Weg treffen und nach rechts abbiegen. Wir folgen einige Zeit den zahlreichen Fledermauskästen und dem Rittersymbol, bis diese Markierung nach rechts und abwärts führt, wir aber weiter geradeaus wandern. Schnell biegen wir dann in den nächsten breiten Weg nach links ab, und es geht aufwärts. Bei der nächsten Weggabelung biegen wir wieder rechts ab und bald darauf treffen wir auf das grüne Rechteck, dem wir nun einige Zeit folgen: Aus dem Wald hinaus, über die Straße, die zum **Hof**

Erste idyllische Bank mit schöner Aussicht

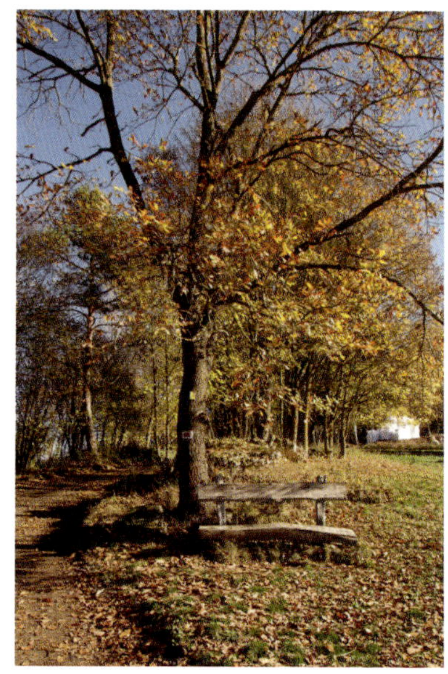

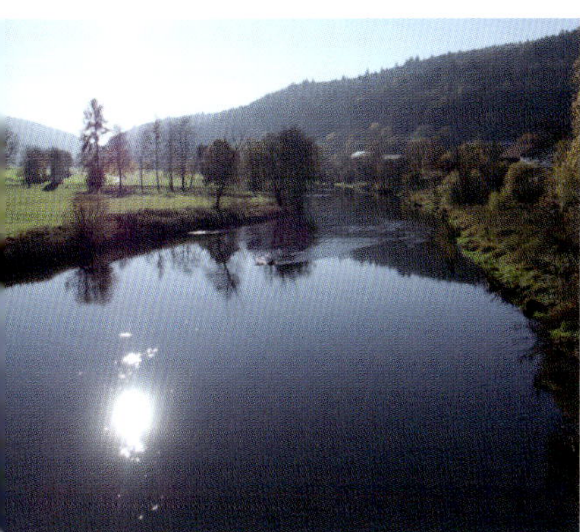

Von der Naabbrücke aus nach Süden

Biersackschlag ❸ führt, und geradeaus weiter in den Wald hinein, dann rechts vorbei an dem Schild „Wagensonn“. Etwa 250 m nach dieser Bezeichnung zweigt rechts ein Weg vom markierten Pfad ab, den wir nun einschlagen und auf dem wir uns links halten. Bei der nächsten Gabelung gehen wir nach rechts in nordöstlicher Richtung und bleiben auf diesem geraden Weg, der uns dann bergab aus dem Wald herausbringt. Nun führt unsere Route weiter nach links auf den Feldweg mit den Markierungen grünes Dreieck und „Denkmalwanderweg Wolfsegg“ bis zu einer Linkskurve, bei der dann der Denkmalwanderweg nach rechts in den Wald hinauf abzweigt. Er leitet bergauf zum Weiler Grabenhäuser, den wir durchwandern, wobei wir an der Straße oben nach links abbiegen.

Variante A: Wir gehen nun immer geradeaus, an einem Marterl vorbei, weiter durch den Wald, und kommen so zur Aussichtsbank über die Naab auf dem Jakobenberg.

Variante B: Schräg gegenüber erkennt man nun schon die lange Reihe mit Zierapfelbäumen, in die wir einbiegen. Naturgemäß beeindruckt das

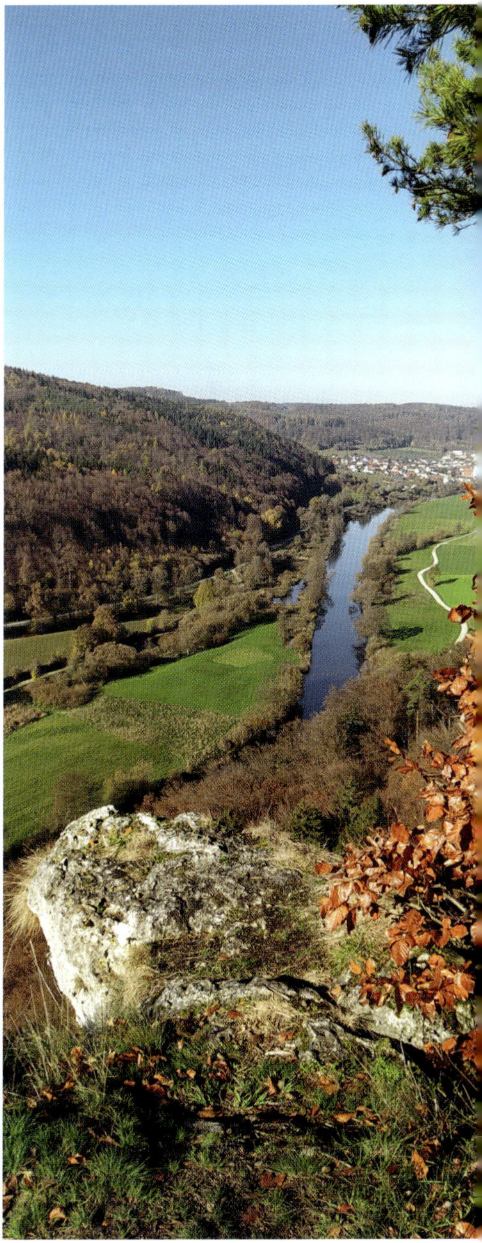

Blick vom Engelsfelsen

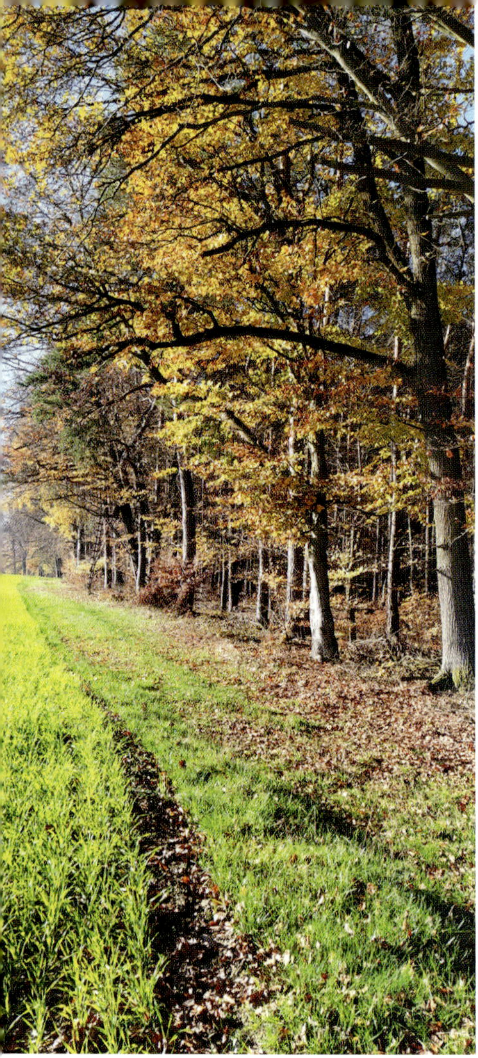

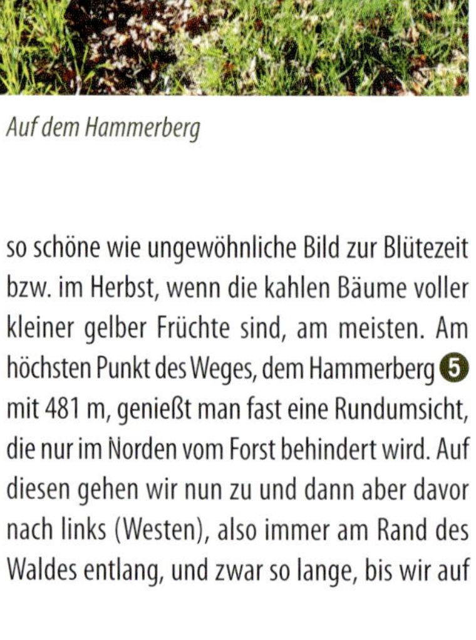

Auf dem Hammerberg

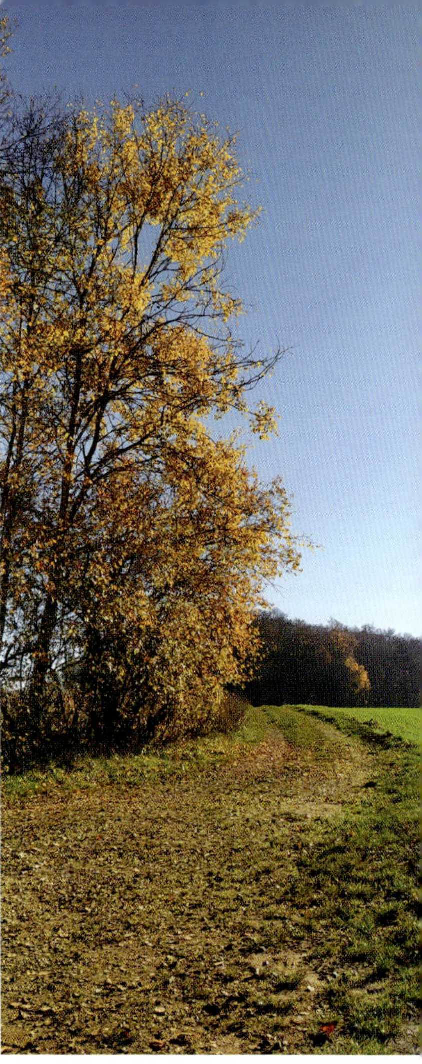

Weg bei Biersackschlag

so schöne wie ungewöhnliche Bild zur Blütezeit bzw. im Herbst, wenn die kahlen Bäume voller kleiner gelber Früchte sind, am meisten. Am höchsten Punkt des Weges, dem Hammerberg 5 mit 481 m, genießt man fast eine Rundumsicht, die nur im Norden vom Forst behindert wird. Auf diesen gehen wir nun zu und dann aber davor nach links (Westen), also immer am Rand des Waldes entlang, und zwar so lange, bis wir auf den Buchenwald am Rand des Hügelkammes stoßen. Hier führt ein schmaler Pfad nach links und immer geradeaus nach Süden, wobei er kurzzeitig zwischen den jungen Buchen recht schmal wird, später aber in einen breiteren Weg übergeht. Wenn wir später auf einen noch breiteren Querweg treffen, biegen wir rechts ab und gelangen immer geradeaus auf dem Jakobenberg zum Aussichtspunkt mit einer Bank. Von hier aus führt das rote Rechteck hinunter nach Kleinduggendorf und über die Brücke zurück zum Ausgangspunkt. Die nahe barocke Kirche Mariä Opferung lohnt einen Abstecher.

Bemerkenswert

Burgstall Lichtenroth: Der Name setzt sich zusammen aus „lichten", also auslichten, abholzen und „roth", was dasselbe bedeutet, nämlich roden. Ein 6 m tiefer und über 10 m breiter Graben trennt den Hügel vom Burgfelsen, der auf der anderen Seite von der steil zur Naab abfallenden Wand des Engelsfelsen gesichert ist. Ganz oben auf dem Hügel findet man noch Mauerreste, die vom Moos überwachsen und von Laub bedeckt sind, mehr ist von der Burg aus dem 11. oder 12. Jahrhundert äußerlich nicht mehr zu erkennen.

Fledermauskästen: Fledermäuse sind die einzigen fliegenden Säugetiere und in Bayern mit über zwanzig Arten vertreten. Leider sind sie durch die Zerstörung der natürlichen Lebensgrundlagen bedroht, deshalb haben Mitarbeiter der Staatsforsten rund um Pielenhofen 400 Fledermauskästen aufgehängt. Für verschiedene Arten und für verschiedene Verwendungen (Winterquartier, Sommerquartier usw.) gibt es unterschiedliche Kästen.

Kirche Mariä Opferung bzw. Unsere liebe Frau in Jerusalem: Die barocke Pfarrkirche von 1736 ersetzte Vorgängerbauten und beeindruckt durch ihre reiche Innenausstattung und ihren Rokokoaltar. Auf dem Altarbild sind ungewöhnlicherweise auch Menschen aus dem Ort dargestellt: der Pfarrer und seine Nichte, der Kirchenpfleger, der Hirte, die Frau des Lehrers u.a. An der Außenfassade findet man Grabplatten, die auf 1530 und 1521 datieren, außerdem am Turm die Platte von Christoph Wilhelm Teuffel von Pirkensee, Teublitz und Hochdorf mit mehreren Ahnenwappen.

Logenplatz mit Blick auf Duggendorf

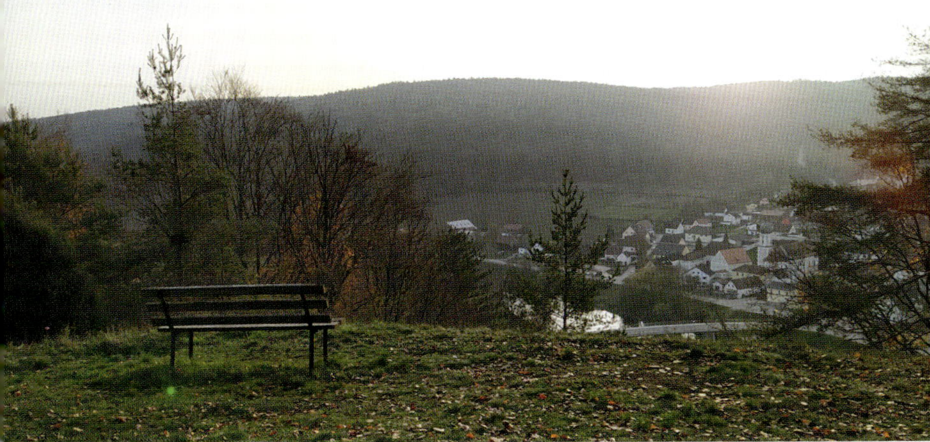

KALLMÜNZ

Auf neuen Wegen zum Klassiker

TOUR 04

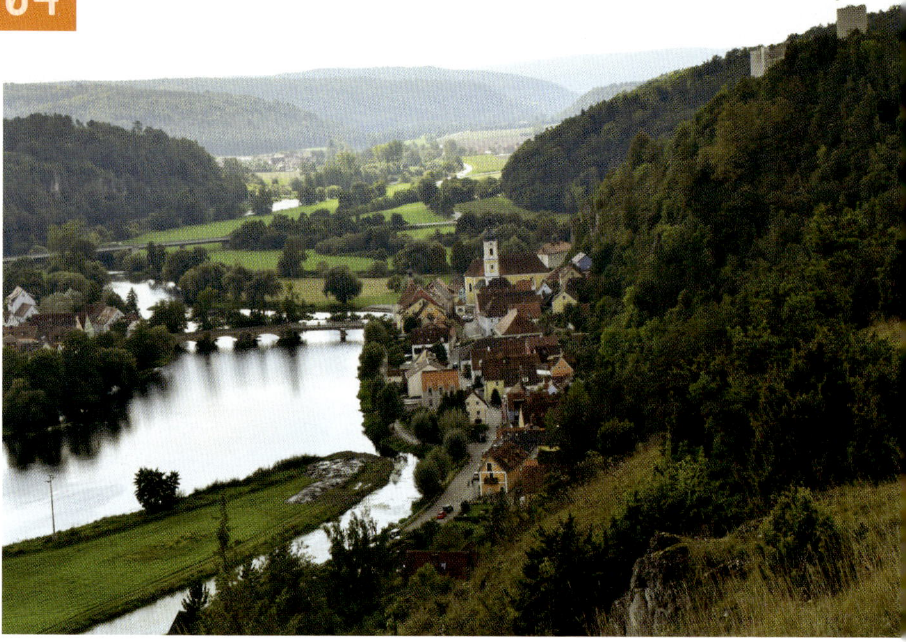

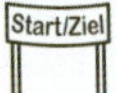

Keltenweg 1,
93183 Kallmünz

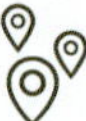

Parkplatz – Hof Sommerhau – Rohrbach – Juradistl-Landschaftskino – Eicher Berg – Burgruine Kallmünz

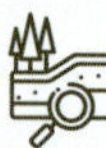

Wir wandern in unterschiedlicher Umgebung zuerst durch den hohen Mischwald westlich der Vils und dann über Trockenrasenhänge mit Kiefern, Silberdisteln und Heidekraut. Von Norden kommend nähern wir uns der bekannten Burganlage Kallmünz über den Meilerberg mit seinem „Landschaftskino". Mehrere Anstiege.

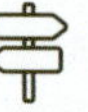

Jurasteig, Ritter, Wittelsbacher Burgensteig 2, rotes Rechteck, teilweise unmarkiert

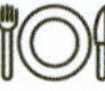

Viele gastronomische Angebote, hier nur wenige Beispiele:

Café Pique-Nique
Lange Gasse 11, 93183 Kallmünz

Eiscafé Arcobaleno
Marktplatz 7, 93183 Kallmünz

Foto: Blick auf Kallmünz

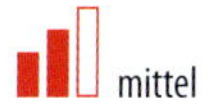
mittel

10,6 km

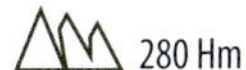
280 Hm

3:00 h

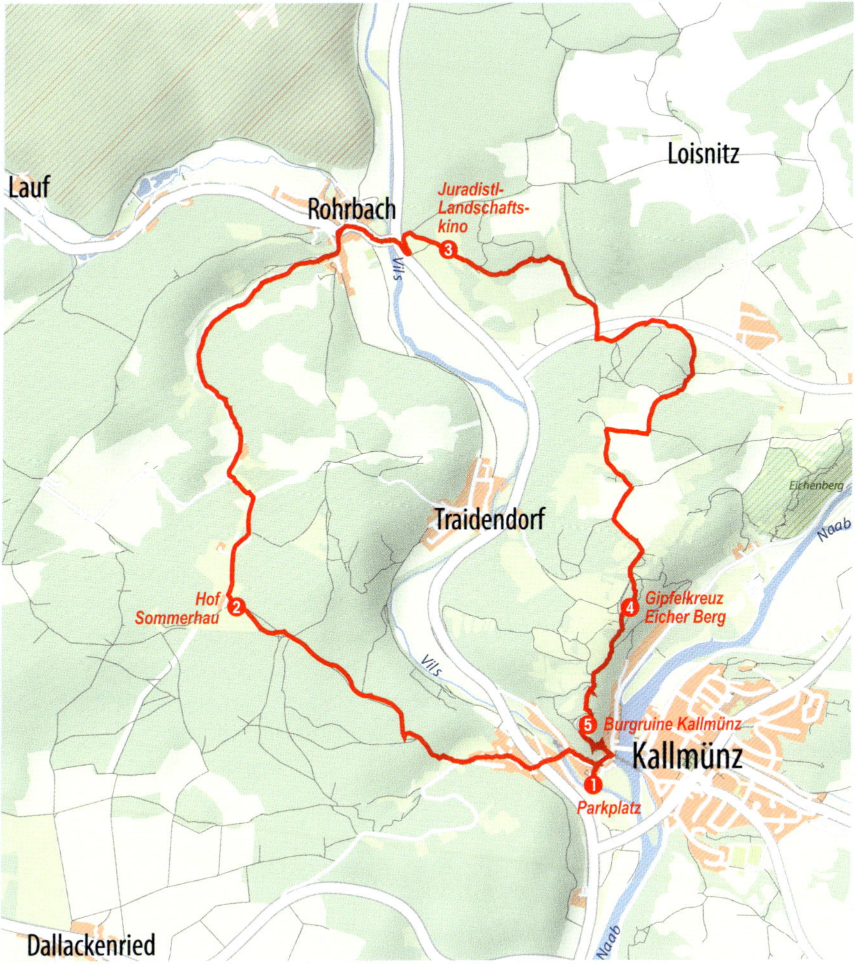

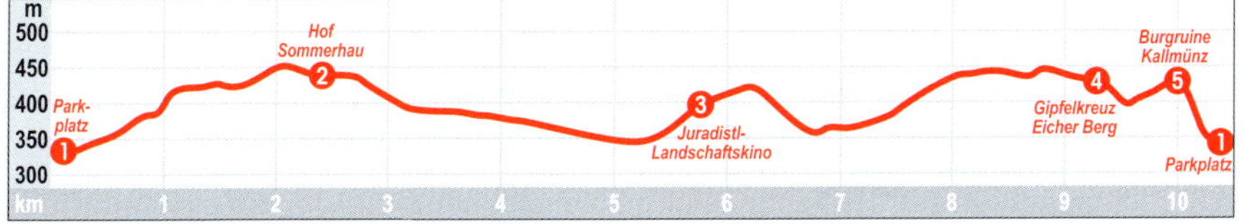

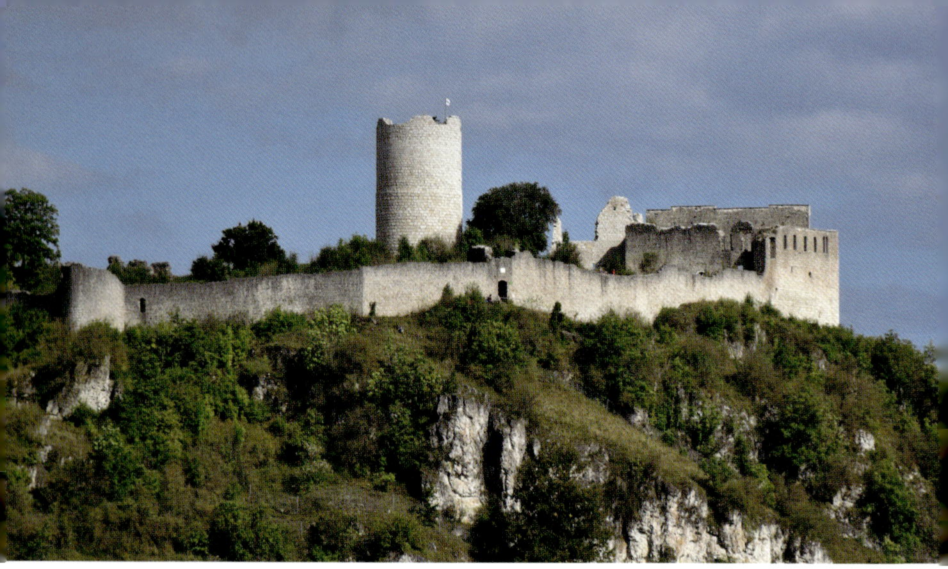

Blick auf die Burg von Westen

Vom Parkplatz ❶ aus gehen wir zur Vilsgasse, nach links, und dann über die Vils-Brücke zur Dinauer Straße, der wir auch auf der anderen Seite der Staatsstraße steil den Berg hinauf folgen.

Nach den letzten Häusern zweigt der Jurasteig Richtung Traidendorf nach rechts ab. Bevor wir den kurzen Hohlweg erreichen, müssen wir unbedingt stehen bleiben, denn man hat hier einen neuen Blick auf die Burgruine von Kallmünz und die felsigen Abhänge, die man für gewöhnlich eher von anderen Seiten zu sehen bekommt.

Es geht weiter bergauf. Am einfachsten ist unsere folgende Strecke durch den schönen Buchenmischwald nun so beschrieben: Wir bleiben immer auf dem breiten Weg. Im Einzelnen bedeutet das, dass wir oben nach dem steilen Aufstieg nicht nach links abzweigen, und, wenn der Jurasteig später nach rechts und abwärts abzweigt, wir weiterhin geradeaus marschieren. Wir ignorieren auch den nächsten kleinen Weg nach rechts und gehen bei der Kreuzung von vier Wegen geradeaus, d. h. wir nehmen den mittleren.

Schon nach kurzer Zeit sehen wir die Häuser des so einsam wie idyllisch gelegenen Hofes Sommerhau ❷. Wir gehen dann am Waldrand entlang auf diesen zu, rechts um den Zaun herum und dann auf dem von alten hohen Obstbäumen begleiteten Feldweg weiter geradeaus an Sommerhau 2 vorbei.

Jetzt befinden wir uns wieder auf dem Jurasteig. Aber nur kurz, denn unsere Route führt uns nach rechts über Schreiberthal bis Rohrbach. Nachdem wir das Ortsschild Rohrbach passiert haben, sehen wir links auf dem Kapellenberg die Friedhofskirche und auf dem gegenüberliegenden Hügel bereits unseren zukünftigen weiteren Weg. Im Ort

Friedhofskirche in Rohrbach

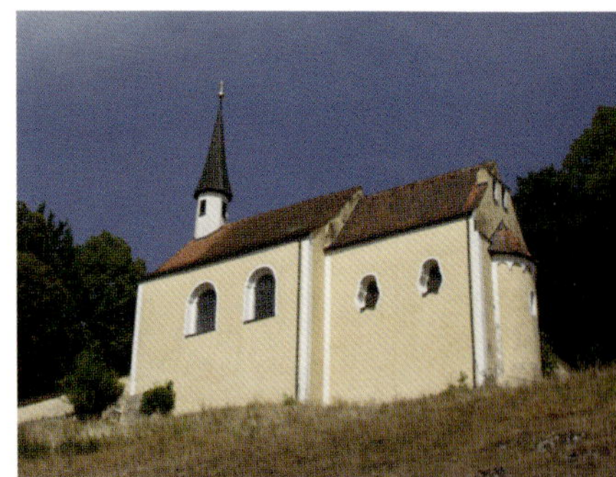

gehen wir den Bründlweg links, also auf die Pfarrkirche Heilige Dreifaltigkeit zu, und von dort aus nach rechts die Hohenfelser Straße entlang.
Ein Abstecher für Interessierte: Wenn wir nach links in die Straße Am Forellenbach abbiegen, kommen wir zum Rohrbacher Schloss.
Weiter geht's dann über die Vils-Brücke. Auf der gegenüberliegenden Straßenseite erkennen wir schon den breiten Weg, auf dem wir den Meilerberg hinaufgehen und vor dem Wald rechts abbiegen. Kiefern, Wacholdersträucher, Schlehen und Trockenrasen bilden hier die Vegetation, und mit Glück entdeckt man ab August auch Silberdisteln. Bitte beachten Sie, dass es im Sommer hier durch die Südwestausrichtung ziemlich heiß werden kann. Auf der dem Vilstal zugewandten Seite umrunden wir jetzt die Kuppe des Hügels, und hinter uns liegt malerisch ausgebreitet der Ort Rohrbach. Nicht verpassen dürfen Sie das links des Weges gelegene sogenannte Juradistl-Landschaftskino ❸: bitte Platz nehmen und selber erleben.
Wir folgen dem breiten Weg weiter bis zu einem Sendemast. Jetzt heißt es aufpassen, denn unser Weg biegt nun ab und es geht rechts in einen ganz schmalen Weg und bergab. Wenig später bestätigt uns die Markierung „Ritter Wonnebold" schon, dass wir richtig unterwegs sind. An Wiesen und Feldern vorbei geht es nun hinunter zur Straße, die nach Eich führt. Wir überqueren diese Straße und wandern am gegenüberliegenden Waldrand entlang nach links, bis unser Weg in die Straße einmündet. Leider lässt es sich nicht vermeiden, sie ein kurzes Stück entlangzugehen, aber

Landschaftskino mit Blick auf Rohrbach

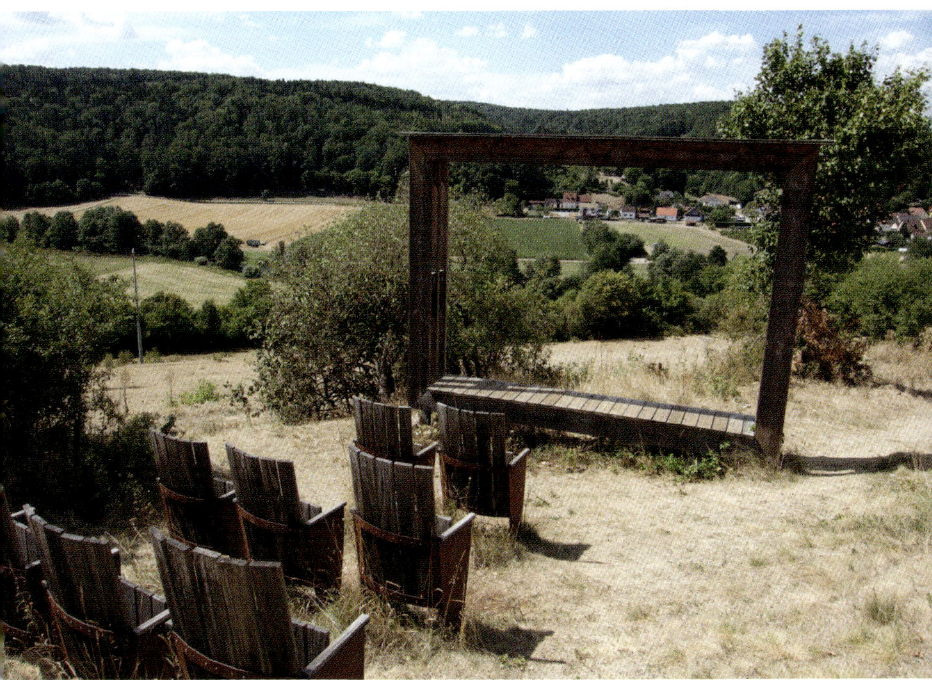

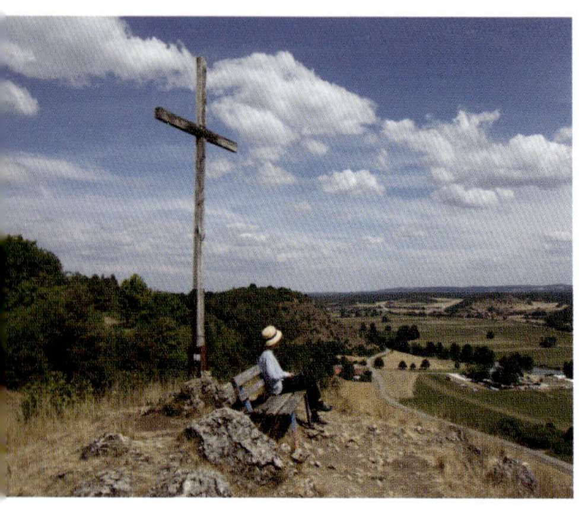

Gipfelkreuz auf dem Eicher Berg

schon bei der ersten Möglichkeit biegen wir nach rechts in den Wald hinein ab, und jetzt führt unsere Route ein gutes Stück immer bergauf auf den Himmelsberg.

Wir bleiben jetzt immer auf diesem breiten Weg. Wenn er auf ein Feld trifft, sich dort gabelt und links von uns das Schild „Wittelsbacher Burgensteig 2" angebracht ist, gehen wir nach rechts, und endlich steht dann bald auch einmal eine Bank am Wegesrand. Etwas später biegt der breitere Weg nach links und abwärts ab, wir jedoch nicht. Wir bleiben weiterhin geradeaus am Hang, bis wir in einen ganz schmalen Pfad nach links abzweigen. Mit ihm gelangen wir zum Gipfelkreuz des Eicher Bergs ❹ und zum Absprunghang der Gleitschirmflieger. Man hat dort einen schönen Rundblick von Burglengenfeld im Norden über Eich und Holzheim bis Heitzenhofen im Süden.

Von hier aus geht's weiter zur Burganlage, die wir jetzt nicht mehr verfehlen können. Vor der Burg befindet sich schon ein Hügel, der sogenannte Keltenwall, danach betreten wir die Burgruine Kallmünz ❺ durch den Hauptzugang, ein Torhaus mit spitzbogiger Durchfahrt.

Von hier aus genießt man eine wunderbare Aussicht auf den malerischen Ort, und wer jetzt immer noch höher hinaus will, kann auch den Bergfried besteigen. Wir verlassen das Burggelände durch den Durchgang in der südwestlichen Mauer (Markierung rotes Rechteck), wobei wir auf der

Haupttor der Burg Kallmünz

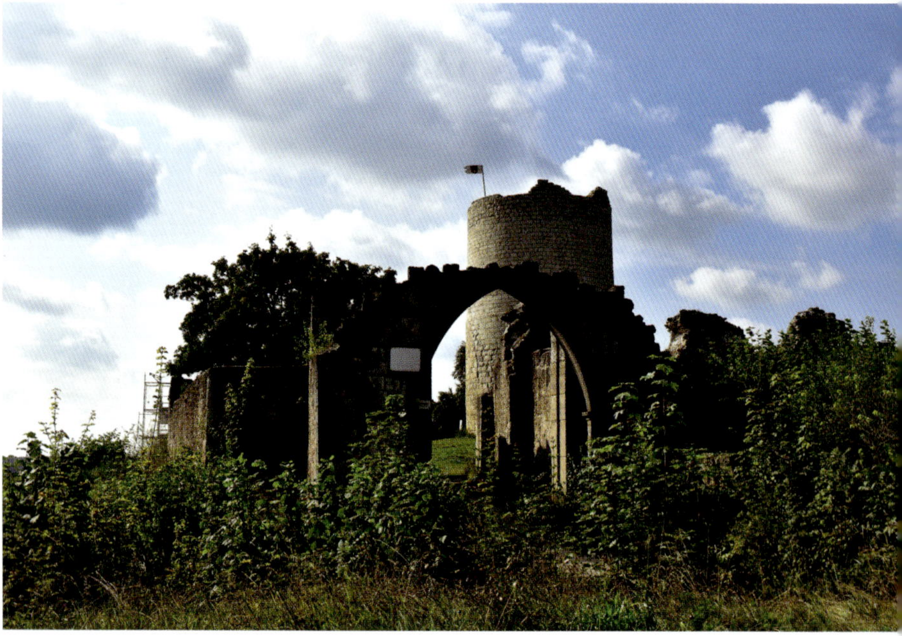

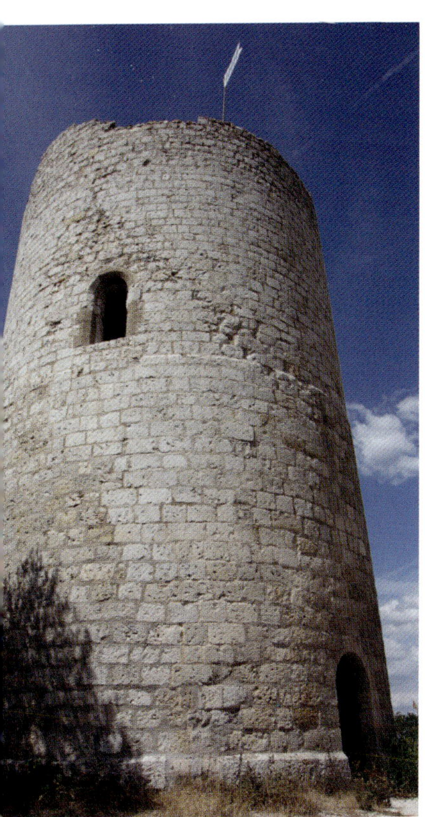

Bergfried

gegenüberliegenden Seite wieder die Dinauer Straße, auf der wir unsere Wanderung begonnen haben, verfolgen können. Wir wenden uns hier nach links und steigen die mit einem Geländer gesicherten Treppen hinab. Kurz bevor wir das erste Haus des Ortes erreichen, steht noch eine letzte Bank, von der aus man gemütlich auf die Naab und ihre Ufer und den „schiefen Turm von Kallmünz“, nämlich das kleine Zwiebeltürmchen auf dem Rathaus, hinunterschaut. Auf dem Kirchplatz angekommen, gehen wir nach rechts zu unserem Ausgangspunkt zurück.

Bemerkenswert

Kapellenberg Rohrbach: Burgstall, früherer Ort einer um ca. 1200 erbauten Höhenburg. Die heute dort befindliche Friedhofskapelle, eine frühere Wallfahrtskirche, beinhaltet noch romanische Relikte der alten Burgkapelle.

Schloss Rohrbach: 1326 erstmals erwähntes und 1586 neu errichtetes ehemaliges Hammerschloss (Herrensitz eines Hammerherrn), dreigeschossiges Giebelhaus und seitlich versetzter Erkerbau; schon um 1300 wurde in Rohrbach der erste Eisenhammer errichtet, er zählt damit zu den ältesten der Oberpfalz.

Juradistl-Landschaftskino: Mehrere wie im Kino angeordnete hölzerne Klappstühle, auf denen man Platz nehmen und durch einen hölzernen Rahmen auf den Ort Rohrbach blicken kann. Es ist natürlich auch möglich, sich in den Rahmen zu stellen und fotografieren zu lassen.

Burgruine Kallmünz: Schon in der Steinzeit besiedelter, weil strategisch günstig gelegener Jurafels auf dem Höhenrücken zwischen Naab und Vils. Die aus der Bronzezeit stammenden Verteidigungswälle sind noch erkennbar. Der heutige Baubestand, bestehend aus den Resten von Torbau, Ringmauer, Bergfried, Palas und Kapelle, resultiert, schwer datierbar, aus dem 12./13. Jahrhundert und wurde im Laufe der Zeit mehrmals beschädigt, im Dreißigjährigen Krieg dann so schwer, dass die Burg aufgegeben wurde. Danach nutzte man die Steine als Baumaterial, bis deren Bedeutung im 19. Jahrhundert erkannt wurde und man seither die Burg mehrmals restaurierte.

GROSSETZENBERG

Sonnige Streuobstwiesen mit Panorama und zwei Mühlen im Labertal

TOUR 05

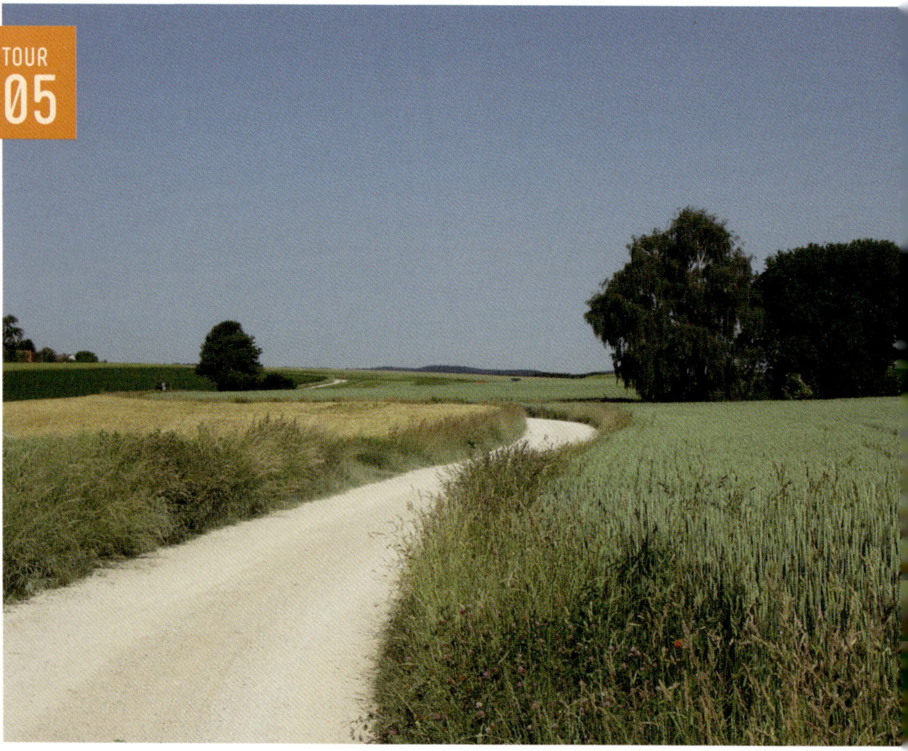

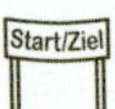

Großetzenberg, Parkbucht am östlichen Ortseingang nach dem Ortsschild rechts

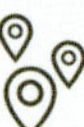

Großetzenberg – fünffache Wegkreuzung – Schafbruckmühle – Kirchplatz – Kreuzigungsgruppe

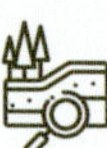

Von der weiten Hochebene des Tangrintel mit ihren verschiedenen Obstbäumen oberhalb von Großetzenberg geht es hinunter zum Tal der Schwarzen Laber, durch das malerische Laaber und über den Kalvarienberg wieder auf die Höhe.

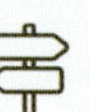

Ritter, rotes Dreieck, rotes Rechteck, teilweise unmarkiert

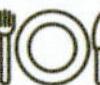

Gasthof Trettenbach
Kirchplatz 2, 93164 Laaber

Nicht direkt an der Wanderroute, aber in der näheren Umgebung:

Brauereigasthof Plank
Marktplatz 1, 93164 Laaber

 Foto: kurvenreicher Feldweg

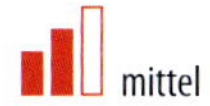 mittel

 10,3 km

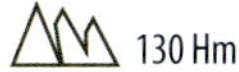 130 Hm

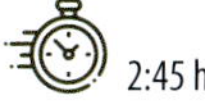 2:45 h

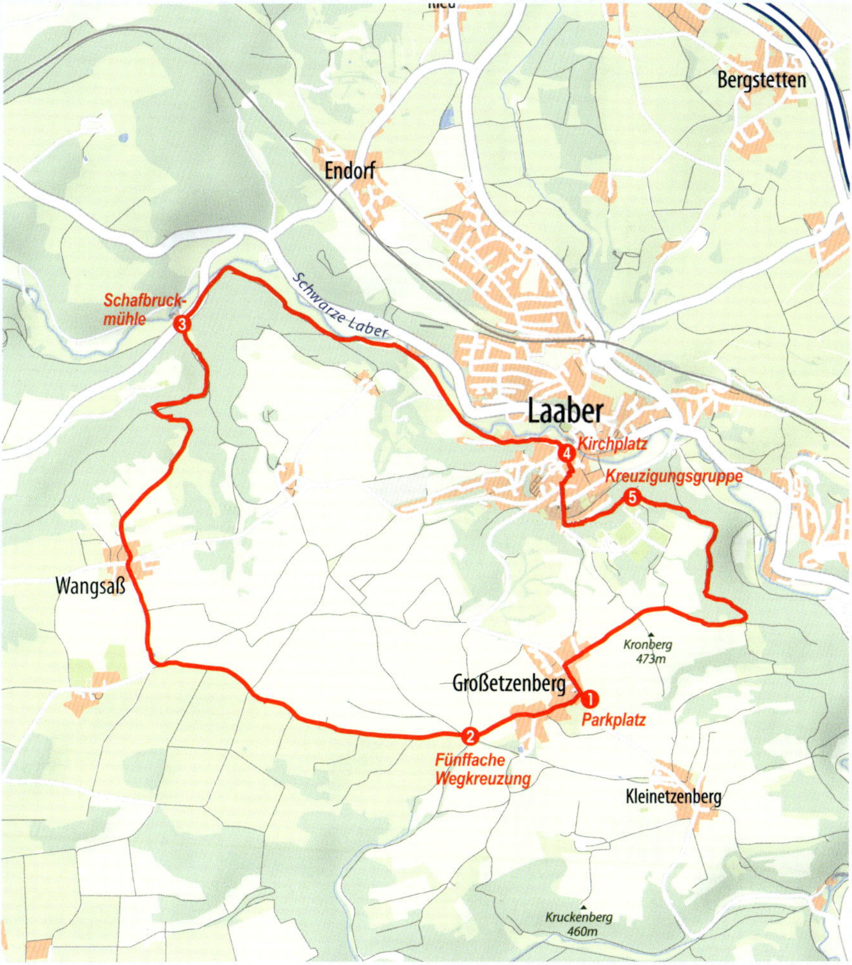

Bergstetten
Endorf
Schwarze Laber
Schafbruck-mühle
Laaber
Kirchplatz
Kreuzigungsgruppe
Wangsaß
Kronberg 473m
Großetzenberg
Parkplatz
Fünffache Wegkreuzung
Kleinetzenberg
Kruckenberg 460m

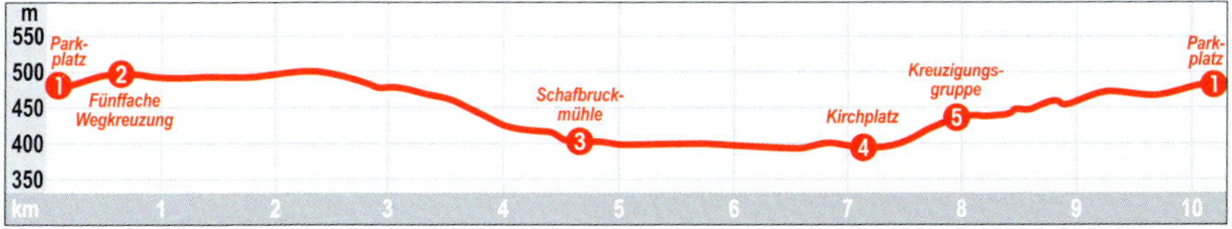

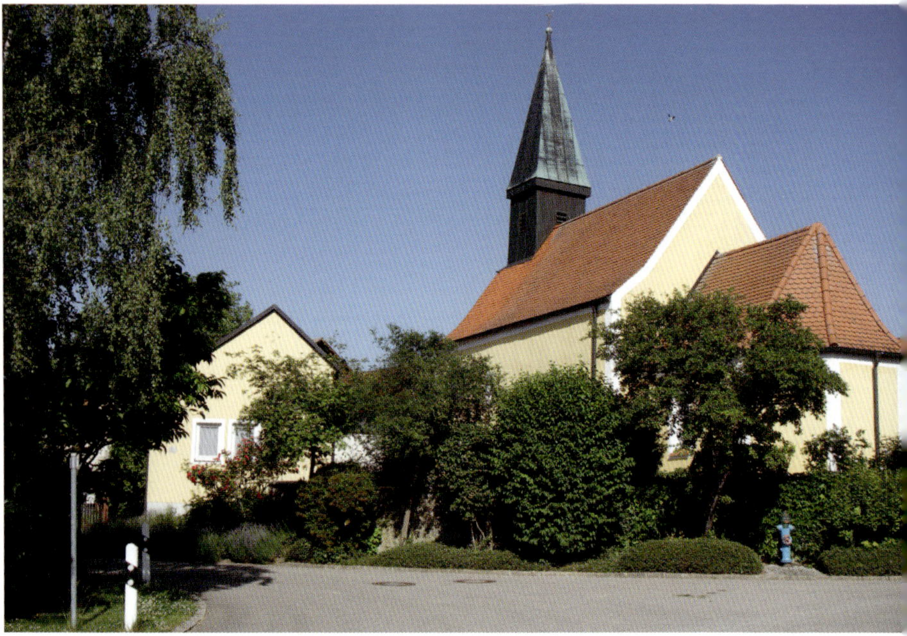

Start (witziger Hydrant!)

Gegenüber dem Parkplatz ❶, bei der Kirche St. Johannes Baptist, sehen wir schon die Hochstraße, auf der wir bleiben, bis sie nach dem Ort in einen Feldweg übergeht. An einer Streuobstwiese vorbei haben wir auf der hochgelegenen freien Ebene einen schönen und weiten Blick in verschiedene Richtungen. Im Frühling, wenn die Apfelbäume in allen Rosatönen bis zum kräftigen Pink blühen und die Wiesen von Raps und Löwenzahn gelb leuchten, ist es auf dieser Tour daher besonders schön.

Streuobstwiese mit Apfelbäumen

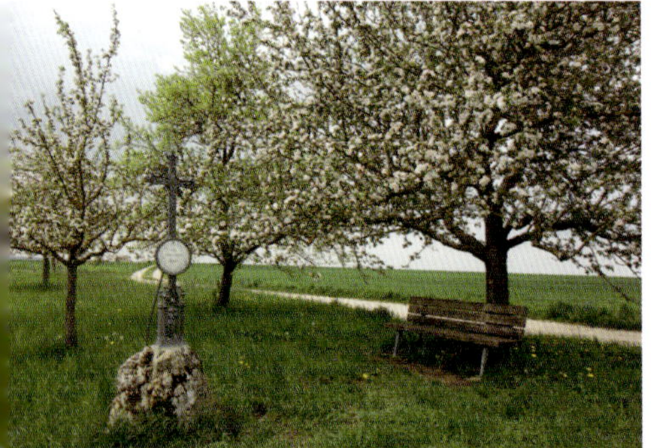

Hier kreuzen sich fünf Wege ❷, wir nehmen den zweiten von rechts und gehen diesen, am blau markierten Grenzstein vorbei, ein längeres Stück geradeaus. Unterwegs können wir links vor uns den markanten Kirchturm von Hohenschambach ausmachen, der zwischen zwei Baumgruppen wie extra dort hingesetzt wirkt. Wenn wir zu einer Teerstraße kommen, folgen wir dieser nach rechts am einzelnen Bauernhof Seebauer und dem Weiher vorbei hinunter zum Ort Wangsaß. Beim Wegweiser nach Laaber geht es nach rechts, wo die Kapelle Mutter Gottes hier ein etwas klägliches Dasein fristet. Dort biegen wir sofort wieder nach links ab, und es geht schnell aus dem Ort hinaus durch Wiesen und Felder.

Bei der nächsten Gabelung halten wir uns rechts leicht bergab. Der Weg führt uns geradeaus weiter, dann auch über eine vom Wald umschlossene Wiese mit einem Hochsitz. In einer Linkskurve geht es nun in den Wald hinein und bergab bis

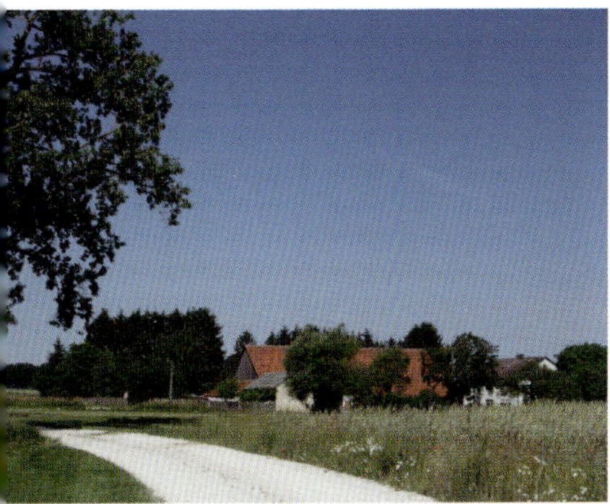

Bauernhof Seebauer

zur nächsten T-Kreuzung, an der wir rechts abbiegen und so bis zur nächsten T-Kreuzung weitergehen, bei der nun eine Bank mit dem Ritter Wonnebold zu finden ist. Wir wandern nun auf dem nach links führenden breiten Forstweg weiter, der uns schnell zur Straße und Schafbruckmühle ❸ führt, die früher eine beliebte Ausflugsgaststätte war. An der Ecke hat sich jemand eine private Sternwarte errichtet. Kurz bleiben wir auf dem geteerten Weg, der nach rechts neben der Straße entlangläuft, bis er vor der Brücke nach rechts abbiegt und immer an der Laber entlang zum gleichnamigen Ort führt. Alternativ könnten wir anfangs auch rechts mit dem roten Dreieck in den Wald einbiegen und dort eine kurze Zeit parallel gehen, bis dieser Pfad wieder in die Hauptstrecke einmündet. Wenn wir aber ein Stück in der Wiese direkt an der Schwarzen Laber spazieren, können wir die auf der anderen Seite der Flusses liegende ehemalige Endorfmühle und danach ihre malerisch-morbiden Seitengebäude aus Holz genauer ansehen. Etwas später fällt, ebenfalls links der Laber, der markante Schornstein der ebenfalls längst stillgelegten Papiermühle auf, hier führt ein kleiner Pfad ein Stück direkt entlang des Flüsschens weiter. Nicht vergessen aber sollte man den Blick auf die andere Seite des Weges, denn dort türmen sich größere Felsformationen am Hügel. – Ein Stück vor dem Ortseingang dann weist ein Schild auf den parallel zum Wanderweg verlaufenden niedrigen Steinwall hin, der Reptilien ein Refugium bieten soll.

Im Markt Laaber führt uns die Route weiterhin immer geradeaus durch die alte Augasse bis zum Kirchplatz. Hier haben wir einen schönen, von bunten Häusern eingerahmten Blick über die kleine Brücke auf den Hügel mit der bekannten Burgruine. Wir biegen nach rechts ab und folgen ab

Papiermühle

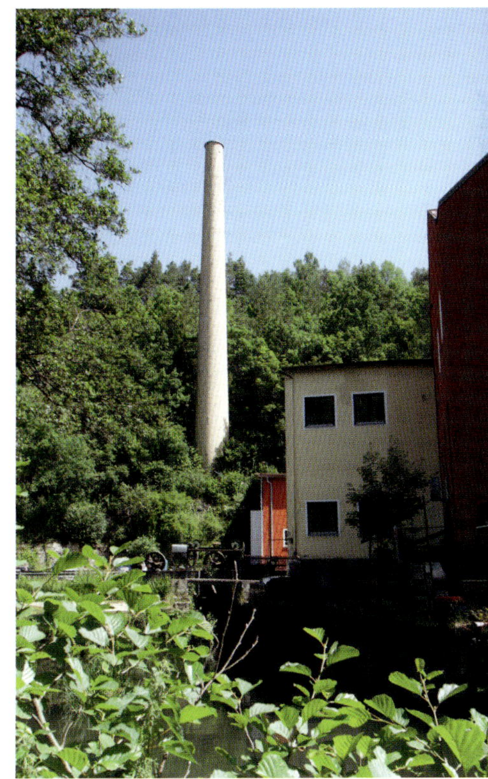

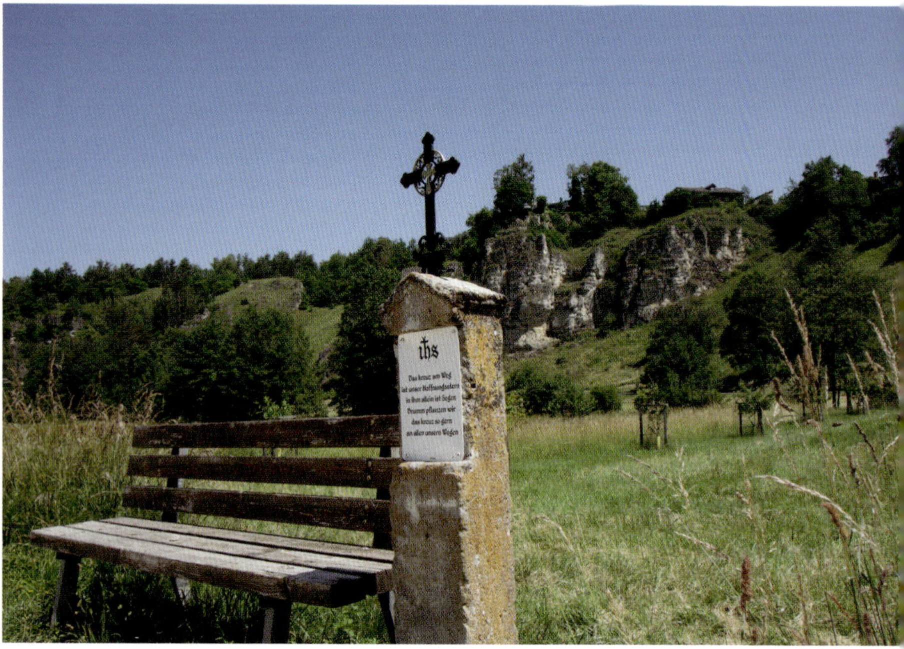

Weg an der Laber

Kalvarienberg in Laaber

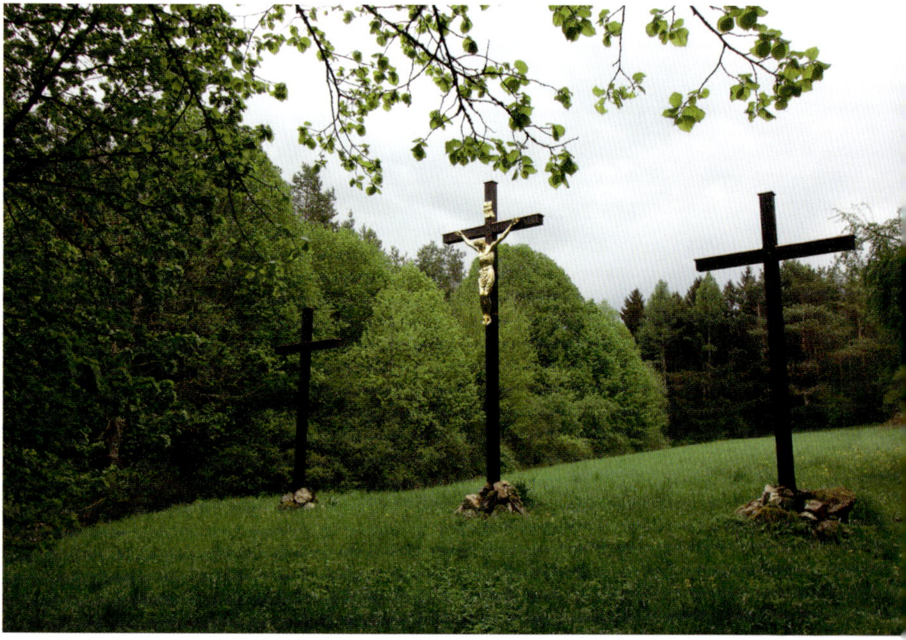

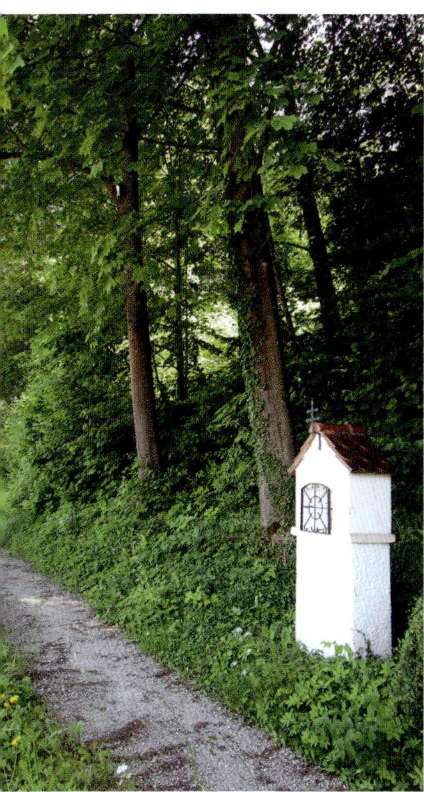

Kreuzweg

jetzt immer dem roten Rechteck! Zunächst über den langen Kirchplatz ❹, der wie aus einer anderen Zeit übrig geblieben scheint und auf dem man einen wunderschönen Bauerngarten und verschiedene nette Schmiedearbeiten des dort ansässigen Betriebes entdecken kann. Weiter geht es bis zum Schulzentrum, von wo aus man links schon den Kreuzweg des Kalvarienbergs erkennt, den wir nun auch hinaufsteigen. Vom Kreuzweg aus hat man nun eine ganz andere Sicht über den ganzen Ort. Oben begleiten wir weiterhin das rote Rechteck, das uns geradeaus in den Wald führt. Wir könnten vorher noch einen kurzen Abstecher machen und nach rechts dem Passionsweg den Berg hinauf folgen, der nach der Kurve mit einer Kreuzigungsgruppe endet ❺.

Auf unserem Weg passieren wir später auch eine Neuanpflanzung mit Weißtannen, die auf ihre Klimaresistenz getestet werden sollen (eine Tafel informiert darüber). Vorbei geht es auch an einem für Bogenschützen abgezäunten Gelände mit künstlichen Wildtieren, bis wir, oben auf dem Hügel angelangt, auf freier Fläche eine einzelne markante Eiche mit Bank sehen. Davor biegen wir nach rechts ab und dann gleich noch einmal rechts auf den breiten Weg, auf dem wir uns jetzt schon Richtung Großetzenberg bewegen. Im Ort an der Hauptstraße nur noch einmal nach links abbiegen, und wir erreichen wieder unseren Ausgangspunkt.

Bemerkenswert

Schwarze Laber: Das Flüsschen ist Namensgeberin des gleichnamigen Ortes, der erstmals bereits ca. 1040 als „Labere" erscheint. Es wird diskutiert, ob die Bezeichnung vom keltischen „rauschend, schwatzend" oder baierischen „träge, langsam" abstammt, der Zusatz „schwarz" rührt von ihrer dunklen Farbe her. Etliche Mühlen säumen die Laber, fast alle sind jedoch stillgelegt. Wir kommen an zwei vorbei, die allerdings am anderen Ufer liegen, der Endorfmühle und der Papiermühle.

Laaber: Malerischer sehenswerter Ortskern des heutigen Marktes mit Blick auf die Burgruine. Die Burg wurde Ende des 12. Jahrhunderts von den Herren von Laaber errichtet und Ende des 16. Jahrhunderts und nach mehreren Besitzerwechseln sogar schlossartig umgebaut. In der Kirche St. Jakob, unter der wir vorbeigehen, befindet sich der Sarkophag von Hadamar IV. von Laaber. In alter Weise wird der Ortsname noch mit zwei „a" geschrieben, der Name des Flüsschens seit zwanzig Jahren mit nur einem.

HOHENSCHAMBACH

Der weite Himmel des Tangrintel

TOUR 06

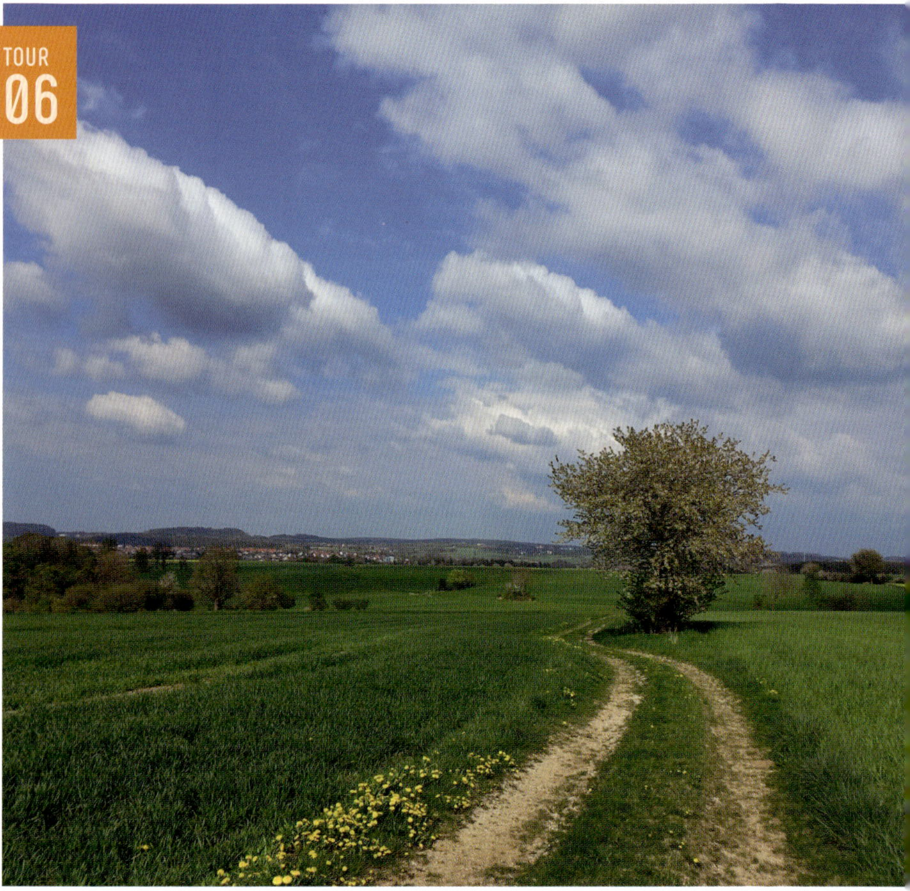

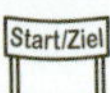

Hochstraße 18 oder parallel zur Friedhofsmauer, 93155 Hemau

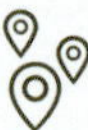

Hemau – Schwarzerlen – Schernried – Hirschenstube – Wangsaß – Gestüt Schneckenhof – Thonhausen

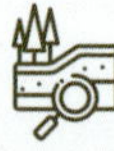

Panoramatour hauptsächlich über das Plateau der hochgelegenen Wiesen und Felder mit einem Abstecher zur Hirschenstube-Höhle. Ein kurzer Anstieg.

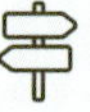

Ritter, teilweise unmarkiert

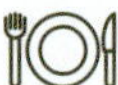

Gasthof zur Post
Hochstraße 15, 93155 Hohenschambach

Foto: Frühling auf dem Tangrintel

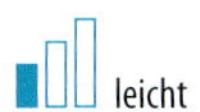 leicht 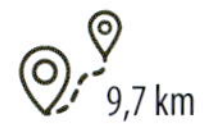 9,7 km 100 Hm  3:00 h

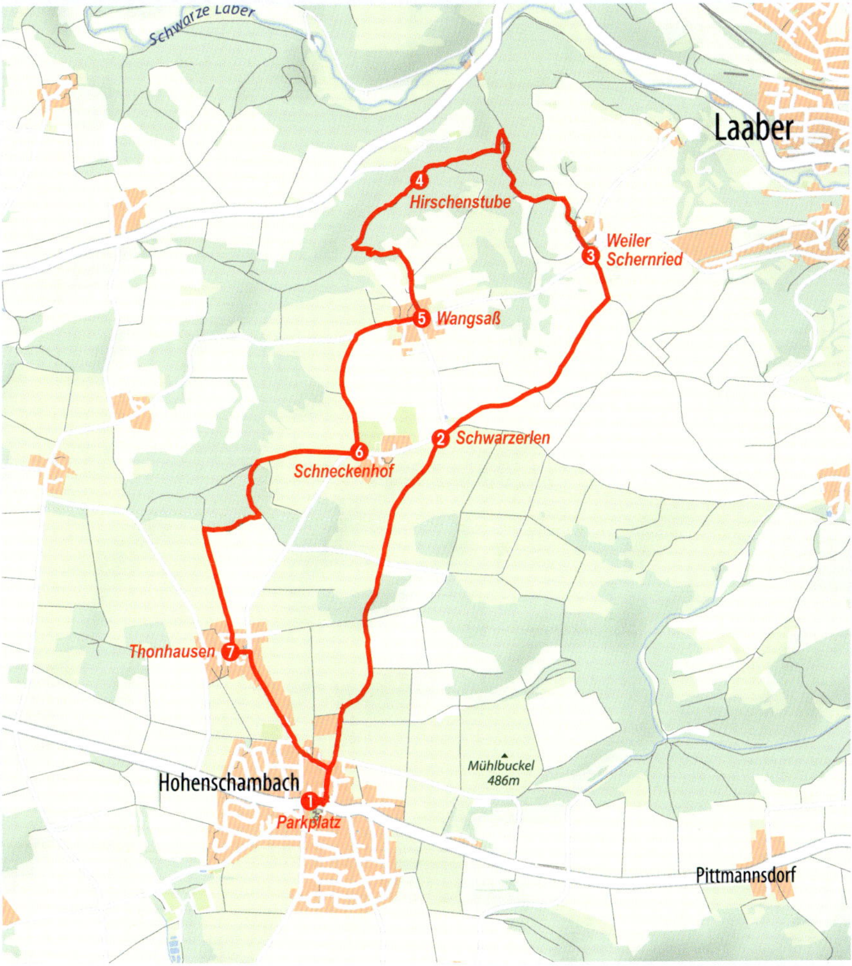

Schwarze Laber
Laber
Hirschenstube
Weiler Schernried
Wangsaß
Schwarzerlen
Schneckenhof
Thonhausen
Hohenschambach
Parkplatz
Mühlbuckel 486m
Pittmannsdorf

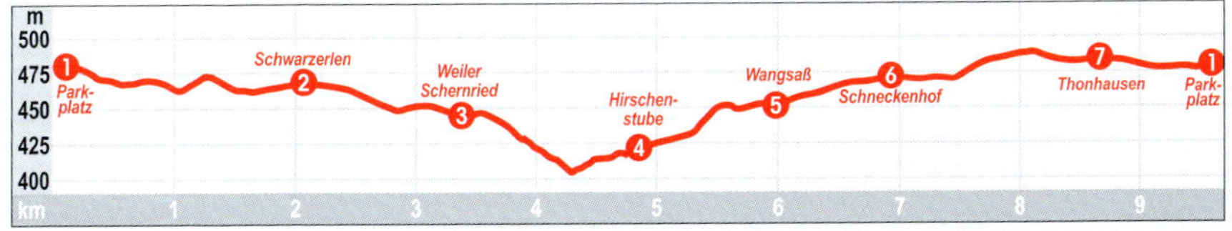

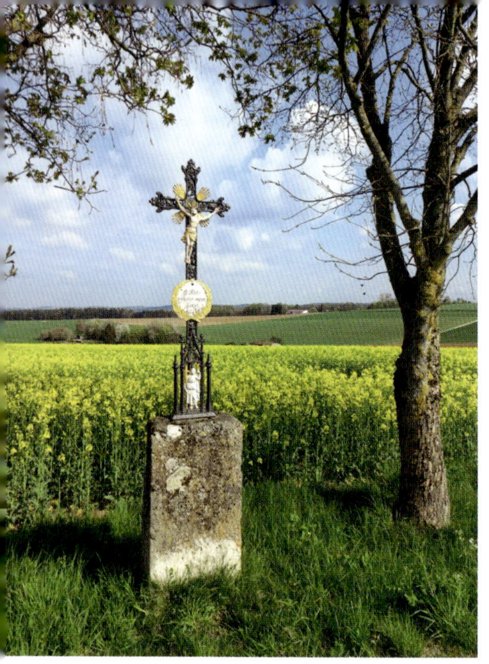

Wegekreuz

Zunächst gehen wir an der Friedhofsmauer neben der Hauptstraße entlang ❶, an der barocken Saalkirche Mariä Heimsuchung vorbei. Auf der anderen Straßenseite sehen wir dann schon das Schild „Thonhauser Straße". Dorthin biegen wir ab und später nach rechts Richtung Großetzenberg. Unterwegs kommen wir an einem schönen schmiedeeisernen Kreuz vorbei, danach an einem Stadel und steuern direkt auf den Wald zu. Dort begleiten uns zunächst einige Wildkirschbäume, Walderdbeeren und im Frühling sogar gefüllte Akeleien. Weiterhin geht es immer geradeaus, wobei wir zwischendrin einen Asphaltweg überqueren. Nun fühlen wir schon die Weite der Hochebene des Tangrintel.

Wenn wir die Kurve der asphaltierten Schernrieder Straße erreichen, biegen wir gleich wieder nach rechts ab zu vier großen markanten und sel-

In Schernried

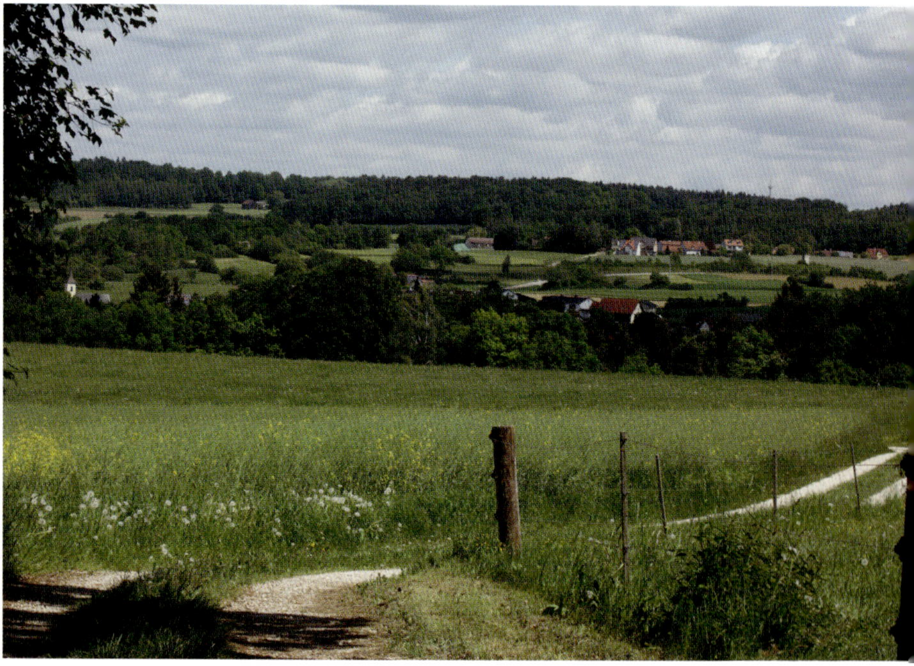

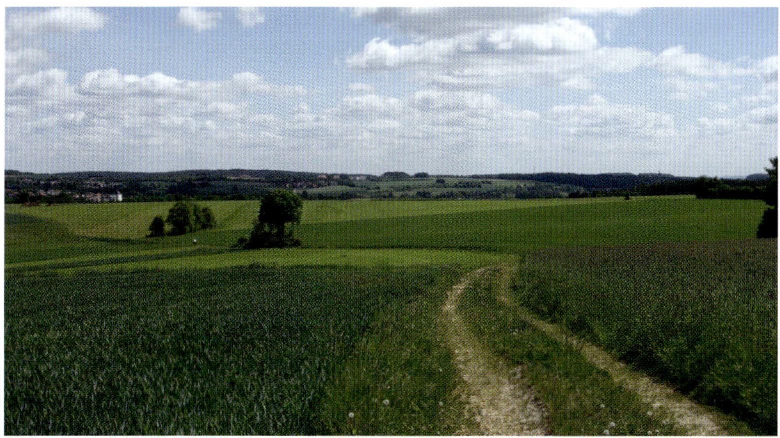

Auf dem Tangrintel

tenen Schwarzerlen ❷ rechts des Weges. Nach dem zweiten Baum biegen wir links ab in den Feldweg und sehen vor uns nun schon den Ort Laaber. Nach drei jungen Obstbäumen an einer Weggabelung biegen wir nochmal ab, dann marschieren wir auf den Weiler Schernried ❸ zu. Schon von Weitem fällt uns hier die Kapelle mit der riesigen Linde ins Auge. Wir überqueren die Straße und nehmen nach den Gebäuden den linken der beiden Wege, wobei sich am ersten Baum rechts das Symbol des Ritters Wonnebold befindet. Wenn danach rechts eine Bank wieder mit

Kapelle bei Schernried

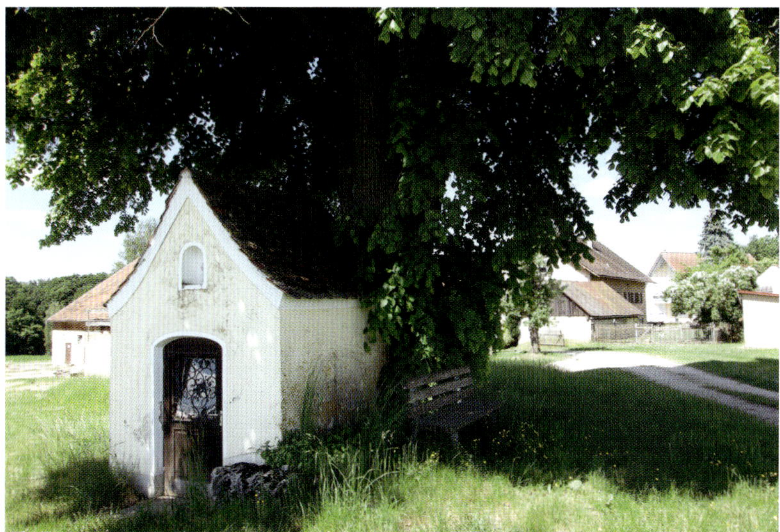

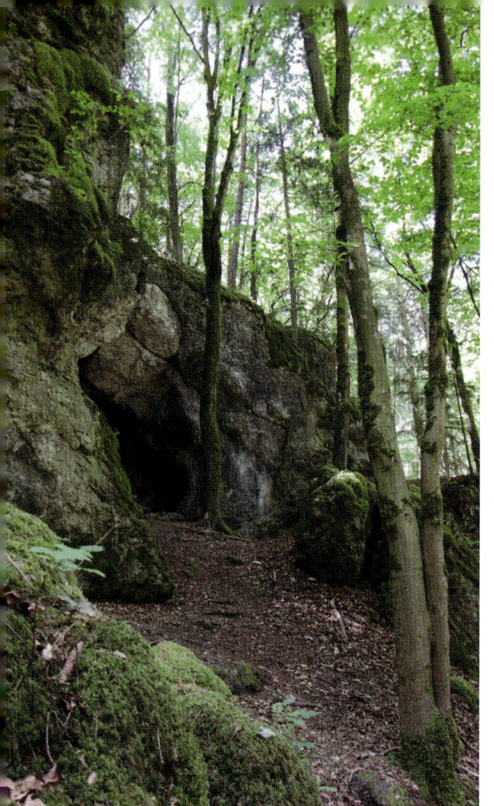

Hirschenstube

diesem Symbol zur Rast einlädt, biegen wir nach links ab. Bei der nächsten Gabelung geht es wieder nach links, bei der übernächsten nach rechts. Bald ist ein kleiner Trampelpfad erkennbar, der sich steil nach links oben zu den großen Felsen schlängelt, und man kann vom Weg aus schon die sogenannte Hirschenstube ❹, eine bekannte Höhle, erkennen. (Auf den Fotos kann man aber durchaus auch eine Katze sehen …) Wir kehren danach zum Weg zurück und gehen bei der nächsten Möglichkeit links und in Kurven den Hügel hinauf nach Wangsaß ❺. Im Ort gelangen wir direkt zur sanierungsbedürftigen Kapelle Mutter Gottes, biegen hier rechts ab und folgen der schmalen Straße nach Pförring geradeaus. Nach einem kurzen Stück geht es aber schon wieder bei einem Kruzifix nach links ab in einen Feldweg, der uns zum Gestüt Schneckenhof ❻ führt. Auf einer Bank an einem kleinen Tümpel kann man vorher wunderbar rasten und die weite Aus-

Weg bei Wangsaß

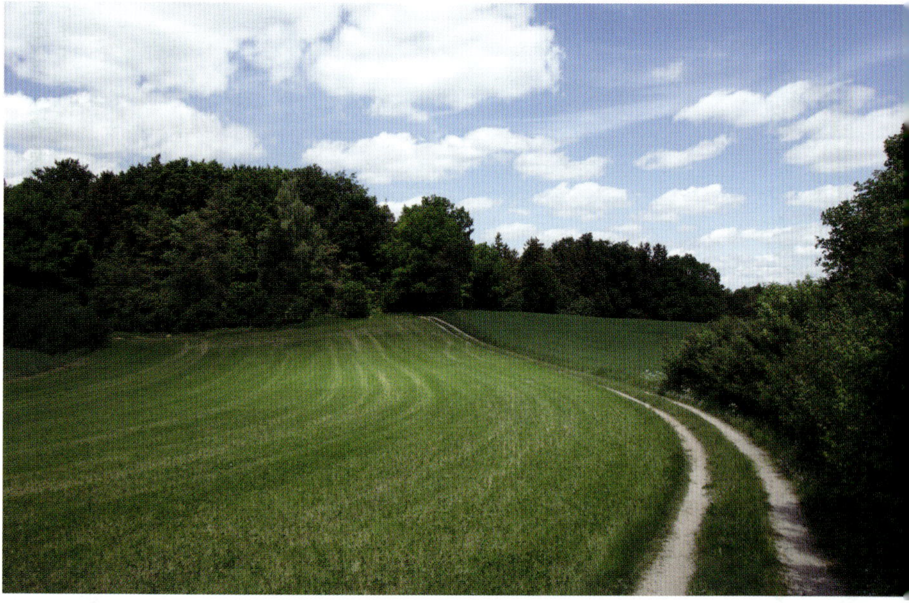

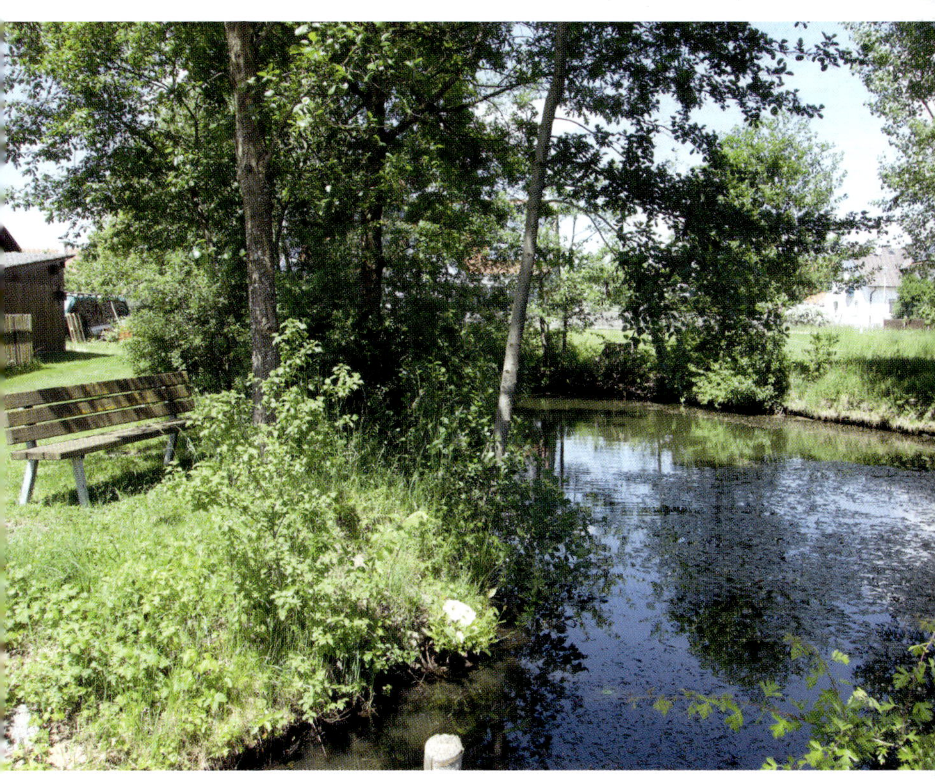

Weiher in Thonhausen

sicht genießen. An der Koppel vorbei wenden wir uns nach rechts, gehen ca. 20 m auf der Straße und dann sofort rechts in den Feldweg, der zum Wald führt. Dort biegen wir links ab. Sobald wir den Wald verlassen, geht's nach rechts, am von Eichen gesäumten Waldrand entlang und vorbei an einem Hochsitz bis zur nächsten Kreuzung. Jetzt sehen wir links schon den Ort Thonhausen ❼, auf den wir zugehen, und der Kirchturm von Hohenschambach gibt uns nun schon die Richtung vor. In Thonhausen nehmen wir die zweite Straße nach links, kommen unterwegs an einem Hühnergehege vorbei, dann wieder rechts, vorbei am Dorfweiher, und weiter nach Hohenschambach und zu unserem Ausgangspunkt bei der Kirche zurück.

Bemerkenswert

Tangrintel: „Tan" bedeutet Wald und „grindel" Riegel. Seit dem Mittelalter bezeichnete man so das Gebiet zwischen Schwarzer Laber und Altmühl. Nachdem der Name in Vergessenheit geraten war, wurde er vor einigen Jahrzehnten erfolgreich wiederbelebt und wird seither mit Stolz geführt. Heute ist vor allem das Gebiet um Hemau gemeint.

Kapellen: In jedem kleinen Weiler am Tangrintel befinden sich ganz ähnlich aussehende Kapellen mit gelber Fassade und weißen Fensterumrahmungen, so auch in Thonhausen, Scharr, Wangsaß und Schneckenhof.

ALLING

Beeindruckende Aussichten auf Donau und Laber

TOUR
07

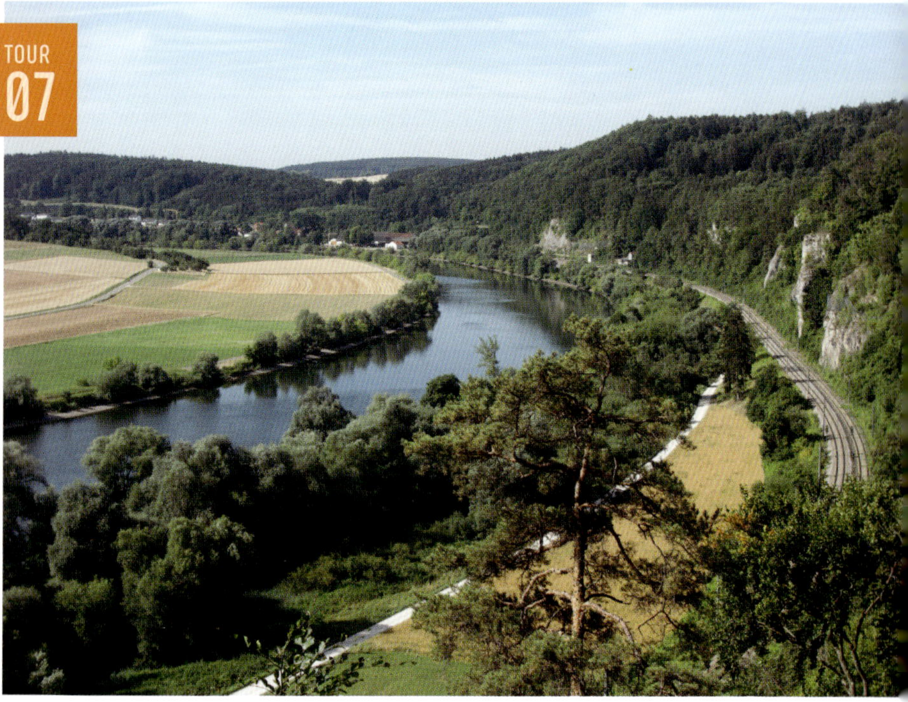

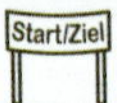

Am Straßenrand vor dem Anwesen Am Röth 19, 93161 Sinzing/Alling

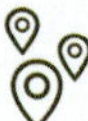

Papierfabrik – Zuylen-Kapelle – Schwarzenfels – Moeseleiche – Brücke über die Schwarze Laber – Schlossberg – Hohe Wand – Direktorenvilla

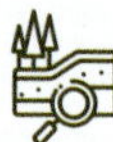

Die Tour führt auf unterschiedlichen und verschlungenen Wegen zu Aussichtspunkten auf Donau und Laber. Dazwischen erfährt man Interessantes aus der Zeitgeschichte und findet „Lost Places" aus verschiedenen Jahrhunderten. Die Tour verläuft fast ausschließlich im Wald. Zwei längere Anstiege zur Zuylen-Kapelle und auf den Schlossberg; beide Aussichtspunkte sind nicht gesichert.

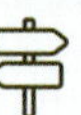

Rotes Dreieck W33, grünes Rechteck, roter Punkt, grünes Dreieck

Unterwegs keine.
In der Nähe:

Restaurant Der Grieche
Bruckdorf 7, 93161 Sinzing/Bruckdorf

Johann Schwindl Gaststätte und Metzgerei
Jurastraße 19, 93161 Sinzing/Viehhausen

Gaststätte Röhrl
Regensburger Str. 3,
93161 Sinzing/Eilsbrunn

Foto: Aussicht vom Burgstall Schwarzenfels

ALLING – TOUR 07

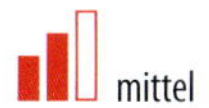 mittel

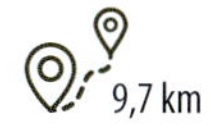 9,7 km

260 Hm

 2:45 h

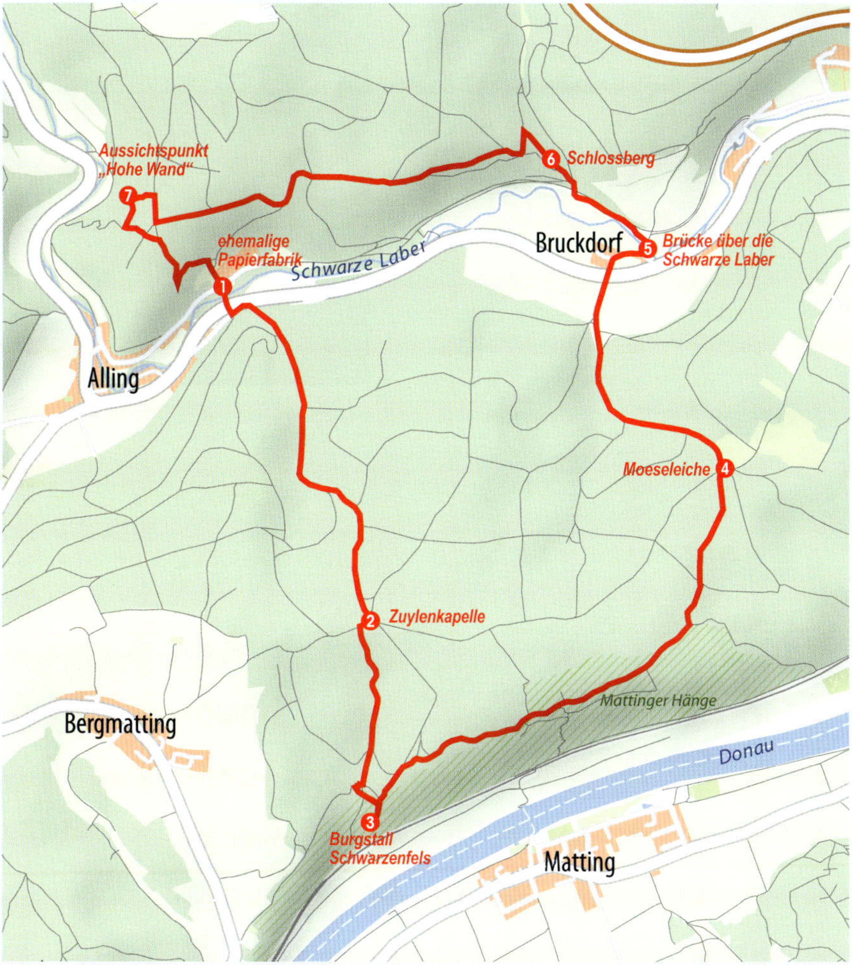

Aussichtspunkt „Hohe Wand“
7
ehemalige Papierfabrik
1
Schwarze Laber
6 Schlossberg
Bruckdorf
5 Brücke über die Schwarze Laber
Alling
Moeseleiche 4
2 Zuylenkapelle
Mattinger Hänge
Bergmatting
Donau
3
Burgstall Schwarzenfels
Matting

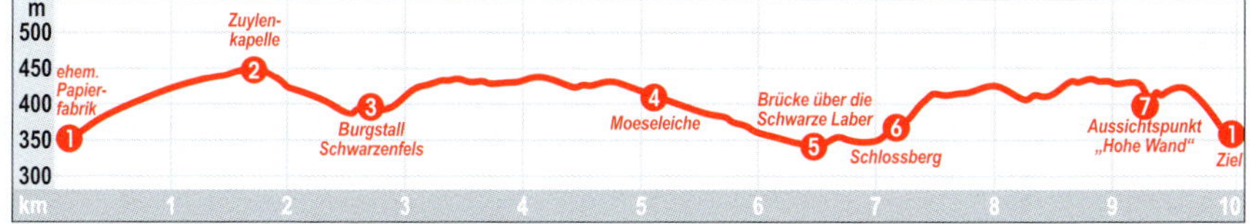

Wir starten an der ehemaligen Direktorenvilla der Papierfabrik ❶ und überqueren zunächst das Brücklein über die Schwarze Laber und die Straße, auf der wir gekommen sind. Dann folgen wir der Markierung „rotes Dreieck W33" (der Forstweg links) bis zur Zuylen-Kapelle ❷. Diese hübsche Kapelle ist ein zentraler Knotenpunkt in diesem Gebiet. Von der Wegspinne mit fünf Wegen, die sich dort verzweigen, nehmen wir den ersten rechts, gehen aber dann gleich wieder nach links, leicht bergab. Wenn der Weg sich gabelt, gehen wir weder rechts noch links, sondern einfach geradeaus weiter, auf dem nicht befestigten Weg, wo wir schon bald auf die Markierung grünes Rechteck stoßen: Hier schwenken wir nach links, und es geht wieder bergauf.

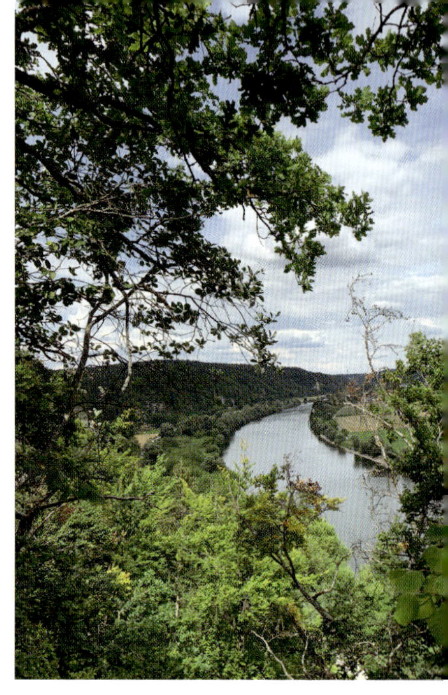

Blick auf die Donau

Aussicht von der Hohen Wand

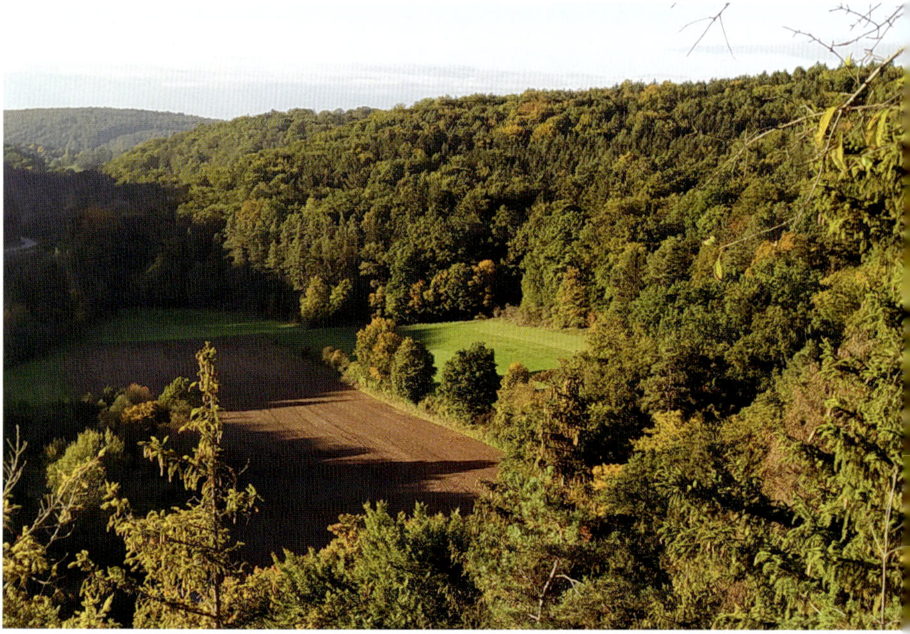

Wir erreichen nun in kurzer Zeit Schwarzenfels ❸ mit seinem Burgstall, und eine interessante Informationstafel gibt uns zunächst Aufschluss über die Geschichte der Burg. Dort begeben wir uns auf Spurensuche und entdecken Bodenunebenheiten, einen Wall, der den Verlauf der ehemaligen Mauer anzeigt und an einem Hügel endet, und schließlich die kreisförmige Vertiefung eines ehemaligen Turms. Auf jeden Fall kann man dort die wunderschöne Aussicht über die Kulturlandschaft des Donautals und die Orte Matting und Lohstadt genießen. Die Bahnlinie, die zwischen dem Fluss und den Felshängen verläuft, lässt uns an eine Modellbahnlandschaft denken. Nachdem wir das Gelände ausgiebig erkundet haben, gehen wir zurück zur Infotafel und biegen jetzt nach rechts ab (Wegweiser ist ab jetzt immer das grüne Rechteck!).

Wenn sich der Weg teilt, nehmen wir die linke Seite. Nachdem auch noch das blaue Rechteck als Wegweiser dazugekommen ist, macht der breite Weg eine Linkskurve. Jetzt bitte aufpassen, denn wir biegen danach schnell nach rechts in einen schmalen Pfad ab, aber beim bereits ersten Baum, einer Birke, finden wir unsere Markierung wieder. Unser Weg kreuzt danach einen breiteren Weg, und die dort sichtbare grüne und blaue Markierung wie auch der Ritter weisen nun nach links. Wir aber wandern geradeaus weiter auf dem schmalen Pfad in den Wald, bis wir nach einiger Zeit auf ein breites Wegedreieck stoßen. Rechts wartet die große alte Moeseleiche ❹, die mit einem Christus-Kreuz davor und einer schönen Bank dahinter zur Rast einlädt. Weiter geht es nach links und abwärts (grünes Rechteck). Aus dem Wald herausgekommen, marschieren wir dann geradewegs auf die Gebäude mit dem großen Solardach zu, überqueren dort die Straße 2394, passieren die Anwesen von Bruckdorf 10 und folgen dem asphaltierten Weg, der schnell

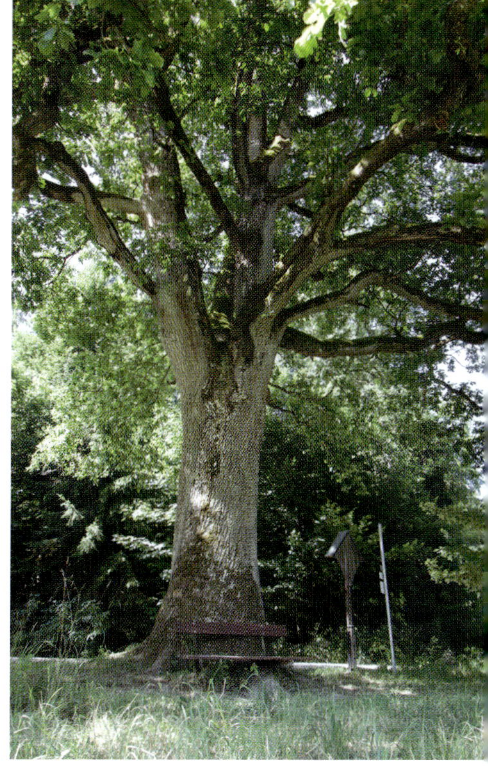

Moeseleiche

zur Brücke über die Schwarze Laber führt ❺. Nachdem wir sie überquert haben, gehen wir nach links, an einem schönen großen Apfelbaum vorbei, und ein Stück parallel zum Radweg. Diesen kreuzen wir nach einiger Zeit und treffen danach gleich auf das grüne Rechteck. Hier biegen wir gleich wieder nach halblinks ab und gelangen so auf einen schmalen Hohlweg, der steil bergauf führt (grünes Rechteck). Unvermittelt ist dort eine Infotafel anzutreffen, die darauf hinweist, dass sich hier einst eine namenlose Burg befunden hatte, daher der Name „Schlossberg" ❻.

Weiter oben geht unser Pfad in einen breiteren Forstweg über, auf dem es weiter bergauf geht. Nach der Rechtskurve verlassen wir diesen Weg nach links und wandern nun lange parallel zum Hang durch den schönen Buchenwald.

Zwischenzeitlich überqueren wir noch einen Forstweg. An einer großen Eiche links des Weges wird später die Markierung rotes Viereck zu finden sein, der wir nun folgen bis zum grünen Dreieck, das uns jetzt nach oben lenkt. Wir folgen diesem breiten Weg, bis links an einer großen Kiefer das grüne Dreieck angebracht ist und darüber die kleine gelbe Tafel „Jura Steig". Davor biegen wir links ab in den Wald hinein. Nach kurzer Zeit erreichen wir nun die Hohe Wand ❼, von der aus wir eine tolle Aussicht hinunter auf die Laber und die sie umgebenden Felder und Wälder haben und zudem eine Rastbank finden. Und wo ist das küssende Paar?

Beim Rückweg halten wir uns rechts (Wegmarkierung roter Punkt). Obacht: Nach kurzer Strecke treffen wir auf zwei gegenüberstehende Kiefern, beide mit dem roten Punkt markiert. Davor biegen wir nach links ab in einen schmalen Pfad, der leicht bergauf führt, zwischendrin überqueren wir einen etwas breiteren Weg. Wenn wir auf das grüne Dreieck treffen, biegen wir rechts ab, es geht nun bergab, und zuletzt vorbei an der Direktorenvilla ❶ der ehemaligen Papierfabrik zurück zum Ausgangspunkt.

Hohe Wand

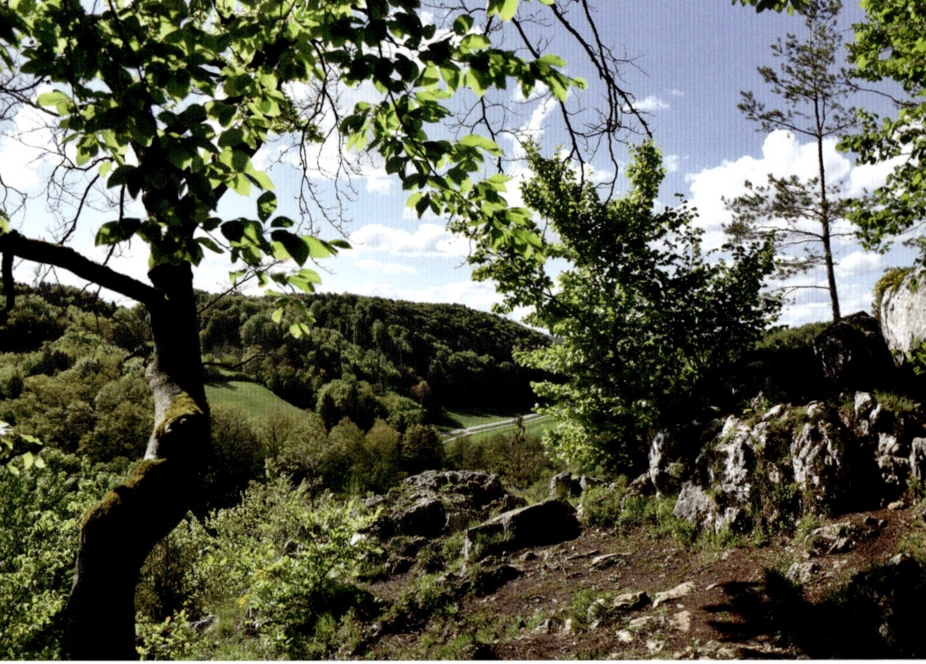

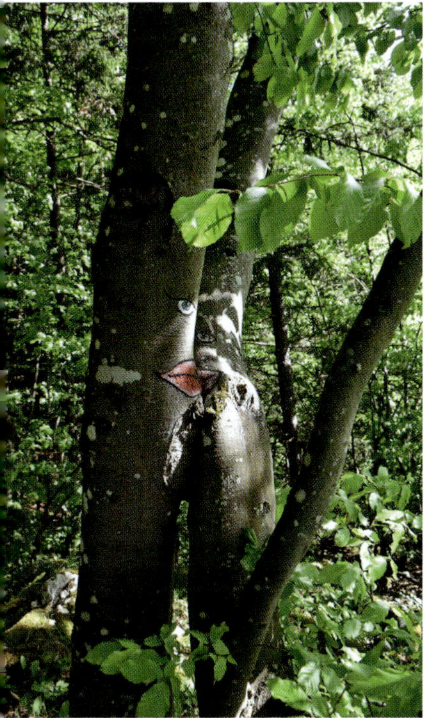

Ungewöhnliches Liebespaar

Bemerkenswert

Zuylen-Kapelle: Errichtet hat sie 1872 der holländische Baron Zuylen zum Andenken an seinen im Krieg gefallenen Bruder. Auf der Rückseite der Kapelle wurden vom Waldverein zwei Gedenktafeln für besonders verdiente Mitglieder angebracht.

Burgstall Schwarzenfels: Mitte des 13. Jahrhunderts begann Herzog Otto II. auf diesem Felsen gegenüber Matting an der Donau mit dem Bau einer umfangreichen Anlage von 80 x 39 m. Nachdem das Kloster Prüfening aber dagegen geklagt hatte, wurde der Bau der fast vollendeten Burg eingestellt. Im 15. Jahrhundert hat man die Burg abgebrochen.

Schlossberg: Es handelte sich einst um ein 30 m langes Areal auf dem gerodeten Hügel, doch nun sind nur noch wenige Reste des fünfeckigen Bergfrieds übrig und vom Weg aus nicht erkennbar. Schriftliche Quellen sind nicht vorhanden.

Ehemalige Papierfabrik Alling: Der Verleger Friedrich Pustet beschloss die Errichtung einer Papierfabrik in Alling im Jahr 1836. Ergänzt wurde die Fabrik durch die Werke in Ober- und Unteralling. Da nicht nur das Wasser der Laber zur Verfügung stand, sondern auch Kohle des nahen Viehhausener Bergwerks, erfolgte der Antrieb der Maschinen mit Dampf- und Wasserkraft. Der aus Ziegeln gemauerte Schornstein ist heute noch zu sehen. Nach Besitzerwechseln wurde die Papierproduktion 1972 eingestellt.
An diesem Ort befand sich nach dem Krieg auch ein Lager mit Flüchtlingen, vor allem aus dem Sudetenland. Die ehemalige Direktorenvilla war damals zu einer Art Krankenhaus umfunktioniert worden.
Wer einen Blick auf die alte Papierfabrik werfen möchte (das Betreten des Geländes ist verboten), kann an der Bushaltestelle „Alter Bahnhof" an der Staatsstraße halten, es kommt nur maximal einmal pro Stunde ein Bus.

Ehemalige Bahnstrecke Allinger Bockerl: Es handelte sich dabei um eine der kürzesten Bahnstrecken Bayerns. Der Individualverkehr wurde bereits 1967, der Gesamtverkehr 1985 eingestellt. Ein Teil der Schienen wurde wohl vergessen. Sie liegen gestapelt und eingewachsen links neben der Straße, die an der Direktorenvilla vorbei nach Osten zum Wohnblock führt.

OBERNDORF

Grandiose Aussichtpunkte über das Donautal

TOUR 08

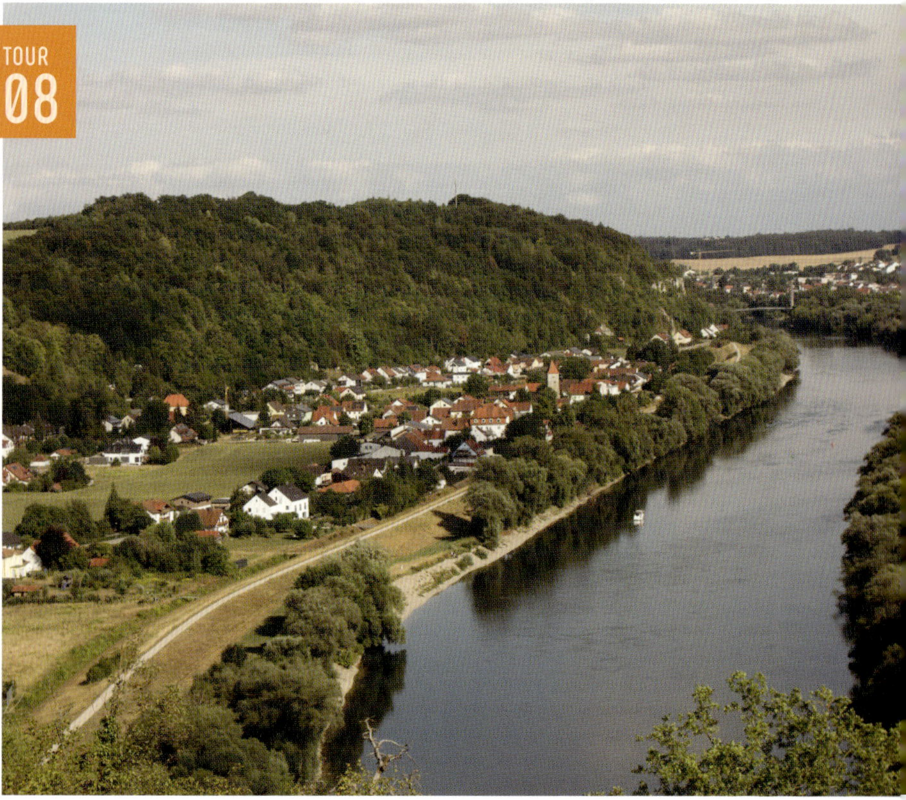

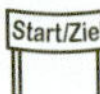

Donaustraße 43, 93077 Bad Abbach/Oberndorf; dort befindet sich auch ein Trinkwasser-Brunnen

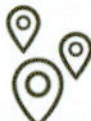

Parkplatz – Kruzifix – Objekt – Hanslberg – Objekt – Objekt – Sebastianskapelle

Abwechslungsreiche Rundtour auf dem Höhenrücken durchs Naturschutzgebiet oberhalb von Oberndorf, zuerst auf dem Paul-Pemsel-Steig, dann zum Hanslberg.

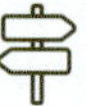

Rotes Rechteck, Jurasteig, BA 6, grünes Rechteck, BA 4, grünes Rechteck, teilweise unmarkiert

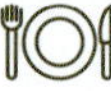

Unterwegs keine.
In der Nähe:

Brauereigasthof Berghammer
Donaustraße 54,
93077 Bad Abbach/Oberndorf

Gasthaus Fänderl
Wirtsweg 2, 93080 Pentling/Matting

Foto: Blick auf Oberndorf und die Donau

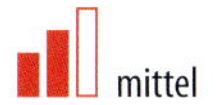 mittel

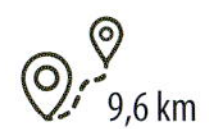 9,6 km

220 Hm

 2:45 h

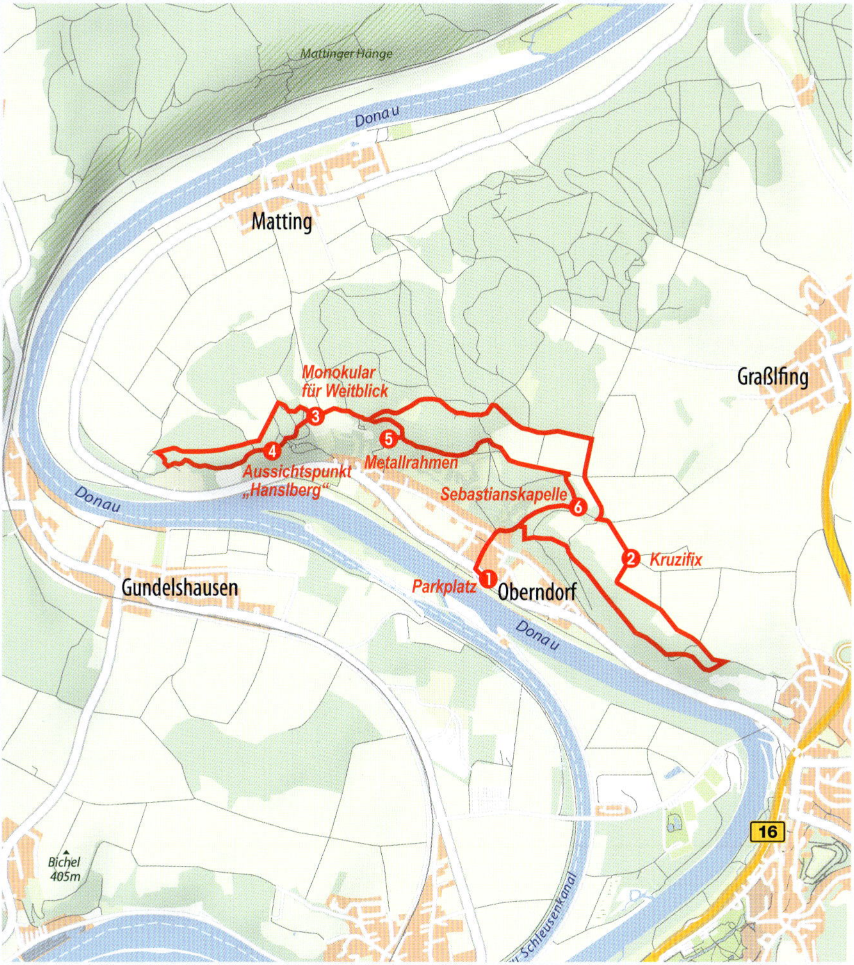

Mattinger Hänge
Donau
Matting
Monokular für Weitblick
Graßlfing
3
4
5
Metallrahmen
Aussichtspunkt „Hanslberg“
Donau
Sebastianskapelle
6
2
Kruzifix
Gundelshausen
Parkplatz
1
Oberndorf
Donau
16
Bichel 405m
Schleusenkanal

m
500
450
400
350
300
km 1 2 3 4 5 6 7 8 9
1 Parkplatz
2 Kruzifix
3 Monokular für Weitblick
4 Aussichtspunkt „Hanslberg“
5 Metallrahmen
6 Sebastianskapelle
1 Parkplatz

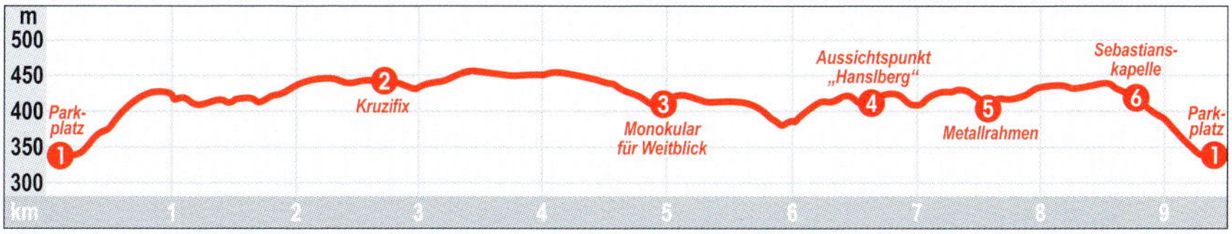

Wir biegen vom Parkplatz ❶ gegenüber der Kirche nach links ab und dann gleich wieder rechts in die Herrengasse. An der Mauer bei der Hausnummer 8 finden wir die Wegmarkierung rotes Rechteck, dem wir nun längere Zeit folgen, zunächst aus dem Ort hinaus und in einen Hohlweg. Schnell kommt links eine steinerne Weltkugel, für uns das deutliche Zeichen, hier rechts abzubiegen. Unser Weg wird bald eine Straße, den Graßlfinger Weg überqueren und dann durch einen hohen Mischwald gehen, wobei als weitere Markierung auf dieser **Paul Pemsel** gewidmeten Strecke auch das Schild „Jurasteig" hinzukommt. Im Winter ist der Ausblick auf die Donau natürlich häufiger zu genießen, aber auch im Sommer gibt es gelegentliche Lücken für erste Blicke.

Nach einiger Zeit stößt unsere Route auf eine eingezäunte Neuanpflanzung von jungen Laubbäumen (das rote Rechteck ist an einer schmalen Eiche im eingezäunten Bereich angebracht), vor der wir nach links abbiegen und am Zaun entlangwandern. Alternativ könnte man bei dieser Neuanpflanzung auch geradeaus weitergehen auf einem schmalen Pfad, der am Rand des Hügels entlangführt und nach kurzer Zeit wieder auf die Hauptstrecke Jurasteig trifft.

Wenn unser Weg den Wald verlässt, wandern wir nach links am Waldrand entlang und folgen den Markierungen BA6 so lange, bis hier eine andere Info gegeben wird. Oben auf der Höhe das Umschauen nicht vergessen: Wir blicken dann auf den Nordteil von Bad Abbach und sehen in der Ferne den Kirchturm des relativ hoch gelegenen Hohengebraching aufragen. Ein nächster Fernblick tut sich nach dem Hochsitz auf: Im Norden sieht man nun den Fernsehturm und die Hügel des Vorwaldes.

Weite Felder über Oberndorf

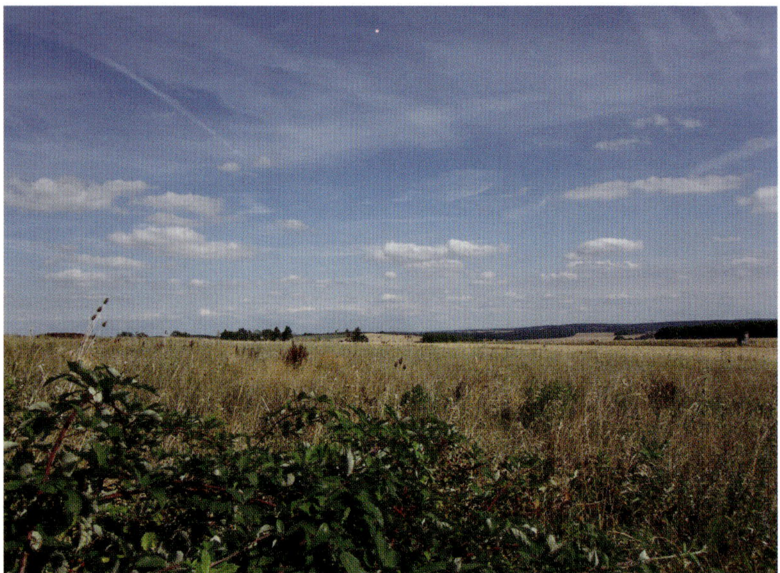

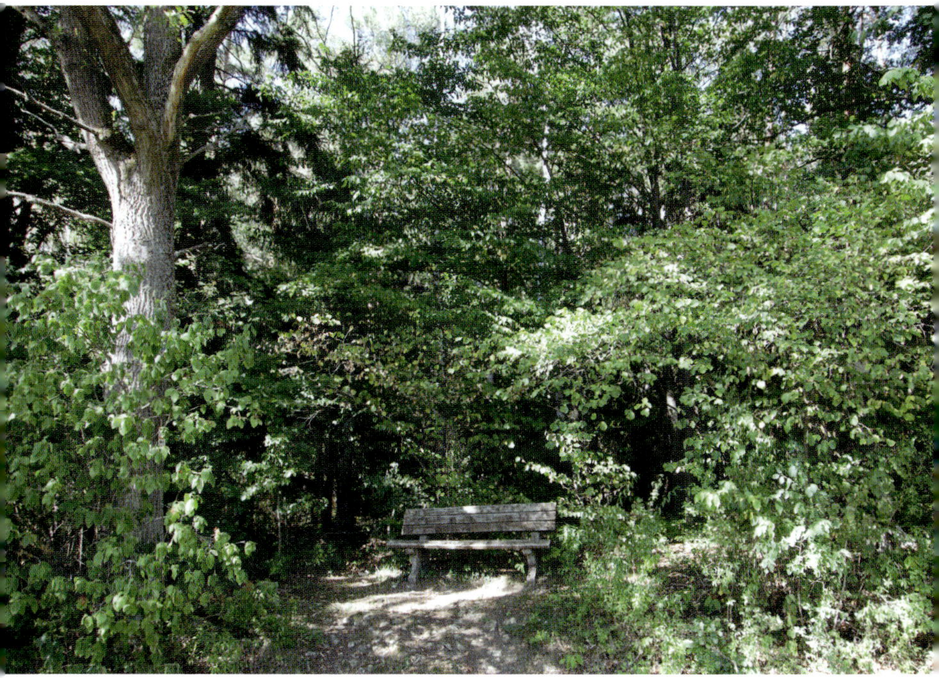

Eine der vielen Bänke am Weg

Wir passieren auch ein großes Kruzifix ❷, welches zum Gedenken an die Flurbereinigung im Jahr 1980 errichtet wurde. Wenn wir danach an eine T-Kreuzung mit ziemlich vielen Wegweisern gelangen, gehen wir geradeaus weiter (BA6), aber schon bald danach biegen wir nach links ab und gehen am Waldrand entlang (jetzt grünes Rechteck) Richtung Naturschutzgebiet Hanslberg. Wir kommen später zu einem Objekt „Das Monokular für Ihren Weitblick" ❸. Hier wandern wir auf dem breiten Weg nach rechts weiter und folgen ihm bei der nächsten Gabelung nach links. Wenn wir zahlreiche Markierungen die an einem verzinkten Rohr angebracht wurden, vorfinden, gehen wir geradeaus weiter und treffen auf die Wegmarkierung BA4. Unser Weg führt jetzt kon-

„Monokular für Ihren Weitblick"

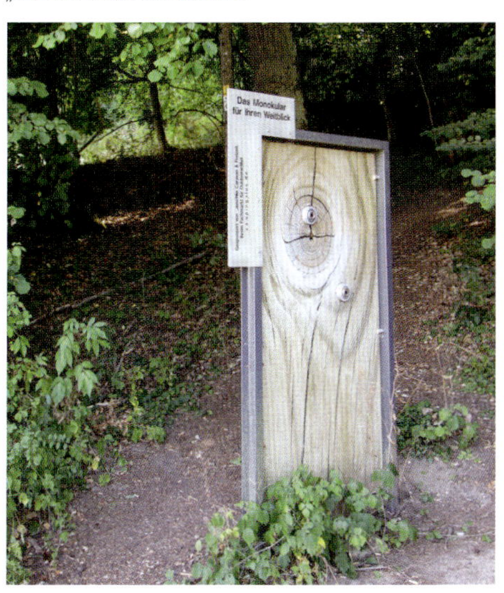

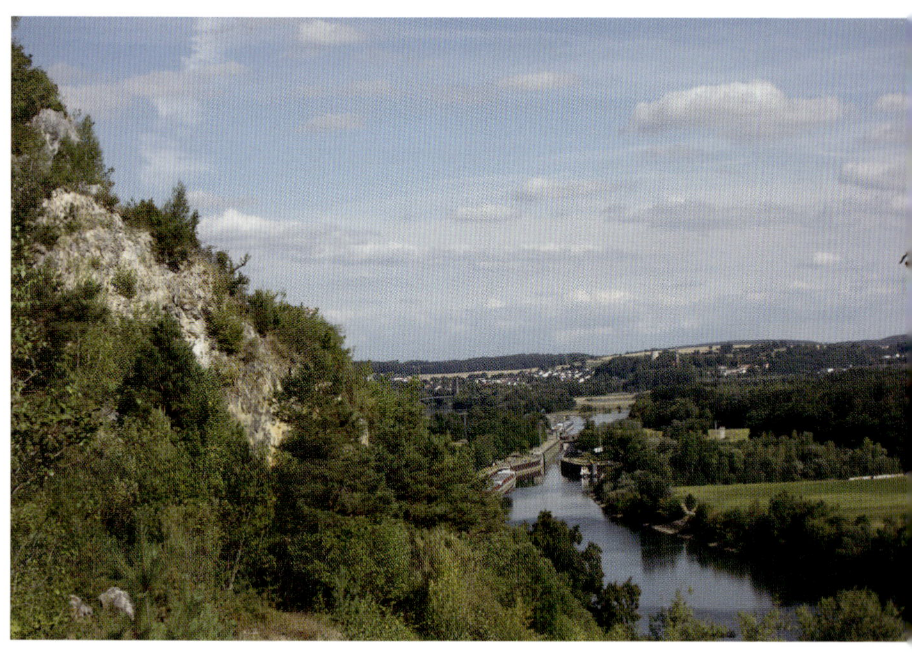

Blick vom Steinbruch auf die Donau

tinuierlich bergab, bis ein Weg im spitzen Winkel kurz vor dem Schild BA4, das an einer Kiefer angebracht ist, links abzweigt, und wir in diesen einbiegen.

Wenn wir danach aus dem Wald herauskommen, befinden wir uns über der steilen Abbruchkante des früheren **Steinbruchs** und freuen uns über den ersten Panoramablick auf die Donau und das gegenüberliegende Dorf Gundelshausen. Wir gehen nun den schmalen Pfad immer parallel zur Hangkante entlang weiter, wo bald das rote Rechteck und der Jurasteig den Weg zum Aussichtspunkt Hanslberg ❹ über Altwasser und Kanal der Donau weisen. Hier gibt es nicht nur eine grandiose Aussicht, sondern auch einen Tisch mit zwei Bänken zum Brotzeitmachen.

Von hier aus wandern wir ein kurzes Stück weiter, folgen dann der Markierung „grünes Rechteck", verlassen den Wald beim bekannten „Monokular für Ihren Weitblick" ❸ und gehen wieder zurück, bis wir zum bereits passierten Wegedreieck gelangen. Hier schlagen wir nun den nach rechts abzweigenden, leicht bergab führenden Weg ein. Auch hier kommt ein Brotzeitplatz mit gleich drei um einen Tisch gruppierten Bänken. Jetzt machen wir noch einen kurzen Abstecher: Der nächste Weg, der nach rechts abzweigt, führt uns nämlich zu einem weiteren schönen Aussichtspunkt. Hier findet sich ein Stück die Wiese nach unten wieder ein Objekt: ein Metallrahmen ❺ mit Informationen über die mittelalterliche Nutzung dieser Hänge zum Weinanbau. Auch in Oberndorf weisen Straßennamen noch auf diese Geschichte der Hänge an der Donau hin.

Nach diesem kurzen Weinbau-Ausflug gehen wieder zu unserem Weg zurück, zunächst weiter durch den Wald und dann längere Zeit am Waldrand entlang. An dessen Ende biegen wir aber vorher in einem spitzen Winkel nach rechts ab und dann gleich wieder nach links in einen schmalen Pfad. Er leitet uns zur gelb getünchten **Sebastianskapelle** ❻. Und auch hier gibt es wieder Rastmöglichkeiten, bewacht wird das

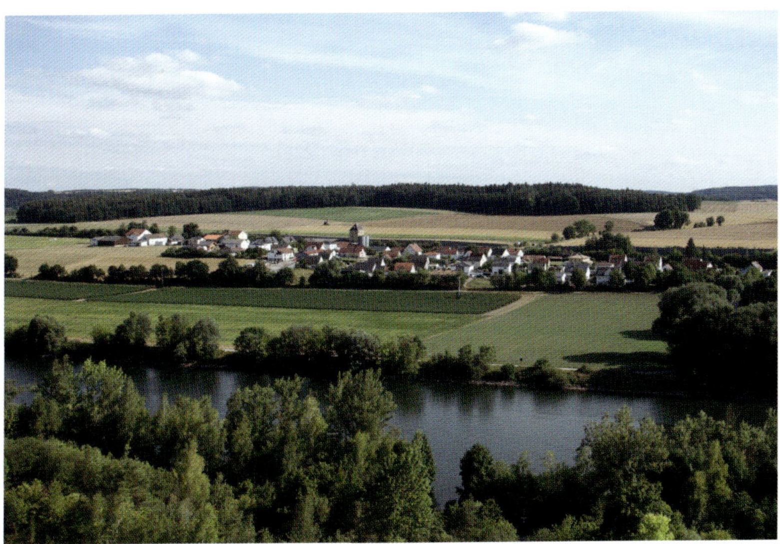

Gundelshausen

Auf dem Hanslberg

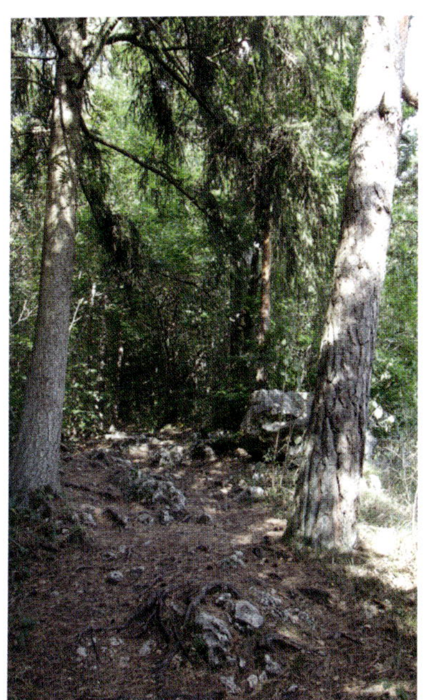

Ganze übrigens von einem hölzernen Uhu. Hinter dem Uhu führt ein Hohlweg, begleitet von modernen Objekten eines Themenwegs, bergab und zurück in den Ort.

Jetzt haben wir Muße, die Baudenkmäler auf unserem Weg genauer zu betrachten: zunächst das Gebäude in der Herrengasse 9, unmittelbar danach kurz nach rechts abbiegen zum Haus Am Unteren Weinberg 2, und nicht zu vergessen die **Kirche Mariä Himmelfahrt**. Am Parkplatz findet sich außerdem eine Infotafel über das alte Fährhaus von 1842 .

Bemerkenswert

Paul-Pemsel-Steig: Paul Pemsel war nicht nur lange Zeit Mitglied im Hauptausschuss des Bayerischen Waldvereins, sondern machte sich auch vor allem in der Markierungsabteilung verdient; nach ihm wurde deshalb dieser Weg bei Bad Abbach benannt.

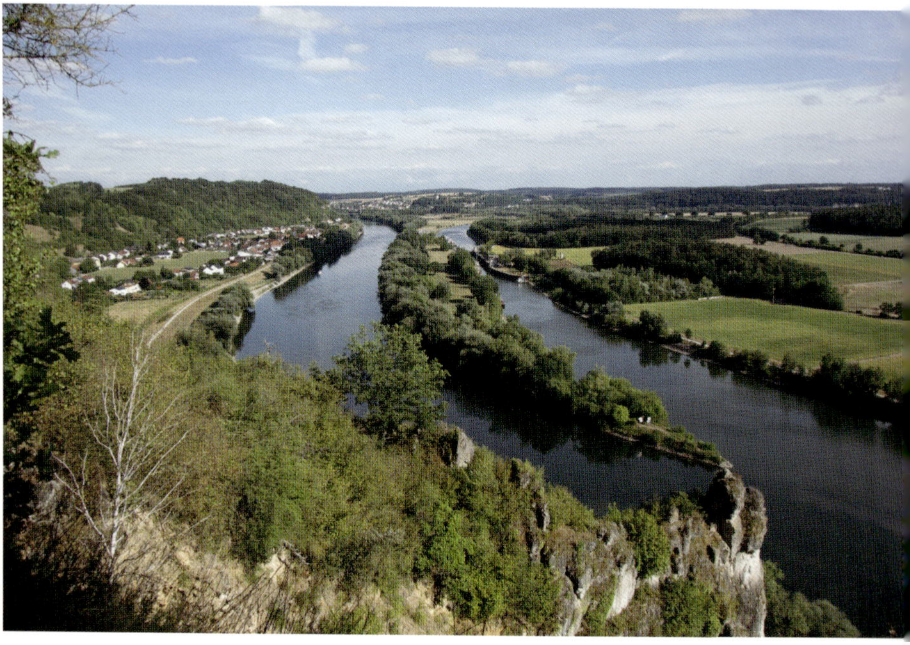

Donau mit Schleusenkanal bei Oberndorf

Steinbruch: Seit 200 Jahren und bis in die 60er Jahre betriebener Grünsandsteinbruch. Die Steine wurden im Akkord gebrochen und konnten direkt auf die Schiffe verladen werden. Verwendung fanden sie als Uferschutz an der Donau. In Oberndorf gab es fünf Grünsandstein- und Dolomitsteinbrüche.

Pfad zur Sebastianskapelle

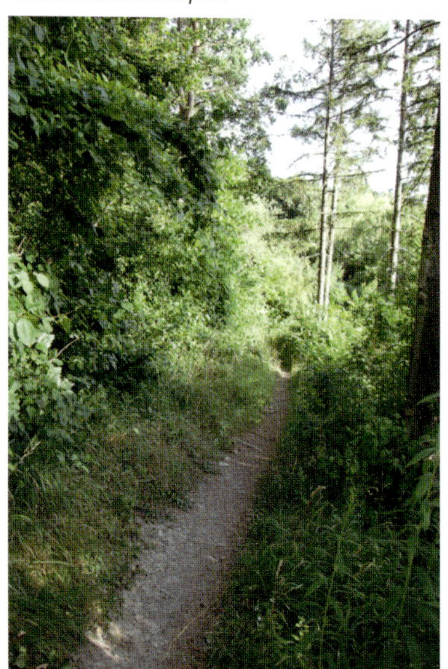

Auf dem ehemaligen Weinberg

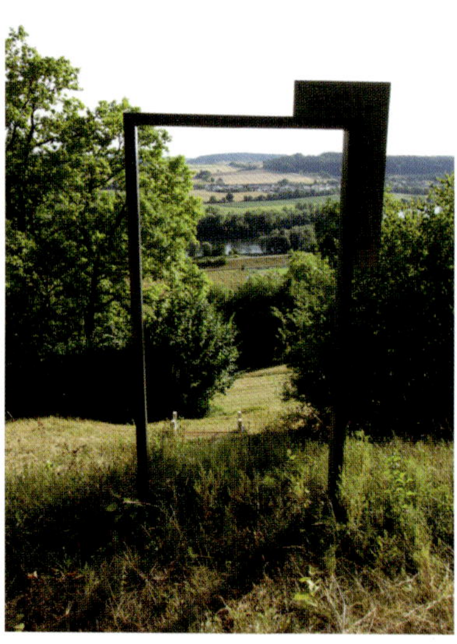

Sebastianskapelle: Erst 2017 geweihte Kapelle am Oberndorfer Hang mit der Figur des Hl. Sebastian im Inneren als Dauerleihgabe des Bad Abbacher Pfarrhofs; in Vereinsinitiative erbaut.

Denkmalgeschützte Gebäude

Kirche Mariä Himmelfahrt (Donaustraße 45): Um 1250 entstandenes romanisches Langhaus mit Fresken und frühgotischem Turm sowie barockem Hochaltar. Die Friedhofskapelle mit spätgotischem Sandsteinaltar wurde um 1600 errichtet.

Jurahaus (Am Unteren Weinberg 2): Kellergebäude eines Amtshofs des ehemaligen Klosters Prüfening, Satteldachhaus mit romanischem Kern um 1200, Keller vor 1150 entstanden, Erweiterung nach 1450 und 1560.

Barockes Gebäude (Herrengasse 9): Mit Walmdach und Putzgliederung; zeitweise Wohnsitz des Regensburger Malers Otto Baumann. Außerdem befinden sich noch weitere denkmalgeschützte und mit der Denkmalschutzmedaille ausgezeichnete Jurahäuser im Ort (Donaustraße 38, 52 und 56).

Sebastianskapelle bei Oberndorf

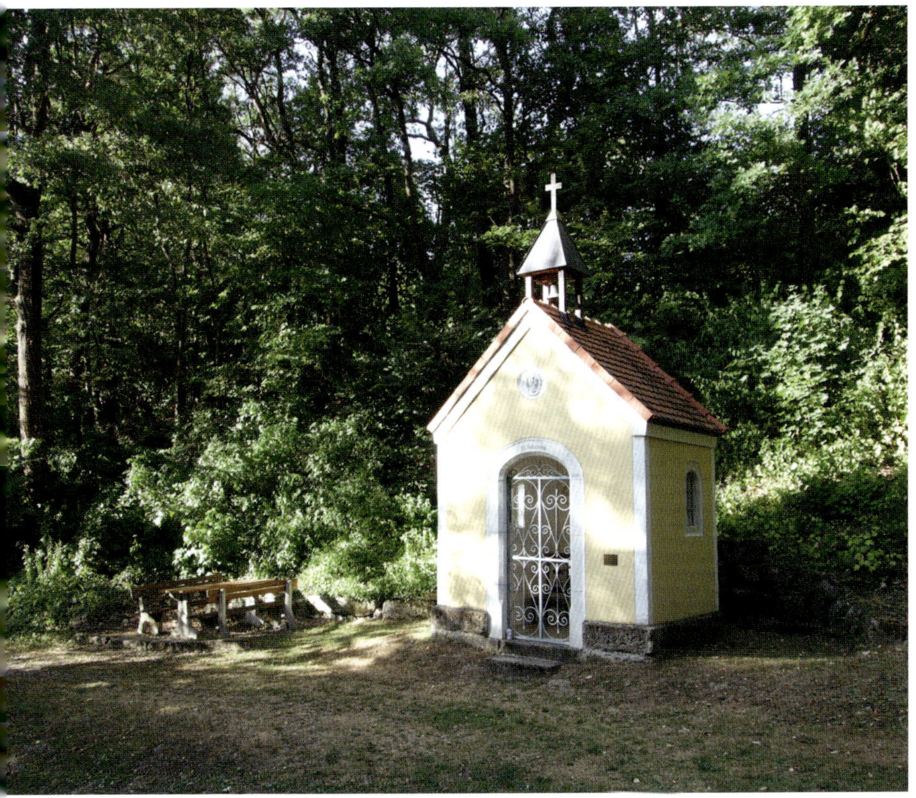

HOHENGEBRACHING

Die Sommerfrische des Fürstabts

TOUR 09

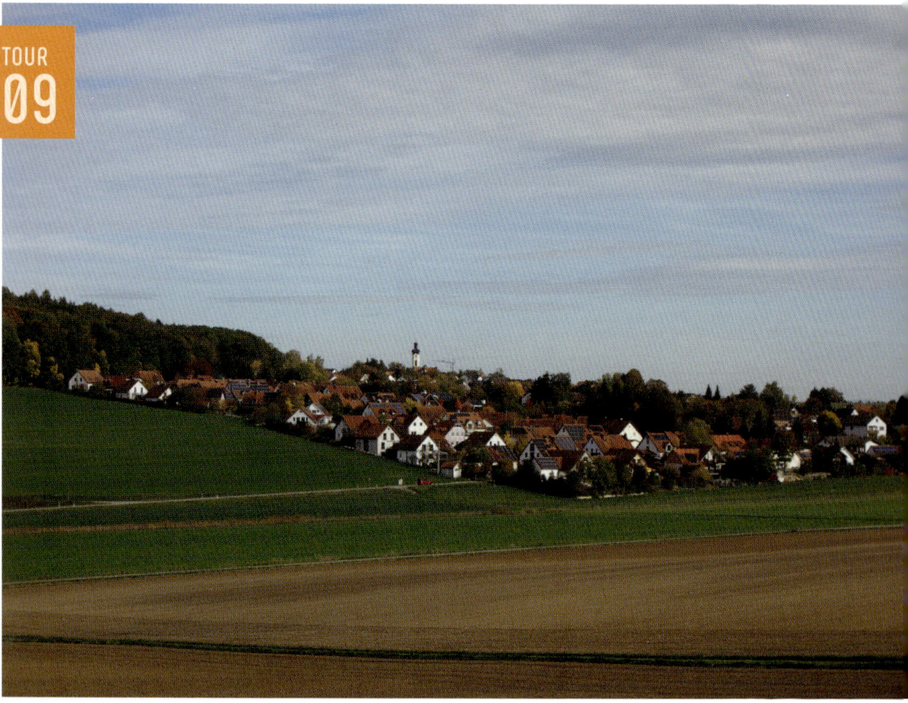

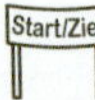

Der zweite Parkplatz an der R4/Hohengebrachinger Straße von Pentling nach Hohengebraching

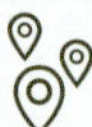

Parkplatz – Niedergebraching – Pfarrkirche Mariä Himmelfahrt – Rastplatz

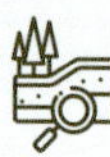

Auf meist einsamen Wegen wandern wir durch Wald und Feld rund um Hohengebraching, einst Sommersitz des Fürstabts und der Mönche von St. Emmeram.

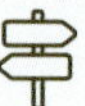

Grünes Rechteck, rote Raute, blaues Rechteck, rotes Dreieck, grünes Rechteck, teilweise unmarkiert

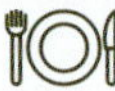

Unterwegs keine.
In der Nähe:

Wirtshaus beim Schweinswirt
Geberichstraße 48,
93080 Pentling/Niedergebraching

Landgasthof Weigert
Seedorf 8, 93080 Pentling/Seedorf

Foto: Weithin sichtbar: der Kirchturm von Hohengebraching

leicht | 10,1 km | 130 Hm | 2:45 h

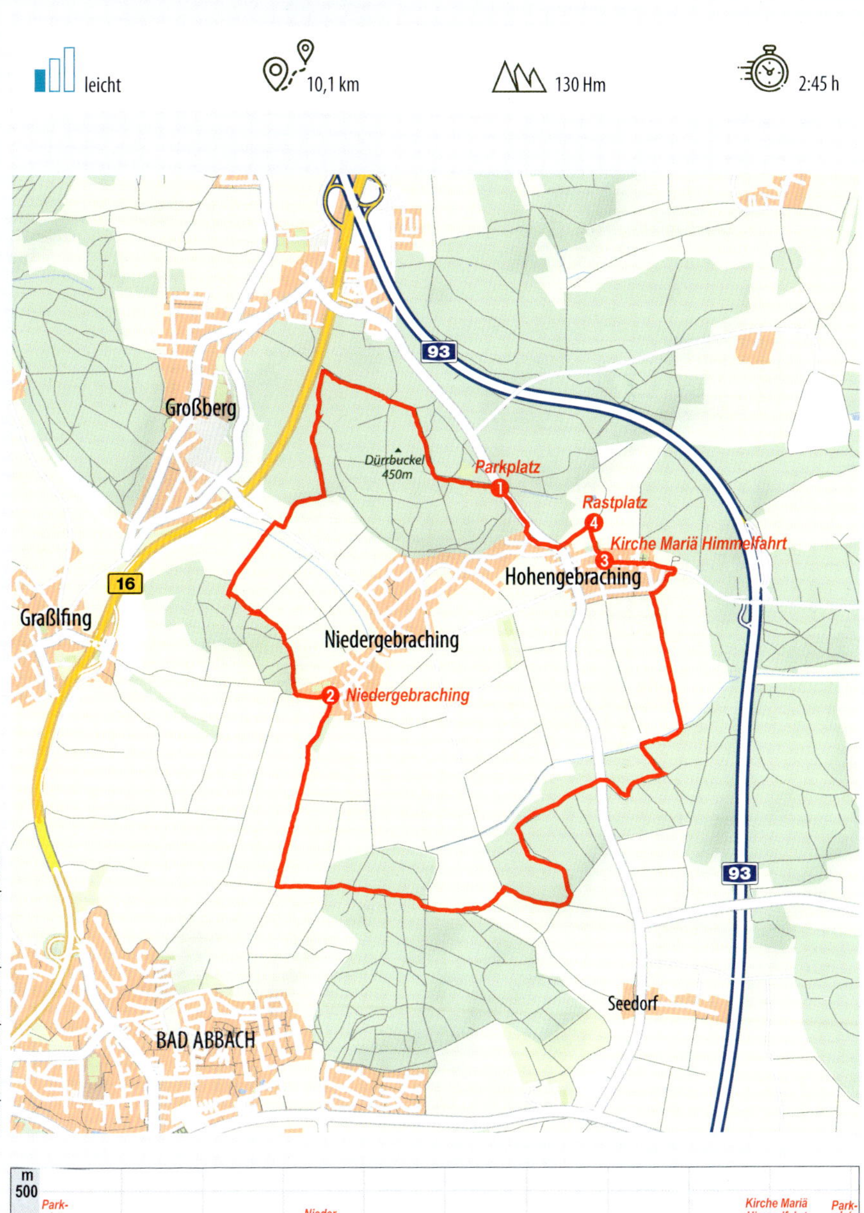

Wir folgen zunächst längere Zeit der Markierung grünes Rechteck: Ungefähr am Anfang des letzten Viertels des Parkplatzes ❶ führt ein ganz schmaler Weg in den Wald hinein (der Wegweiser ist dort dann an einem hohen Lärchenstamm angebracht). Schnell kommen wir an einem Waldspielplatz vorbei, überqueren danach auch einen breiten Weg. Später kommt auch die Markierung rote Raute dazu, so dass wir nun kurze Zeit beiden Markierungen folgen, dann aber weiter nur der Raute geradeaus, wenn das grüne Rechteck nach rechts abbiegt. Dieser breitere Wanderweg beschreibt bald einen weiten Bogen nach links um den Dürrbuckel herum, dem wir so lange folgen, bis wir nach rechts einem roten Schild „Walking Route Dürrbuckel" folgen, die uns bald aus dem Wald hinausführt.
Gegenüber ist nun schon unsere weitere Strecke den Hügel hinauf erkennbar, jetzt biegen wir deshalb nach rechts ab und folgen dem blauen

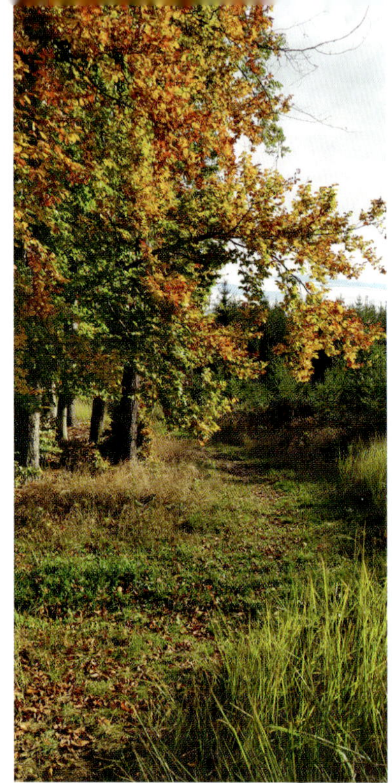

Weg beim Zipfelholz

Fernblick bis zum Keilberg

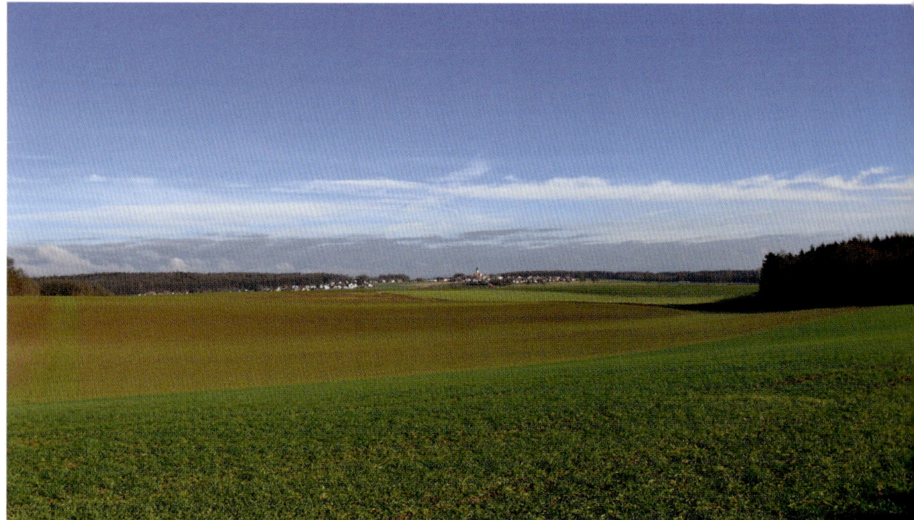

Rechteck zur Straße nach Großberg, die wir dann überqueren, ein paar Meter nach rechts gehen und dann nach links hinauf Richtung Wald. Von hier aus sehen wir schon den hohen Kirchturm von Hohengebraching, der eine weithin sichtbare Landmarke bildet.

Vor dem Wald biegen wir nach links ab und gehen immer an dessen Rand entlang, bis unser Weg direkt auf ein Feld und eine querende Straße trifft. Jetzt geht's kurz nach links, vor dem ersten Haus von Niedergebraching ❷ aber schon wieder rechts aus dem Ort hinaus und dann nach Süden über die Felder bzw. am Rain entlang, bis ein rechtwinklig abbiegender Weg geradewegs zum Wald führt. In diesen biegen wir links ab. Wir sehen nun Niedergebraching und Hohengebraching und weiter weg sogar die Hügel nördlich der Donau.

Im Wald geht es geradeaus weiter, bis wir schon dessen Ende sehen können und der Weg sich gabelt. Hier haben wir drei Möglichkeiten: Wir wandern auf dem mittleren Weg geradeaus weiter und bald aus dem Wald hinaus, dann halblinks am rechten Feldrand entlang (alternativ können wir auch den Waldpfad 5 Meter weiter rechts nehmen) weiter auf das nächste Wäldchen zu, vor dem wir nach rechts abbiegen und wandern, bis der Wald nach kurzer Zeit wieder zu Ende ist. Dann geht's nach links und mit dem roten Drei-

Waldrand in der Herbstsonne

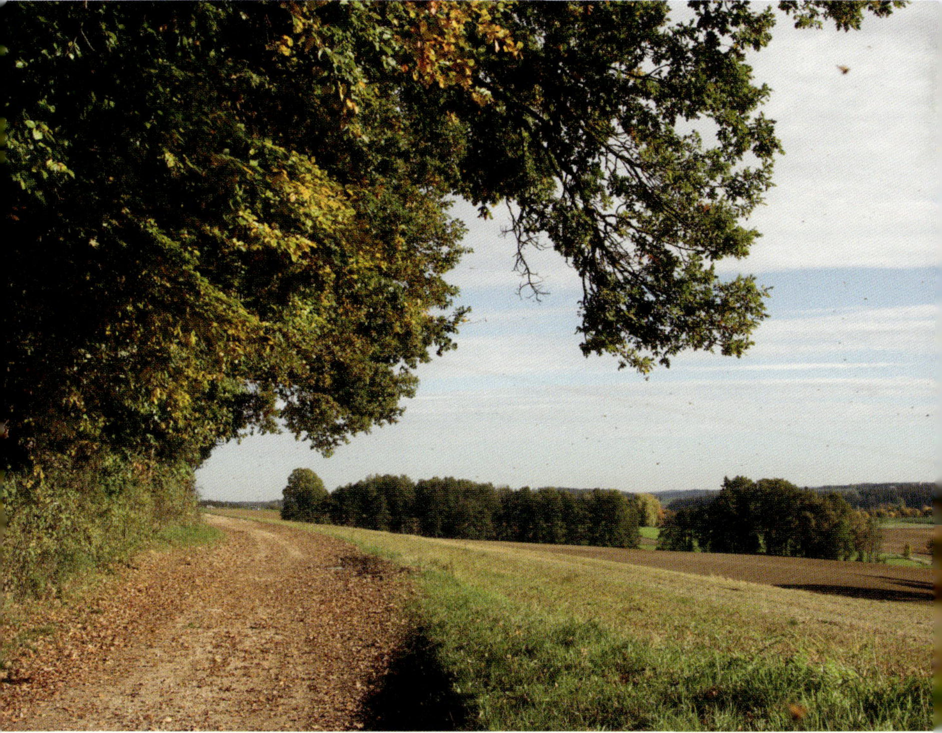

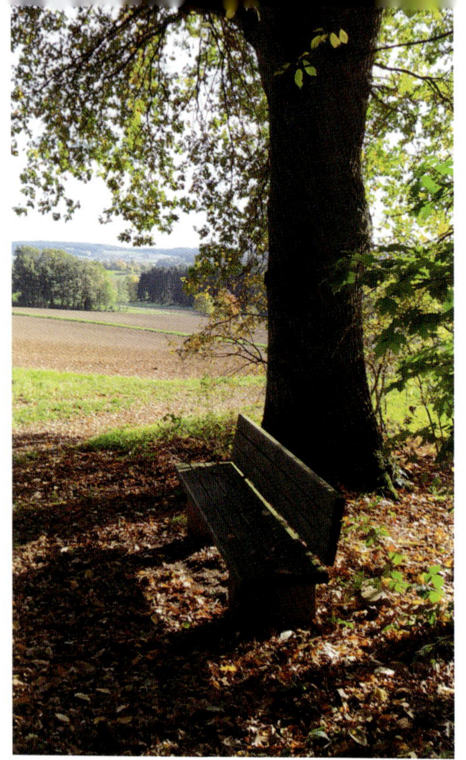

Ruhige Bank

eck, dem wir nun längere Zeit folgen, zunächst durch den Wald (zwischendrin überqueren wir die Straße R4 und biegen etwa 400 Meter weiter nach links ab [Markierung an einem Baum rechts des Weges]). Am Waldrand gehen wir nach rechts weiter. Kurz nach einem Hochsitz biegt das rote Dreieck nach links ab und führt uns über die Felder bis nach Hohengebraching.

Vor den ersten Häusern führt nach rechts ein Bogen um den Ortsrand herum und danach auf der Schlossstraße direkt auf die Kirche zu. Wirklich sehenswert ist das Ensemble aus Pfarrkirche Mariä Himmelfahrt ❸, altem Schloss, neuem Schlösschen, und auch die Schauseite des schräg gegenüber dem neuen Schlösschen liegenden Pfarrhofes ist einen Blick wert. Auf einer Bank mit Tisch unter einer nicht verfehlbaren alten Eiche findet man Zeit, das alles auf sich wirken zu lassen. Danach geht es um die Kirche herum und dann sofort nach rechts ab aus dem Ort hinaus (rotes Dreieck). Gleich nach dem Abbiegen liegt links

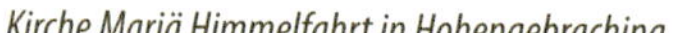

Kirche Mariä Himmelfahrt in Hohengebraching

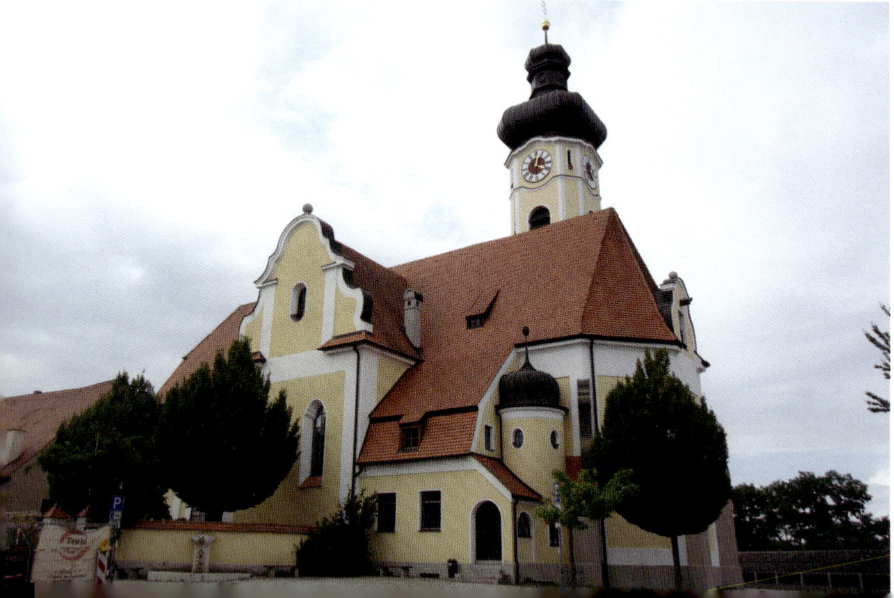

von uns ein einst bekannter und beliebter Biergarten, was noch an den terrassierten Rasenflächen und den Säulen des ehemaligen Eingangstores erkennbar ist. Wir kommen auf unserem Weg nun zu einer Streuobstwiese mit Bänken und Tisch, die ebenfalls einen idyllischen Rastplatz bieten ❹. Am Beginn der Wiese liegt ein uralter, zerklüfteter und äußerst umfangreicher Baumstamm, mittendrin steht etwas verloren ein Gedenkstein für die Opfer des Napoleonfeldzuges von 1809 in Regensburg und Umgebung, dahinter versteckt sich hinter Sträuchern ein kleiner Weiher. Nach den Bänken begleiten den Weg sehr malerische schöne alte Eichen.

Wir gehen von der Obstbaumwiese aus kurz zurück und biegen dann gleich rechts in den nächsten Weg ein, der am Rand des Dorfes zur Straße führt. Diese überqueren wir und folgen dem grünen Rechteck nach rechts und zum Ausgangspunkt zurück.

Alternative von ❹ aus: Wir könnten nun diesem Weg (rotes Dreieck) folgen, der jetzt eigentlich zunächst noch recht nett weitergeht, denn noch einmal kommen wir zu einer Streuobstwiese, die allerdings schon ältere und größere Bäume besitzt. Etwa bei der Hälfte der Wiese biegt man nun nach links in den Wald hinein ab (nicht mehr rotes Dreieck) und geht auf diesem Weg, bis man gegenüber vom Parkplatz zur Straße R4 kommt. Hier ist es aber teilweise arg laut.

Alte Eichen an der Streuobstwiese

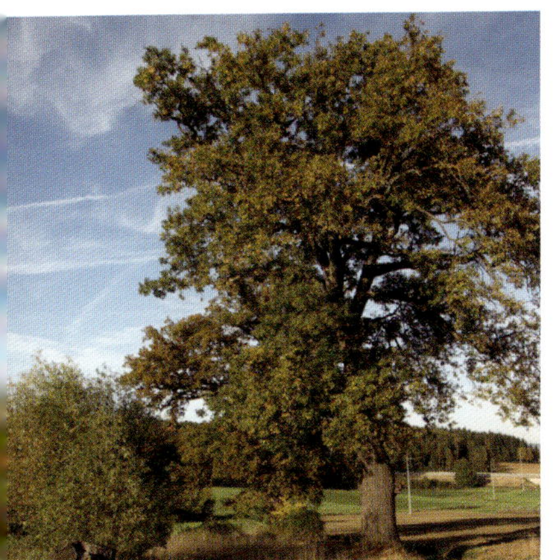

Bemerkenswert

Pfarrkirche Mariä Himmelfahrt: Schon zur Römerzeit soll hier ein Kirchlein gestanden haben. Nachdem der Besitz an den Bayerischen Herzog übergegangen war, übernahm die Seelsorge bereits das Kloster St. Emmeram. Geweiht wurde die später erbaute, erstmals 1030 erwähnte Kirche Maria, der Patronin der Agilolfinger. Seit dieser Zeit wurde das Gotteshaus mehrmals umgebaut und erweitert, zuletzt 1929, da aus dem ursprünglichen Einödhof Hohengebraching mittlerweile eine viel größere Gemeinde geworden war.

Neues Schloss Hohengebraching: Nachdem das Kloster St. Emmeram 1570 das Gut von Herzog Albrecht erworben hatte, ließ der Abt drei Jahre später ein dreistöckiges Schlösschen erbauen, das ihm und den Mönchen zur Sommerfrische dienen sollte. Diese Jahreszahl ist über dem Eingang eingemeißelt. Bis zur Säkularisation blieben Gebäude und Besitzungen Klostereigentum, nach der Enteignung wechselten die Besitzer.

Napoleonfeldzug von 1809: Im April 1809 trafen im Raum Regensburg französische Truppen unter der Führung von Kaiser Napoleon auf die österreichische Armee. Die zahlreichen Gefechte sind unter dem Namen „Schlacht bei Regensburg" bekannt. Stadtamhof wurde fast vollständig zerstört, Regensburg schwer in Mitleidenschaft gezogen und geplündert.

BAD ABBACH

Überirdische und irdische Heilkräfte

TOUR 10

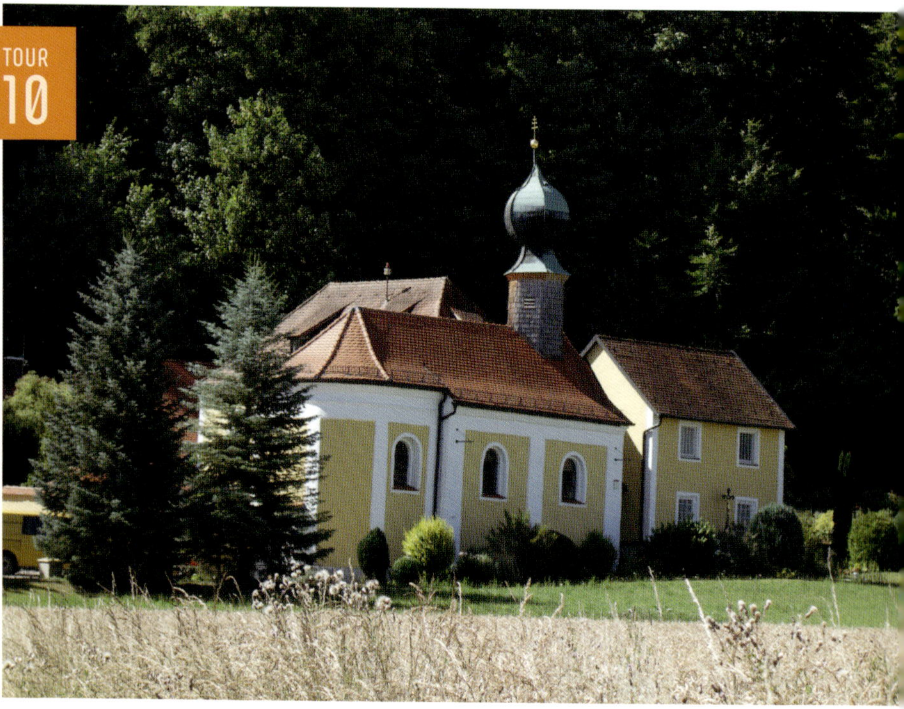

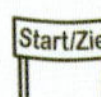

Am Wochenende: Parkplatz am Anfang der Frauenbrünnlstraße, 93077 Bad Abbach; unter der Woche parkt man am Rand der Frauenbrünnlstraße.

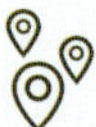

Frauenbrünnlstraße – Frauenbründl – alte Eiche – Schwefelquelle – Frauenbrünnlstraße

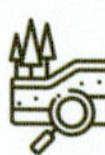

Zuerst auf breiten Wegen und dann auf schmalen Pfaden: Wir wandern zur weithin bekannten Wallfahrtskirche Frauenbründl mit der Quelle gegen Augenleiden. Am Ende der niederbayerischen Tour schwenken wir in den Bad Abbacher Kurpark ein und können Schwefelwasser trinken oder zumindest riechen.

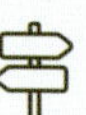

Blaues Rechteck, grünes Rechteck, blaues Rechteck, rotes und grünes Rechteck

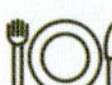

Landgasthof Waldfrieden
Kaiser-Karl-V.-Allee 17, 93077 Bad Abbach

Nicht direkt an der Wanderroute, aber in der näheren Umgebung:

Zum Fischerwirt – Café Rathaus
Kaiser-Karl-V.-Allee 6, 93077 Bad Abbach

Foto: Wallfahrtskirche Frauenbründl

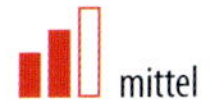
mittel

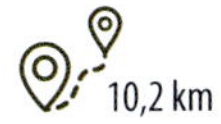
10,2 km

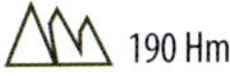
190 Hm

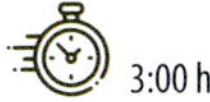
3:00 h

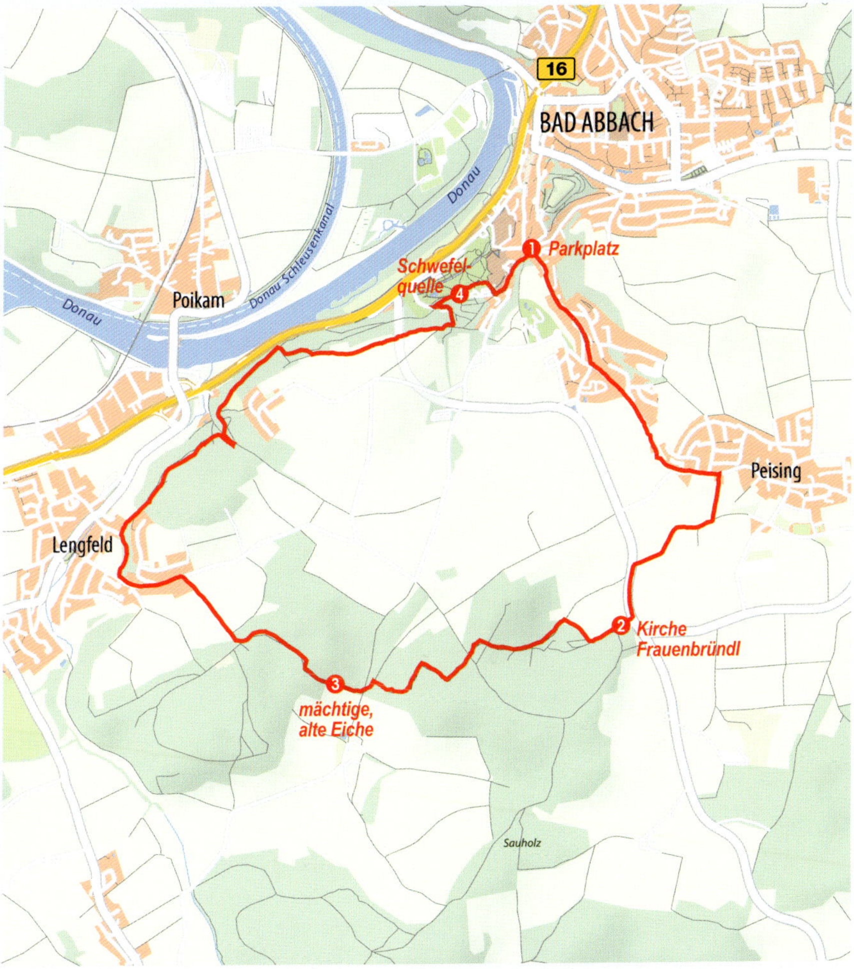

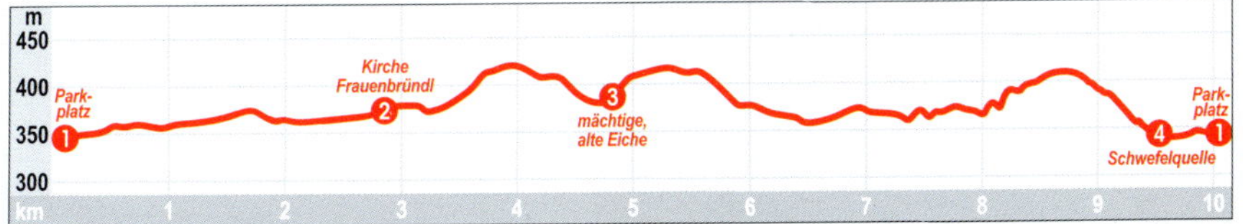

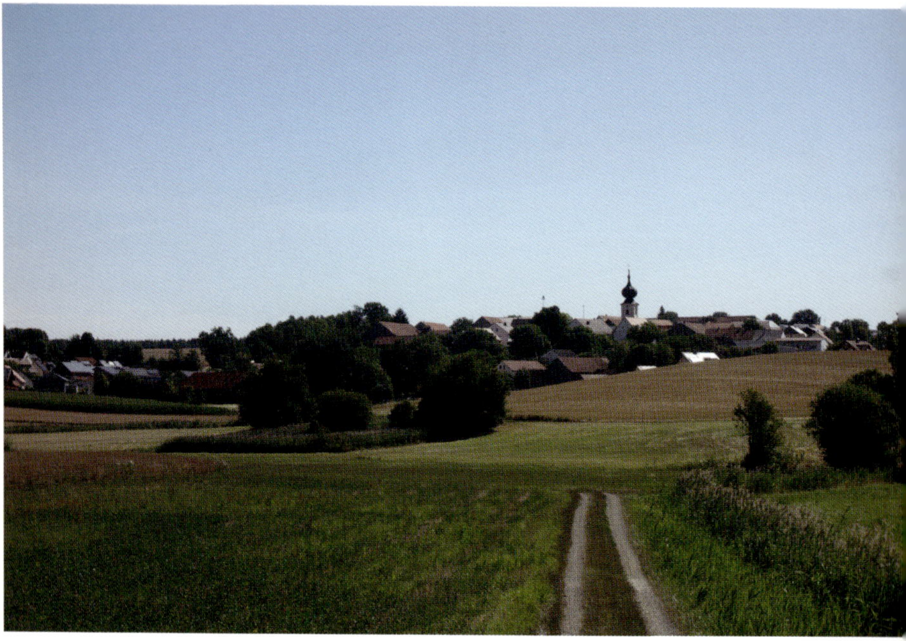

Blick zurück nach Peising

Klingelzug der Einsiedelei

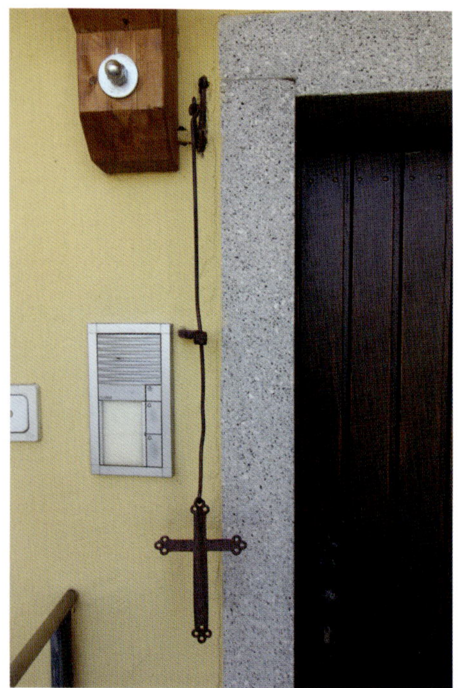

Wir folgen der Frauenbrünnlstraße ❶ und marschieren dann nach links bis Peising. Bald schon bietet sich uns der schöne Ausblick auf unser erstes Ziel, die Wallfahrtskirche Frauenbründl und die sie umgebenden Felder und Wälder. Unmittelbar nach dem Haus Talstraße 23 (auf der rechten Straßenseite) biegen wir nach rechts ab in einen Feldweg. Wenn unser Weg auf einen breiten stößt, geht's noch mal nach rechts und damit zunächst auf das große Christuskreuz an der Straße zu, dann aber zur Wallfahrtskirche. Hinter uns liegt nun auf einem kleinen Hügel der Ort Peising mit seiner Kirche mit dem hübschen Zwiebelturm.

In Frauenbründl ❷ gehen wir an den Gebäuden (auf den Glockenzug am Haus achten!) und am Garten vorbei und folgen dem Weg zunächst zum Marienbild. In der entgegengesetzten Richtung kann man den Burgturm von Bad Abbach sehen. Weiter geht es nun länger mit dem blauen Rechteck, zunächst an der nächsten T-Kreuzung links

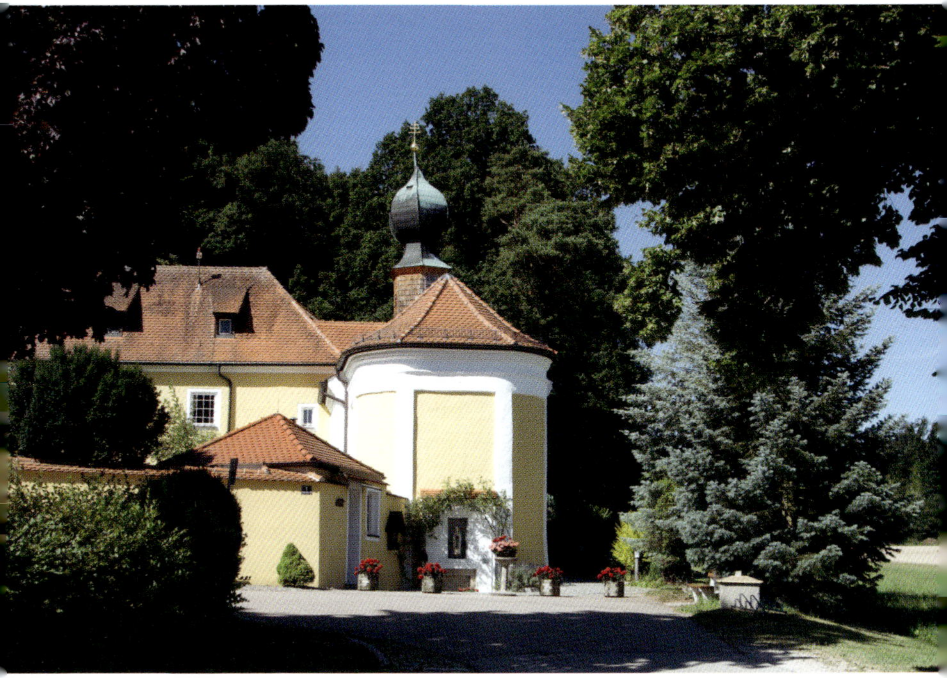

Heilquelle Frauenbründl

in den Wald hinein. (Erwähnenswert: Früher war dies mit dem grünen Rechteck markiert, was auch online noch teilweise so angegeben ist.) Nach einiger Zeit überqueren wir eine große Kreuzung, und jetzt zeigt uns das grüne Rechteck die Richtung an. Unmittelbar nach einem dichten Waldstück schlängelt sich ein schmaler Pfad zwischen niedrigeren Kiefern und Heide nach rechts und hinunter. Gegenüber dieser Stelle befindet sich auf der linken Seite an einer Kiefer unter dem grünen Rechteck ein nach rechts weisender Pfeil. Dieser Wegweiser kann jedoch beim flotten Gehen vielleicht übersehen werden, daher aufpassen. Wir folgen nun weiterhin im Wald und am Waldrand immer dieser Markierung und kommen dabei auch an einer sehr mächtigen alten Eiche vorbei .

An einer großen Kreuzung mit mehreren Wegweisern, im St. Klaraholz, nehmen wir den ersten breiten Weg, der uns aus dem Wald (ab hier blau-

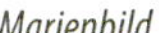

Marienbild

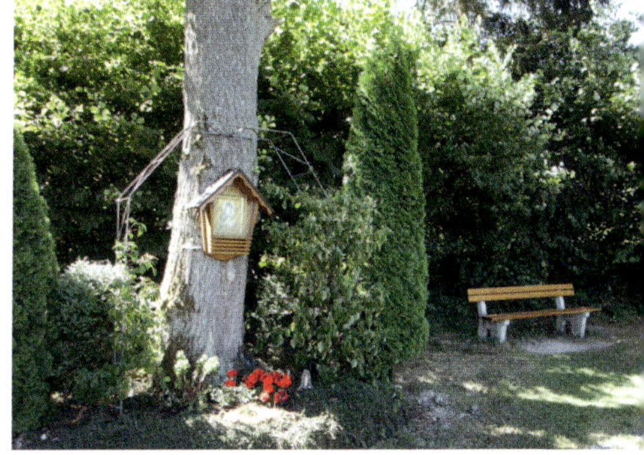

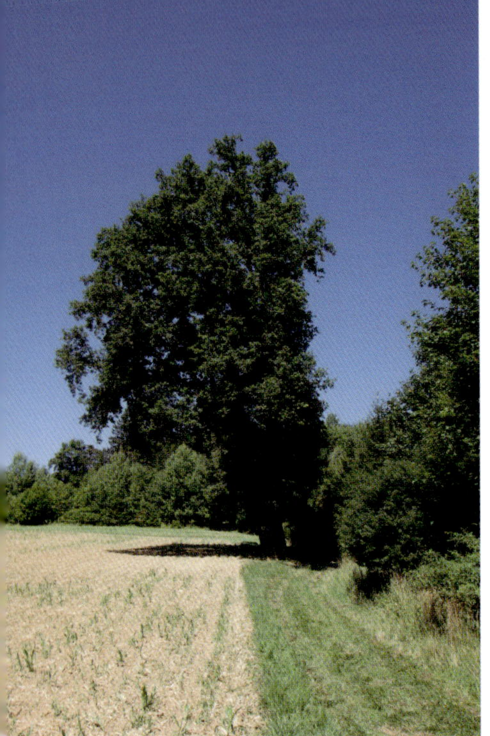

„Halbe" Eiche am Wegesrand

es Rechteck!) und zum Ort Lengfeld führt. Nach einer größeren Rechtskurve der Straße (ohne Häuser) und bevor wir wieder den Ort erreichen, geht es vor dem ersten Haus nach rechts – und ab jetzt immer – mit dem roten Rechteck längere Zeit geradeaus parallel zum Hang. Wir steigen zwischendrin hinab, um eine kleine asphaltierte Straße zu überqueren. Auf dieser gehen wir ca. 30 m bergauf, um dann wieder nach links hinauf in den Wald zu steigen. Diese Abzweigung ist nicht zu verfehlen, da hier insgesamt nicht weniger als 14 Hinweistafeln angebracht sind. Nun geht's wieder am Hang entlang, bis der Weg aus dem Wald hinausführt, wo wir uns nach links wenden und dann über Felder und Wiesen noch ein Stück bis zu einer Asphaltstraße wandern.

Ihr folgen wir kurz, biegen aber schnell mit dem roten und grünen Rechteck nach links ab. Nun geht es immer bergab. Man kann nun den ersten nach rechts abzweigenden Weg nehmen (Markierungen rot und grün) oder erst den folgenden. Dann wären wir gerade oberhalb des Tiergeheges mit Hühnern, Eseln und Damwild. Beide Wege vereinigen sich jedoch nach kurzer Zeit wieder. An dieser Stelle befindet sich auch die mit vielen Devotionalien geschmückte Lourdesgrotte. Jetzt befinden wir uns schon im Bad Abbacher Kurpark, und hier empfängt uns dann auch schon der „Duft" der nahen Schwefelquelle ❹ (auch Stin-

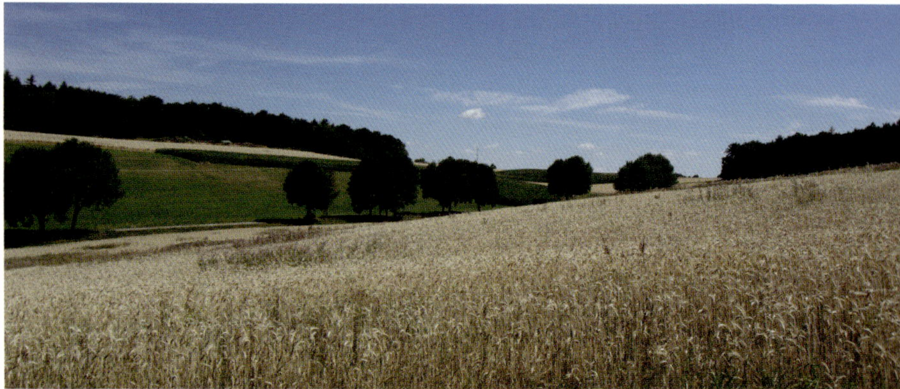

Sommerliche Stimmung bei Lengfeld

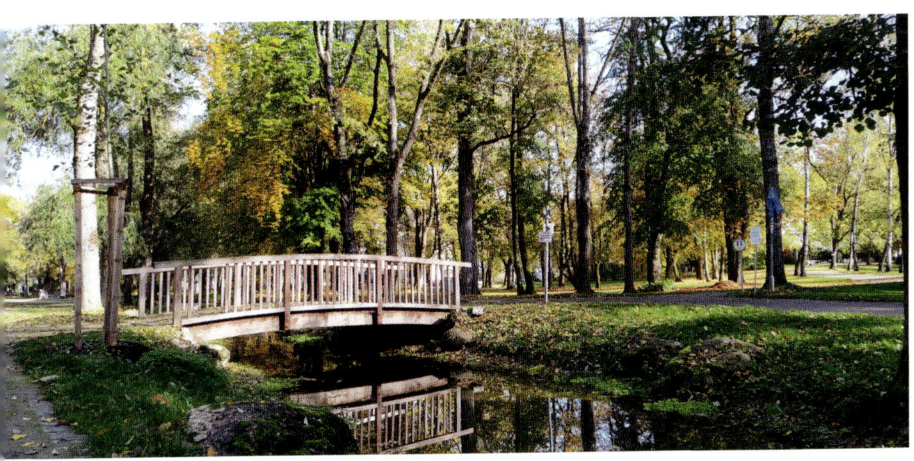

Kurpark Bad Abbach

kelbrunnen genannt), auf die wir zusteuern. Links davon befinden sich auf der Rasenfläche einige Trainingsgeräte, die wir testen können. Wir bleiben auf dem gerade am Brunnenhaus vorbeiführenden Weg, verlassen schon bald den Park und gehen hoch zur Straße. Dort nach links in die Stinkelbrunnstraße, die uns zum Ausgangspunkt zurückführt.

Bemerkenswert

Bad Abbach: Seit 1934 trägt der Ort an der Donau den Zusatz „Bad", was die Anerkennung als staatlich anerkanntes Kurzentrum bedeutete. Schon im 13. Jahrhundert aber waren die Schwefelquellen entdeckt worden und seit dem 15. Jahrhundert wurde auch das dort befindliche Moor als Heilmittel gegen rheumatische Erkrankungen verwendet. Seither wurde der Ort zu Bäder- und Trinkkuren aufgesucht, unter anderem von Kaiser Karl V.

Frauenbründl: 1721 erbaute Wallfahrtskirche, die eine hölzerne Kapelle mit einer später dazugekommenen Klause ersetzte. Das 17. und 18. Jahrhundert war die Hochzeit der von der Kirche entsendeten Eremiten aus der Ordensgemeinschaft der Klausner, die als Laienbrüder ein vorbildliches, gottgeweihtes Leben führen sollten. Wer dazu fähig war, unterrichtete auch Kinder oder versah Mesnerdienste. Die Säkularisation beendete zunächst diese Tradition, und in Frauenbründl sollten die Gebäude sogar abgerissen werden. Nur durch einen glücklichen Zufall und in letzter Minute konnte dies verhindert werden. Auch heute lebt wieder ein Eremit an dem Ort, der viel besucht wird, denn außerhalb der Kirche sprudelt eine Quelle aus der Mauer, der Heilkräfte zugeschrieben werden.

Heinrichsturm: Weithin sichtbarer 27 m hoher, vollständig erhaltener Burgturm, der auf dem Schlossberg Bad Abbachs aus dem Grün in die Höhe ragt. Er ist neben der Burgmauer Überrest der von Ludwig dem Kelheimer Anfang des 13. Jahrhunderts erbauten Burganlage.

OBERFECKING

Natur schützen und Natur benützen

TOUR 11

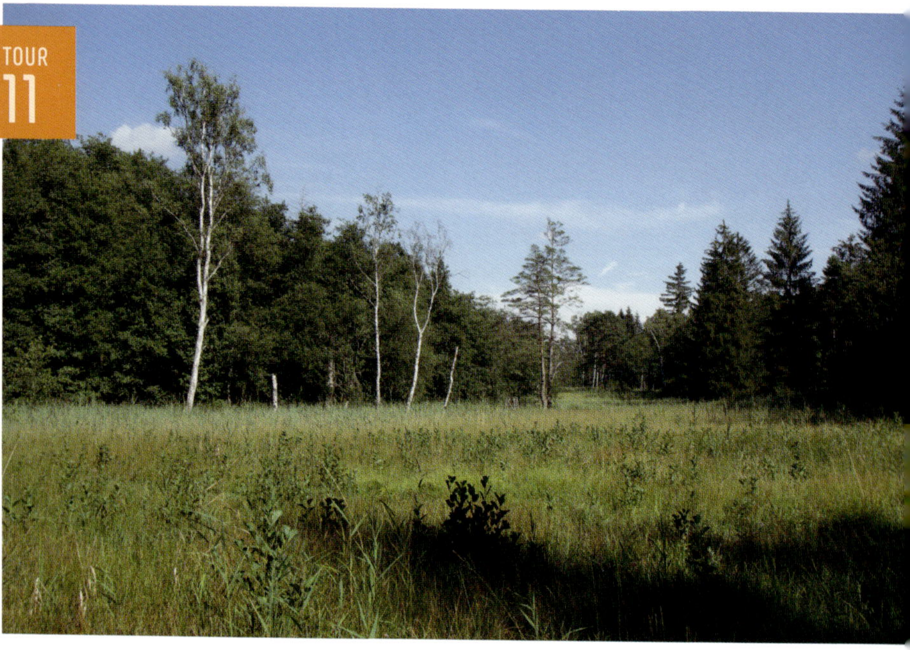

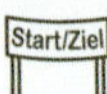

Parkplatz am Sippenauer Moor, Bachstraße, 93342 Saal an der Donau/Mitterfecking (Achtung: Parkplatz nicht ausgeschildert; Anfahrt: Von Regensburg auf der A93 Richtung Süden, Abfahrt Hausen, dann Richtung Saal a.d. Donau. Beim Schild „Oberfecking 1 km" nach links abbiegen, nach ca. 200 m befindet sich ein kleiner Parkplatz links im Wald.)

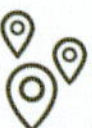

Parkplatz – Steinbruch – Wildsaustein – Ausgangspunkt – Schwefelquelle – Kleingiersdorfer Weg – Erdbrücke

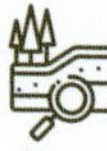

Das äußerst seltene Sippenauer Moor und der Kalksteinbruch von Saal an der Donau – zwei Runden zeigen frühen Naturschutz und Naturnutzung dicht nebeneinander. Der Wildsaustein im Wald erinnert an ein Unglück. Steinbruch-Runde anstrengend, da längerer und steiler Anstieg; Sippenauer Moor: einfach; im Forst oberhalb von Oberfecking (Steinbruch-Runde) gibt es viele unmarkierte Wege, daher GPS empfohlen. (**Tipp**: Himmelsrichtung und Steinbruchseite merken, dann findet man in südwestlicher Richtung auf vielen Wegen wieder aus dem hohen Wald hinaus.)

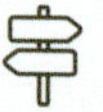

Durchgehend unmarkiert, GPS empfohlen!

Unterwegs keine.
In der Nähe:

Gasthof Zeller
Dorfstraße 18,
93342 Saal an der Donau/ Mitterfecking

Gasthaus In der Heide
Lindenstraße 30, 93342 Saal an der Donau

 Foto: Sippenauer Moor

OBERFECKING – TOUR 11

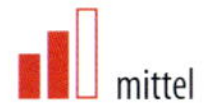 mittel

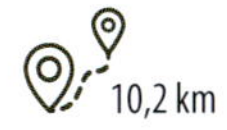 10,2 km

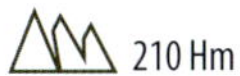 210 Hm

 2:45 h

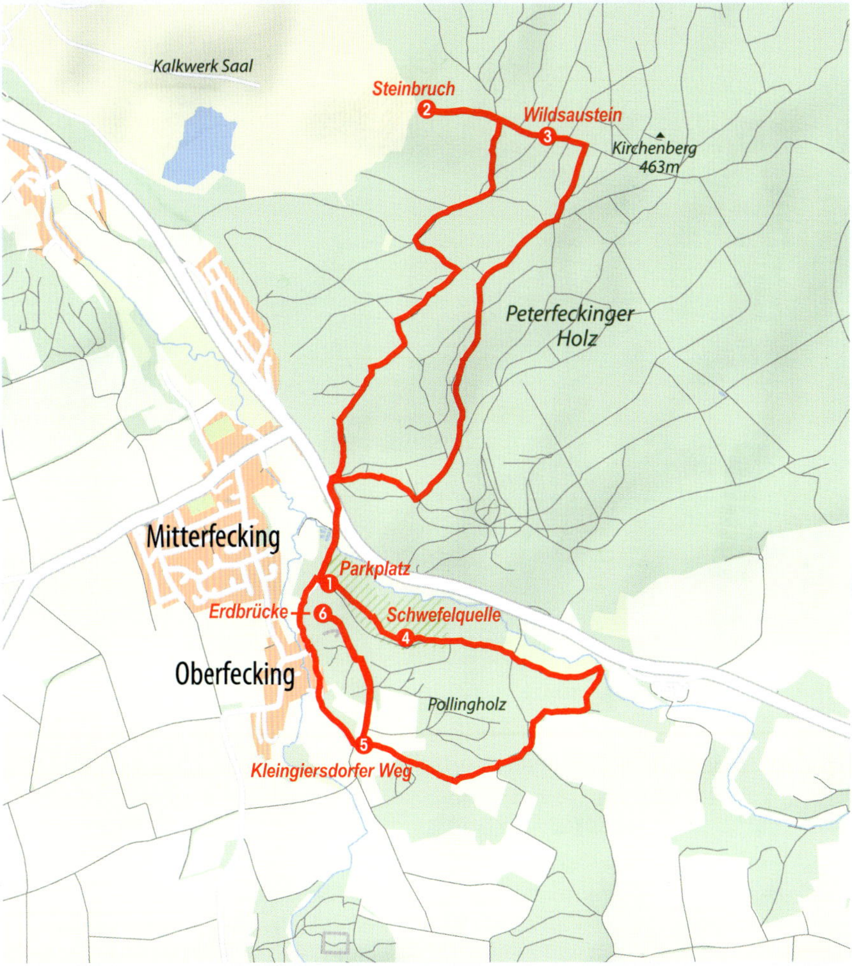

Kalkwerk Saal

Steinbruch

Wildsaustein

Kirchenberg 463m

Peterfeckinger Holz

Mitterfecking

Parkplatz

Erdbrücke

Schwefelquelle

Oberfecking

Pollingholz

Kleingiersdorfer Weg

m 500 450 400 350 300

Park-platz · Stein-bruch · Wildsaustein · Schwefelquelle · Kleingiers-dorfer Weg · Erdbrücke · Park-platz

km 1 2 3 4 5 6 7 8 9 10

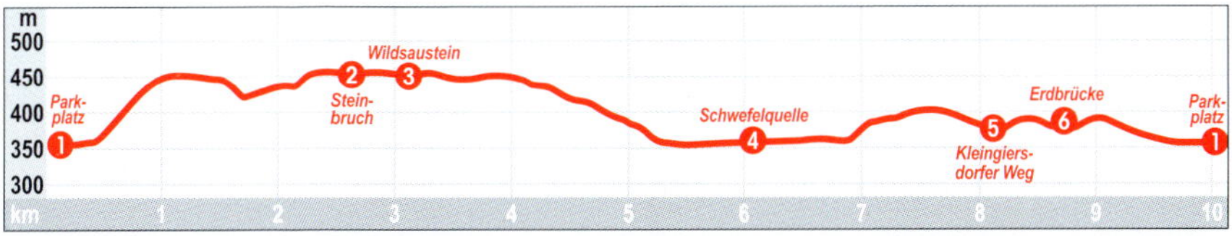

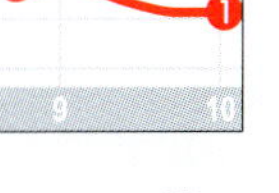

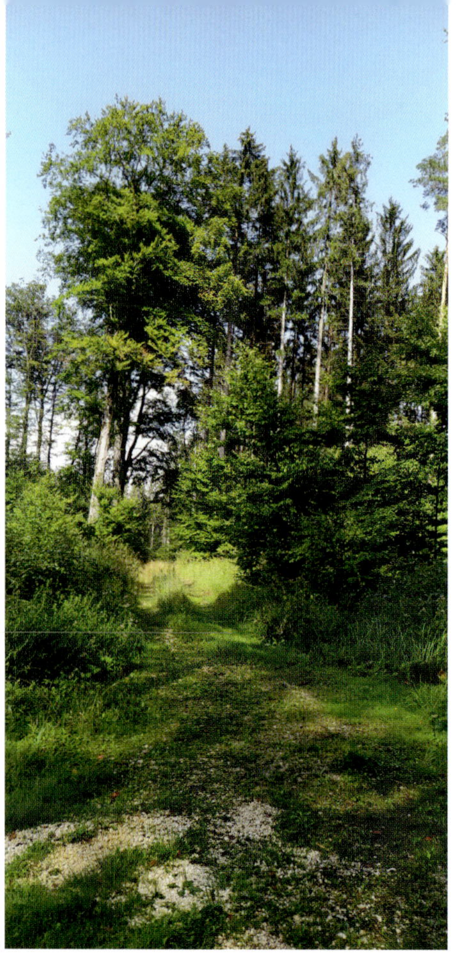

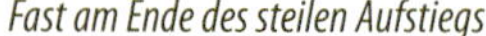

Fast am Ende des steilen Aufstiegs

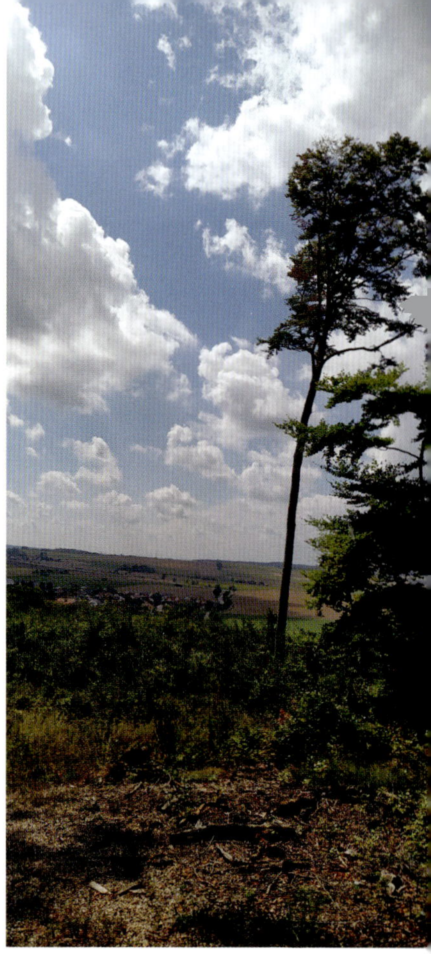

Blick zurück in die Ferne

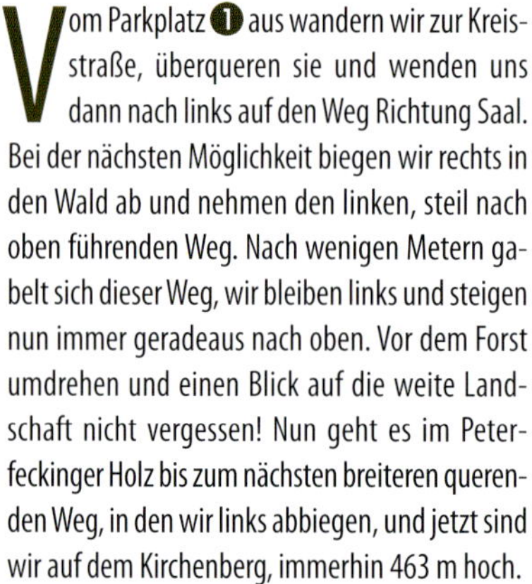

Vom Parkplatz ❶ aus wandern wir zur Kreisstraße, überqueren sie und wenden uns dann nach links auf den Weg Richtung Saal. Bei der nächsten Möglichkeit biegen wir rechts in den Wald ab und nehmen den linken, steil nach oben führenden Weg. Nach wenigen Metern gabelt sich dieser Weg, wir bleiben links und steigen nun immer geradeaus nach oben. Vor dem Forst umdrehen und einen Blick auf die weite Landschaft nicht vergessen! Nun geht es im Peterfeckinger Holz bis zum nächsten breiteren querenden Weg, in den wir links abbiegen, und jetzt sind wir auf dem Kirchenberg, immerhin 463 m hoch. Kurz darauf kommen wir zu einer Kreuzung, an der rechts eine Buche mit einem Holzkreuz steht. Hier biegen wir rechts ab und gehen durch einen hohen lichten Fichtenmischwald. Jetzt aufpassen (GPS hier empfohlen): Es geht 350 bis 400 Meter geradeaus, bis innerhalb von 10 m zwei Wege nach links abzweigen. Davon nehmen wir den zweiten, der leicht abwärts führt. Wenn wir damit auf einen breiten Querweg treffen (links an einer Eiche befindet sich hier ein Kästchen mit einem Jesus-Bild), biegen wir rechts ab. Auf dem Untergrund liegen hier überall Kalkstein-Bröckchen, die schon auf den nahen Steinbruch hinweisen. Wir

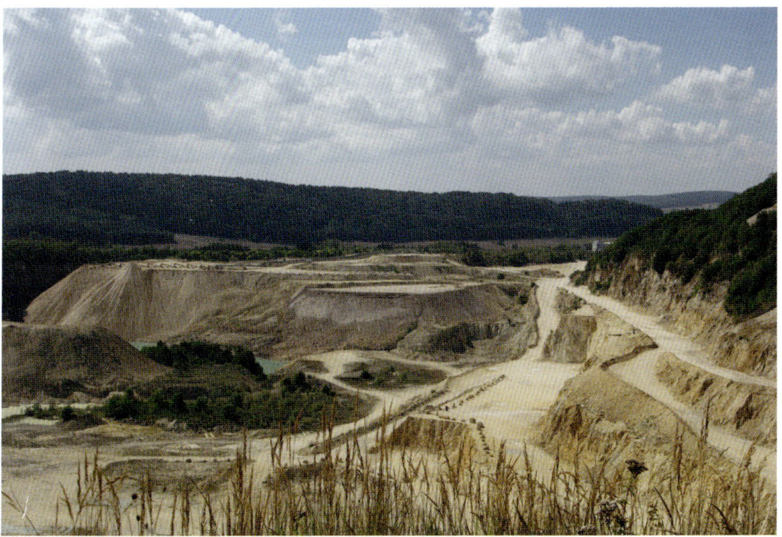

Steinbruch Saal a.d. Donau

bleiben auf diesem breiteren Weg bis zu einem Wegedreieck, in dessen Mitte sich zwei große Buchen befinden, und biegen dort nach links ab. Wenn sich dieser Weg wieder in drei Wege aufspaltet, nehmen wir den mittleren und gehen aufwärts bis zum übernächsten Querweg (breiterer Forstweg), und von dort nach links und schließlich immer geradeaus nach Westen auf den Rand des Steinbruchs ❷ zu. In dem großen Kalksteinbruch sieht man auch Teile eines Sees, dessen Farbe je nach Lichteinstrahlung von hellgrün bis hellblau wechselt. Im Winter ist er natürlich besser erkennbar, weil die verdeckenden Büsche kein Laub tragen.

Danach kehren wir um und wandern geradeaus vorbei an der Abzweigung, von der wir gekommen sind. Wir kommen zu einem merkwürdigen höheren Stein (links vom Weg), dem sogenannten Wildsaustein ❸, auf dem ein Wildschwein mit einem Schwert im Rücken gerade noch zu erkennen ist. Wir gehen etwa 130 m bis zum nächs-

Wildsaustein

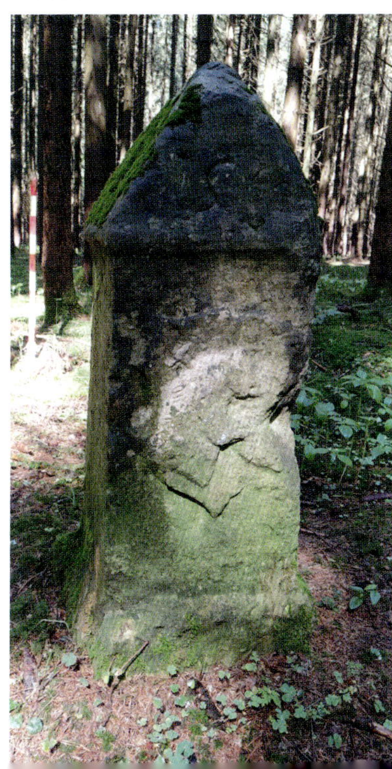

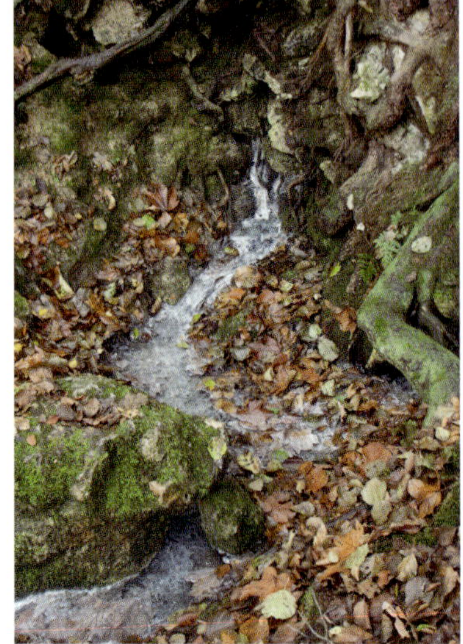

Schwefelquelle

ten breiteren Weg, der nach rechts durch einen hohen Fichtenwald führt. Dann geradeaus auf dem Hauptweg bleiben, der erst nach links, dann nach rechts schwenkt, bis sich der Weg direkt vor uns in einen linken und einen rechten Weg teilt. Ab hier halten wir uns insgesamt dreimal links, überqueren danach eine Kreuzung, und wenn wir einen breiten Forstweg treffen, gehen wir mit ihm nach rechts und verbleiben auch auf ihm. Er führt uns wieder aus dem Wald hinaus, und wir gehen nun bis zu unserem Ausgangspunkt ❶ zurück und beginnen den zweiten Teil der Tour.

Nun kommt die zweite, die „Moor-Runde". An den Infotafeln und Bänken vorbei geht es nun an den Rand des Moores. In der Wiese davor blühen im August die seltenen Herbstzeitlosen! Ein gemähter Weg führt ein Stück in das Sippenauer Moor hinein und naturgemäß wird es jetzt nass unter den Schuhen. Nachdem wir uns dort ein wenig umgeschaut haben, geht es zurück auf den geraden Weg am Rand des Moors entlang. Bald sehen wir links einen Teich glitzern, zu dem uns ein kleiner Pfad hinunter und damit zur Schwefelquelle ❹ führt. Der Geruch dieser Quelle hat dem Moor seinen Namen gegeben. Zurück auf dem Weg marschieren wir ein ziemliches Stück immer geradeaus, bis wir zu einem Tümpel mit Seerosen und einer Bank kommen. Rechts des Weges befindet sich ein Häuschen, an dem vorbei wir hinauf durch den lichten Wald steigen.

Oben biegen wir nach rechts ab in den breiten Weg, der entlang einer Tannenanpflanzung in eine Linkskurve führt. Kurz geht's nun neben dem Feld entlang, dann rechts auf den breiten Waldweg, dann wieder rechts abbiegend neben einem Feld, durch den Wald und dann geradeaus zum Kleingiersdorfer Weg an Oberfecking vorbei zurück zum Ausgangspunkt.

Doch vorher könnte man noch einen archäologischen Abstecher zum Burgstall Mitterfecking machen: Dazu biegen wir vor der T-Kreuzung, an der unser Weg in den asphaltierten Kleingiersdorfer Weg übergeht ❺, also nach der Wiese, nach rechts ab hinauf in den Wald. Wir halten uns dort erst links und bei dem nächsten Wegedreick rechts, dann geradeaus. Jetzt ist schon bald ein erster Hügel in einer Art U-Form zu erkennen. Später gelangen wir zu einer Querung über einen Graben, einer sogenannten Erdbrücke ❻, die deutlich identifizierbar ist. Anschließend gehen wir denselben Weg zurück.

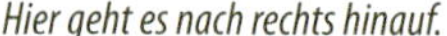

Hier geht es nach rechts hinauf.

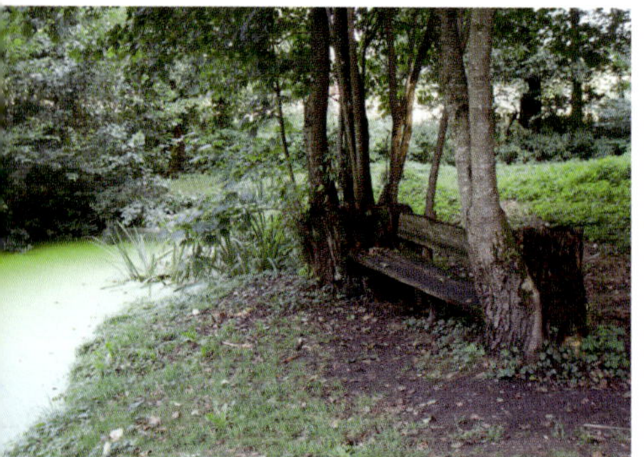

Bemerkenswert

Steinbruch Saal a.d. Donau: Seit dem 19. Jahrhundert wird hier hochwertiger Kalkstein aus der Zeit des Oberjura abgebaut. Die über 150 Millionen Jahre alten Meeresablagerungen enthalten eine große Vielfalt und Vielzahl von Fossilien, so etwa Schnecken, Korallen und Muscheln.

Wildsaustein: Der Gedenkstein erinnert an einen Jäger, der von einem Keiler getötet wurde. Der Jäger floh auf einen Baum, doch das rasende Wildschwein untergrub mit seinen Hauern den Baum, bis er umstürzte.

Sippenauer Moor: Das bedeutet „stinkendes" Moor, was schon auf die Schwefelquellen hinweist, die es speisen. Eine der Karstwasserquellen ist zu sehen und zu riechen, denn sie fließt in einen kleinen Teich neben dem Weg. Bereits früh hatte man die Bedeutung dieses außergewöhnlich seltenen Niedermoores erkannt, denn es handelt sich dabei um ein Kalkquellmoor, das sonst in Bayern nur am Alpenrand verbreitet zu finden ist. Deshalb wurde es bereits 1939 auf einer Fläche von 8,3 Hektar unter Naturschutz gestellt. Die Regensburgische Botanische Gesellschaft besitzt mittlerweile 15,3 ha in diesem Gebiet, um das Moor zu schützen.

Burgstall Mitterfecking: Abgegangene Höhenburg, die 1185 erstmals erwähnt wurde. Das Kloster St. Emmeram kaufte jedoch später die bereits im Bau begonnene Burg, um eine Bedrohung für sich auszuschließen, daher blieb der Bau unvollendet. Insgesamt kann man drei Wälle nach Süden schwach erkennen, deutlich sichtbar ist die über einen ca. 10 m breiten Graben führende Erdbrücke.

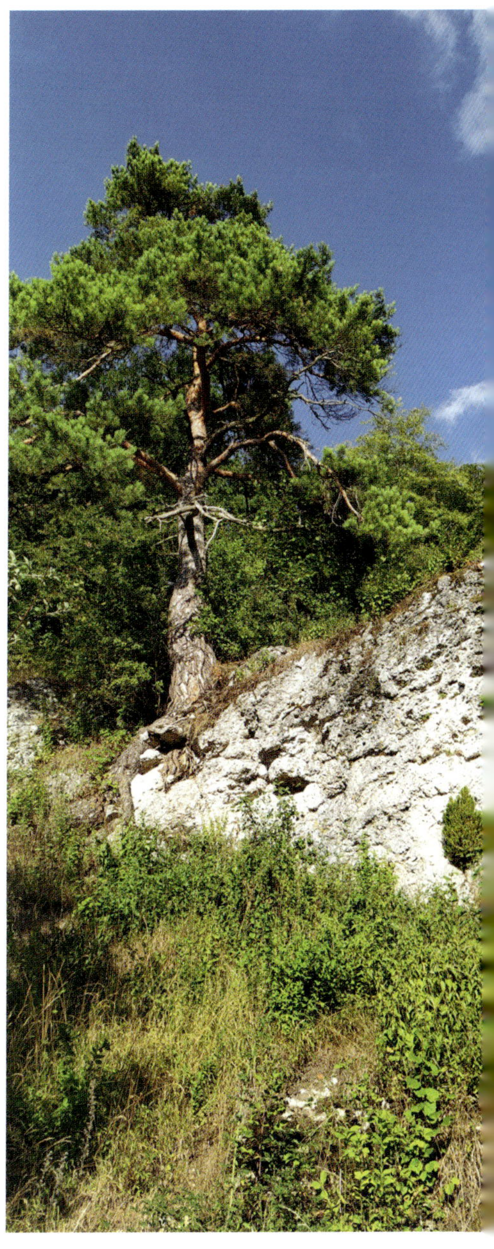

Hang am Kleingiersdorfer Weg

NEUEGLOFSHEIM

Relikte aus alten Zeiten

TOUR 12

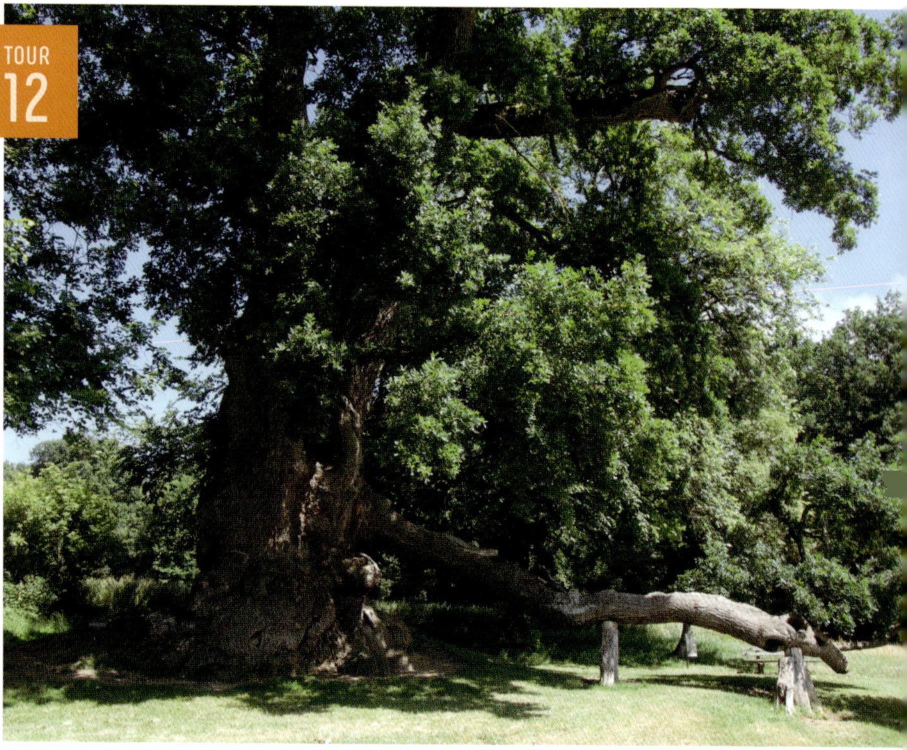

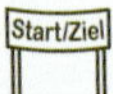

Bei der Wolfgangseiche in Neueglofsheim, 93107 Thalmassing

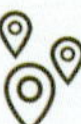

Wolfgangseiche – große Wiese – Weiler Höhenberg – Privatkapelle der Familie Lobenstein

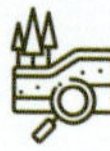

Wir sehen die berühmte, fast tausendjährige Wolfgangseiche, Schloss Haus, eine Wallfahrtskirche aus romanischer Zeit und einen sogenannten Lost Place, die Reste des ehemaligen Weilers Höhenberg.

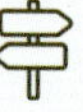

T1, größtenteils unmarkiert, GPS empfohlen.

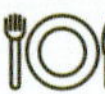

Keine Einkehrmöglichkeit in der Nähe.

 Foto: Wolfgangseiche

leicht 10,7 km 120 Hm 3:00 h

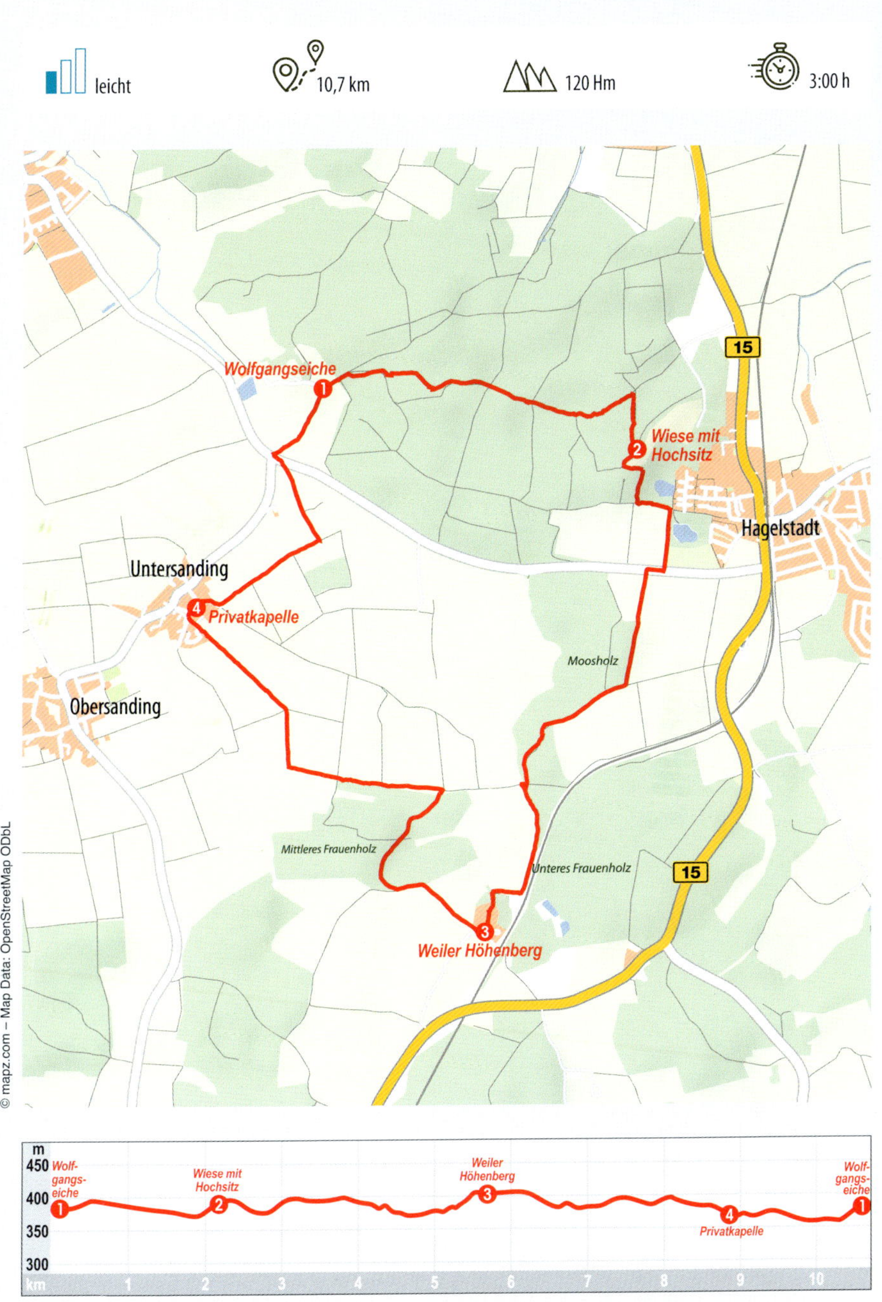

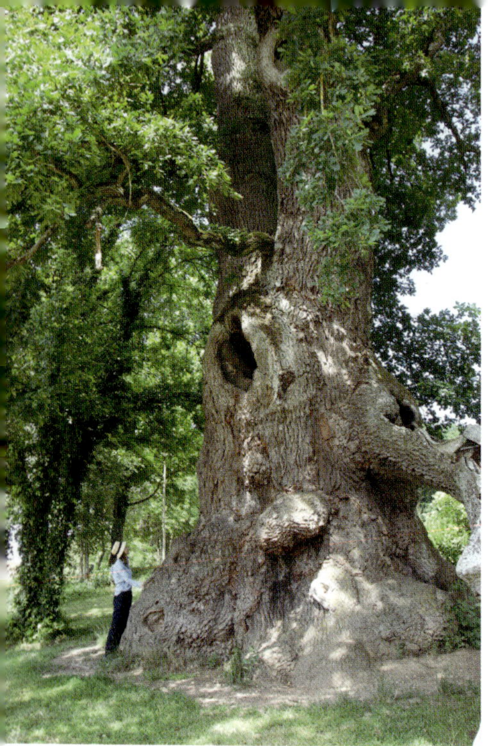

Wolfgangseiche

Versteckter Weg

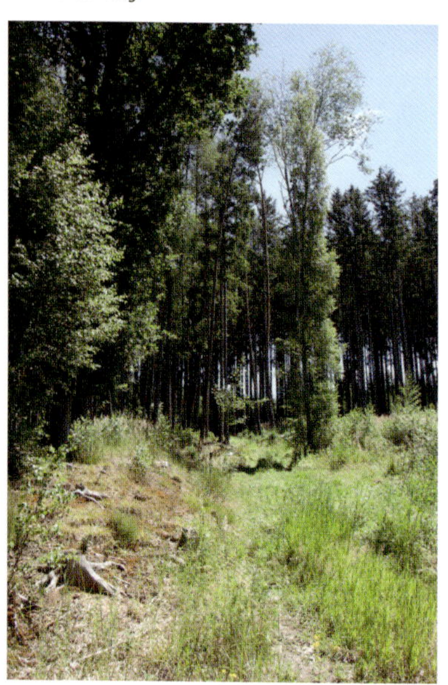

Wir beginnen unsere Wanderung bei der ehrwürdigen **Wolfgangseiche ❶**. Zunächst geht es nun geradewegs in den Wald, wo wir bei der zweiten Abzweigung nach rechts abbiegen. Wenn nun dieser breitere Weg nach kurzer Zeit eine Rechtskurve macht, heißt es aufpassen, denn unsere Strecke biegt hier vom Hauptweg links ab. Im Sommer ist der Weg an dieser Stelle mit höherem Gras bewachsen, sodass er wie aufgelassen aussehen kann, schon nach wenigen Metern aber kann man ihn wieder gut verfolgen.

Nach einiger Zeit stehen rechts Nadelbäumchen, die mit einem Schutz vor Verbiss versehen sind, für uns das Zeichen, auf die andere Seite des Weges zu achten, denn dort befindet sich ein in unserer Gegend äußerst seltenes Thujenwäldchen! Wir überqueren etwas später einen Forstweg und wandern geradeaus weiter, ebenso über die folgende Kreuzung. Gleich danach kommen wir an der sogenannten Grüner Wiese vorbei, an deren Ende links an einem Wildkirschbaum auch eine Tafel mit dieser Benennung angebracht worden ist. Noch einmal geht's geradeaus weiter, als nächstes entlang der Seewiese. Nach etwa 200 m biegen wir dann rechts ab (zur Orientierung: kurz bevor wir abbiegen, finden wir ein Marterl an einem Baum links vom Weg), wandern geradeaus und halten uns bei Gelegenheit links. So gelangen wir schnell auf eine große Wiese ❷, an deren Rand wir, am Hochsitz vorbei, gegen den Uhrzeigersinn bis zu ihrer südöstlichsten Ecke gehen. (Achtung: Die erste Ecke ist die südwestliche Ecke, hier noch nicht abbiegen, sondern weiter am Rand der Wiese entlang, bis man einen Halbkreis gewandert ist und den Hochsitz von der gegenüberliegenden Seite sieht.) Unser Blick geht dabei nach Nordosten bis zum Vorwald, und in der Ferne sehen wir auch die Landmarke Schloss Wörth. Hier rechts wieder in den Wald einbiegen, wo es

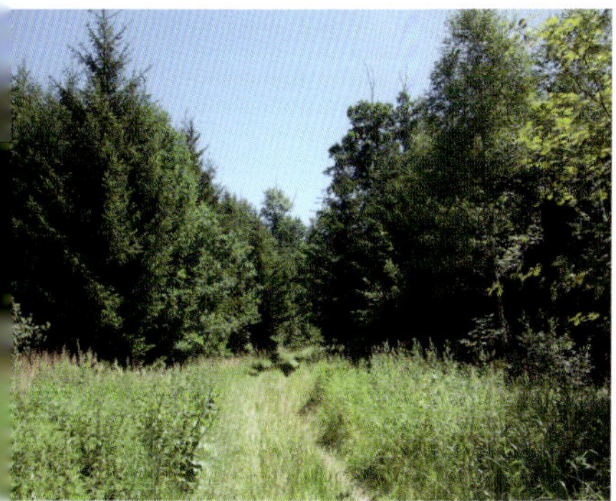

Noch versteckterer Weg

nun leicht bergab geht, bis wir auf einen breiten grasigen Weg treffen und unten eine Bank finden. Weiter geht's links und dann nach rechts um das Feld in Richtung Straße. Hinter den Bäumen versteckt sieht man einen schönen großen Weiher.

An der Kreisstraße angekommen, folgen wir ihr ein ganz kurzes Stück nach rechts und biegen bei der nächsten Gelegenheit gleich wieder nach links ab in einen breiten Feldweg, der auf den Wald zusteuert. Nun wandern wir am von alten Bäumen (vor allem Eichen) gesäumten Waldrand entlang und zwar so lange (auch einmal ums Eck), bis der Weg in den Wald hineinführt. Nach nicht langer Zeit beschreibt unser Weg dort eine 90°-Rechtskurve und führt schnell wieder aus dem Wald hinaus. Dort geht es gleich wieder links in den Weg zwischen Bach und Feld.

Mit ihm erreichen wir nun die uralte **Wallfahrtskirche** Mariä Heimsuchung und den ehemaligen **Weiler Höhenberg** ❸. Beides ist dort durch zwei schöne Schautafeln gut dokumentiert. Wer möchte, kann sich nun mit Hilfe des angegebenen Plans auf Spurensuche nach den Relikten des

Kirche Mariä Heimsuchung in Höhenberg

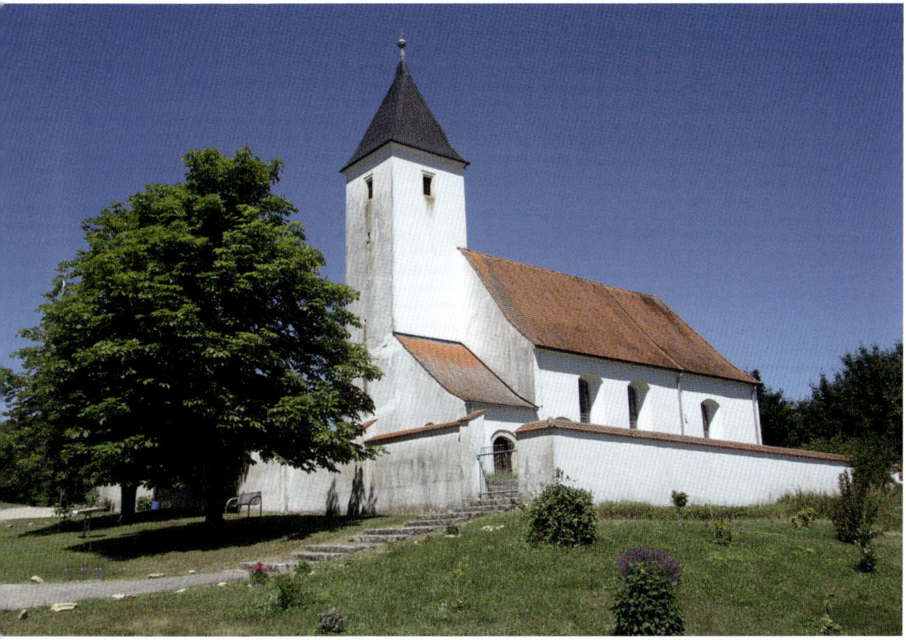

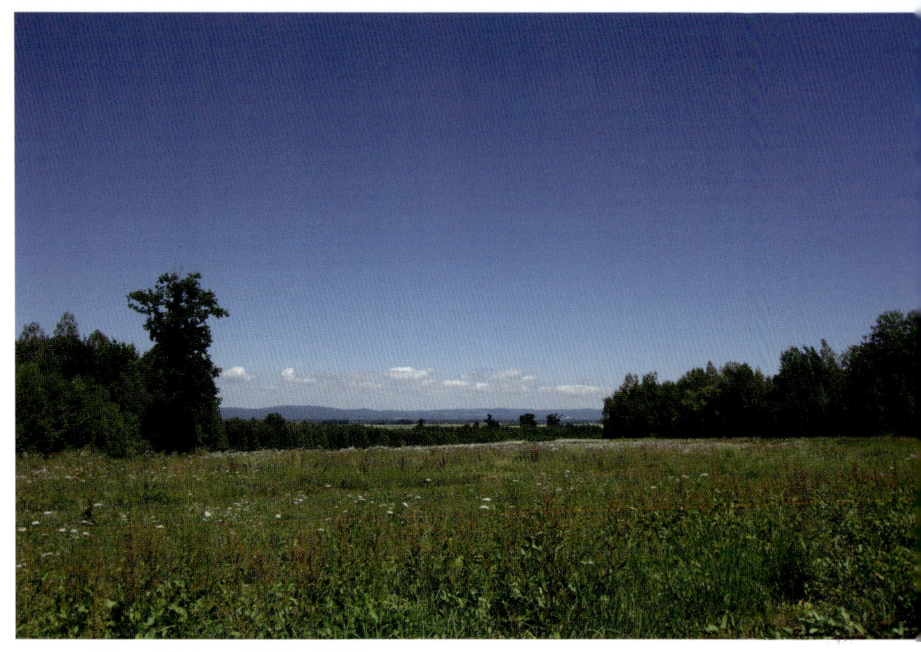

Blick nach Nordosten bis Schloss Wörth

verlassenen Ortes begeben, wobei Gerätehaus und große Scheune noch vorhanden und daher natürlich einfach zu entdecken sind, Brunnen und Wirtshausmauern dagegen schon schwerer. Nach der asphaltierten Rechtskurve biegen wir rechts in den Feldweg ein, der zum Waldrand führt. Wir gehen bei der ersten Möglichkeit (beim Schild „Privatweg gesperrt für Kraftfahrzeugverkehr" und dem kleinen grünen Schild T1) nach rechts in den Forst hinein und leicht bergab. Nachdem wir den Forst ganz verlassen haben, wenden wir uns nach links, um zwischen Wald und Feldern weiterzuwandern.

Vor uns sehen wir bald den Ort Obersanding. Nach einer Bank gehen wir weiterhin geradeaus und nehmen die nächste Abzweigung rechts in Richtung Untersanding. Oben auf dem Hügel und bis zum Ende der Tour haben wir nun schon die wunderbare Aussicht auf das Ensemble von Schloss Haus und seinem Burgturm. Zunächst aber machen wir noch einen Abstecher in den Ort Untersanding, wobei dort die im Grundstück Bruckstraße 5 befindliche Privatkapelle der Familie Lobenstein ❹, die erst 2013 errichtet und auch geweiht wurde, beachtenswert ist. Wenn Sie den Besitzer im Garten antreffen sollten, wird er sie gerne hineinführen. Die Bruckstraße führt uns auch wieder aus dem Ort hinaus und nun geht's nach links auf den mit „T1" beschilderten Weg. An der Kreisstraße angekommen, sehen wir schon die schöne Allee, die uns zurück zur Wolfgangseiche und damit zum Ausgangspunkt führt.

Bemerkenswert

Wolfgangseiche: Sie ist ein Symbol für das ganze Bistum Regensburg mit seinem Hauptpatron, dem Heiligen Wolfgang, der unter der Krone der Eiche vor 1000 Jahren gepredigt und getauft haben soll. Der Baum gehört zu den größten Eichen in Bayern (Naturdenkmal Nr. 46, Kreis Regensburg) mit einem Brusthöhenumfang von fast 10 m. Mindestens zwei Brände hat sie überlebt, und seit mindestens 50 Jahren ist sie auch hohl, doch aufwändige Sanierungen sollen sie erhalten. Ein paar Meter weiter wurden im Jahr 2008 Samen der alten Eiche gezielt gepflanzt und mindestens ein junger Baum soll nun ihr Erbe antreten.

Wallfahrtskirche Mariä Heimsuchung: Die Baugeschichte der Kirche geht bis in die romanische Zeit zurück, Anfang des 11. Jahrhunderts. In früheren Jahrhunderten (Hochzeit um 1300) fand hier eine Wallfahrt statt, naturgemäß am Fest Mariä Himmelfahrt. Neben der Eingangstüre ist ein Epitaph einer verstorbenen Gutsbesitzerin und ihrer beiden Töchter angebracht.

Ehemaliger Weiler Höhenberg: Nach der Schlacht von Eggmühl verwüstet und wieder aufgebaut, ist der erstmals 878 erwähnte Weiler heute ganz verschwunden. Eine Schautafel mit vielen Fotos zeigt zwei ansehnliche Gutshöfe, ein Hirtenhaus, ein Wirtshaus mit Kastanien-Biergarten, ein Arbeiterhaus, eine Brennerei mit Turm, ein Transformatorhaus, einen Kuhstall, Scheunen und Gerätelager. Auch Fotos vom Schützenverein illustrieren die untergegangene Welt. Noch Mitte des letzten Jahrhunderts gingen 50 Kinder aus diesem Ort zur Schule! Später wurden nach Besitzerwechseln die Gebäude abgerissen. Heute noch erhalten sind Gerätelager und große Scheune, außerdem hinter Büschen versteckt die Mauern des ehemaligen Wirtshauses und der Versorgungsbrunnen.

Schloss Haus: Auch Schloss Neueglofsheim. Es handelt sich dabei um eine kleine denkmalgeschützte Schlossanlage in einem Park. Erstmals erwähnt wurde 1314 eine von den Eglofsheimern errichtete ehemalige Höhenburg, von der heute noch der 22 Meter hohe Burgturm zeugt. Ab 1730 erfolgte der Bau des eigentlichen Schlosses, einer vierflügligen Anlage um einen 700 qm großen Innenhof. Bis 1971 diente es Erbprinz Franz Joseph von Thurn und Taxis als Jagd- und Sommerschloss. Nach einem längeren Leerstand wurde das Anwesen im Jahr 2008 verkauft und vom neuen Besitzer umfassend saniert.

Letztes Relikt von Höhenberg

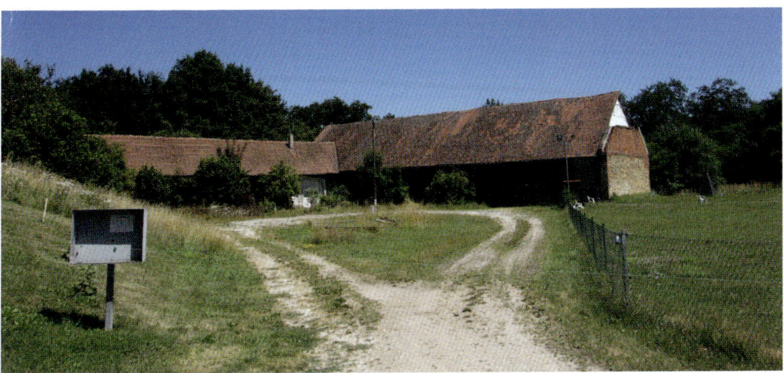

BURGWEINTING

Stadtnahe Wanderung auf Biber- und Römerspuren

TOUR 13

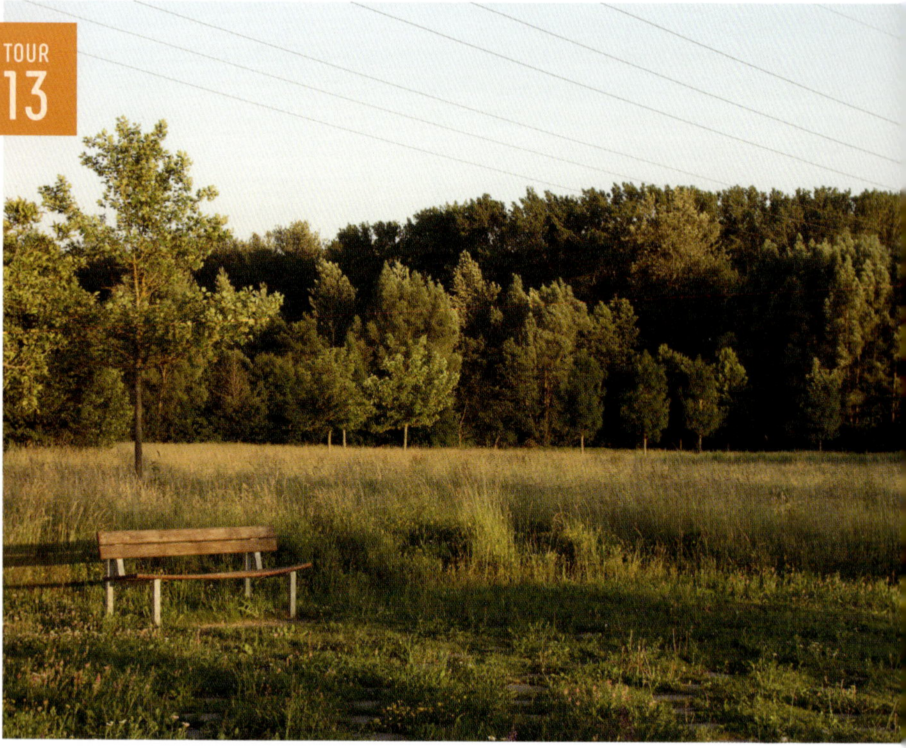

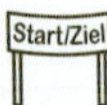

93055 Burgweinting, Islinger Weg, gleich am Anfang rechts Parkmöglichkeit ❶ oder: Langer Weg

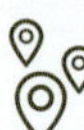

Islinger Weg – Holzbrücke – Bolzplatz – Holzkreuz – Bank – Schloss Höfling – Holzbrücke – Schwefelquelle – Villa Rustica – Islinger Weg

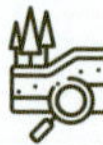

Sehr abwechslungsreiche Wanderung auf breiten Wegen in Stadtnähe. Es geht entlang des renaturierten Aubachs und Islinger Mühlbachs nach Oberhinkofen. Besonders spannend ist das Gebiet des ungewöhnlichen Niedermoors.

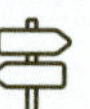

Keine.

Unterwegs keine.
In der Nähe:

Gasthof Parzefall
Obertraublinger Str. 54, 93055 Regensburg

Ristorante Botticelli
Kirchfeldallee 4, 93055 Regensburg

Foto: Bank im Aubachpark

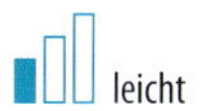
leicht

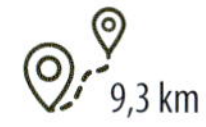
9,3 km

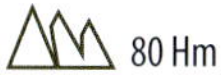
80 Hm

2:30 h

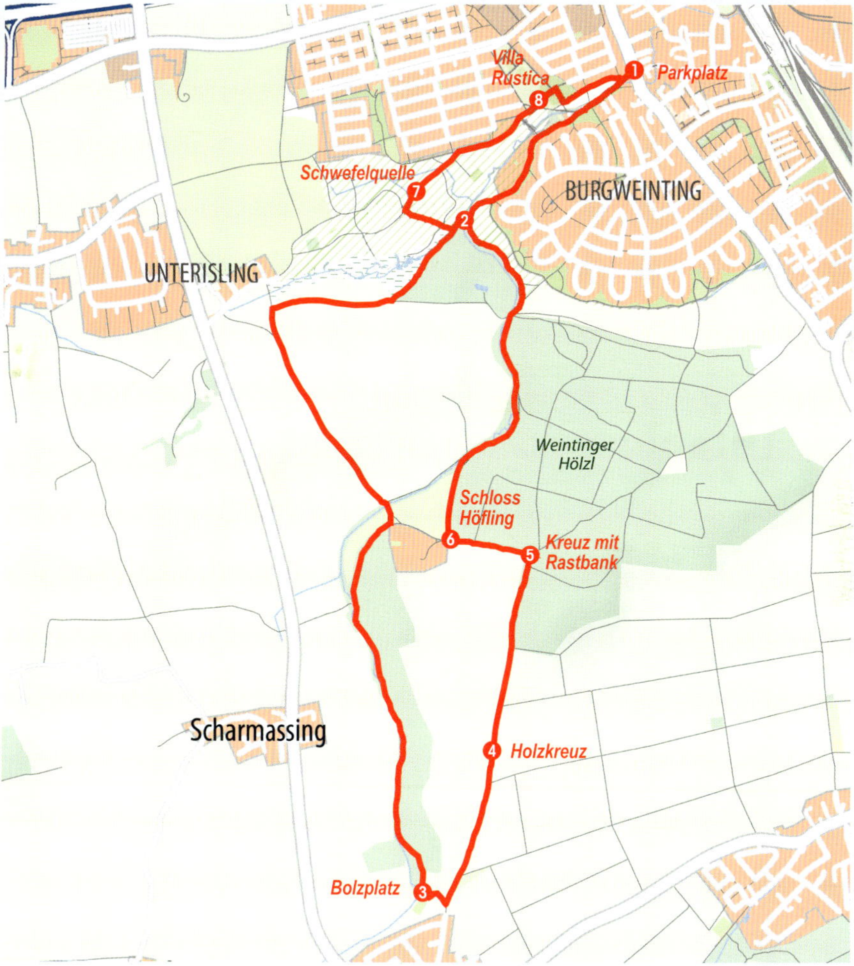

1 Parkplatz
Villa Rustica
8
Schwefelquelle
7
BURGWEINTING
2
UNTERISLING
Weintinger Hölzl
Schloss Höfling
6
Kreuz mit Rastbank
5
Scharmassing
4 Holzkreuz
Bolzplatz
3

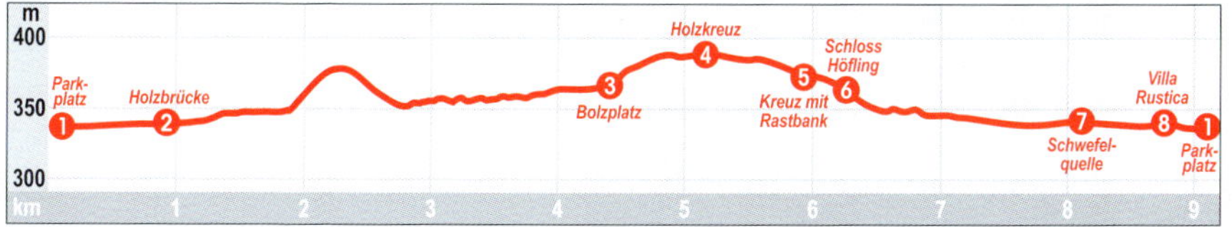

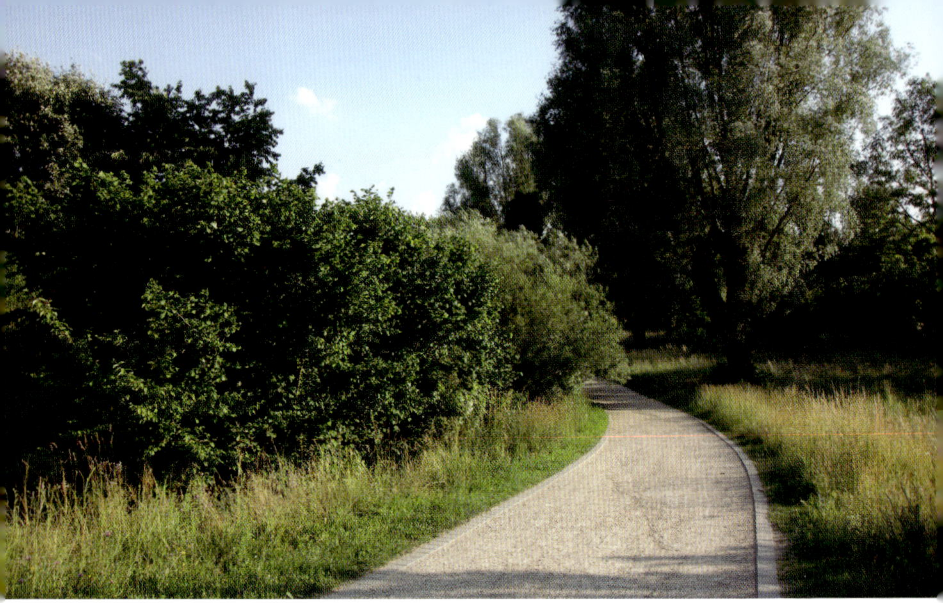

Im Aubachpark

Wir starten im Islinger Weg ❶ und gehen nun eine ganze Weile geradeaus, zunächst über die Aubach-Brücke. Auf der linken Seite passieren wir bald den Brotbackofen, der auch gemietet werden kann, und kurz darauf den schönen Spielplatz.

Am Islinger Mühlbach

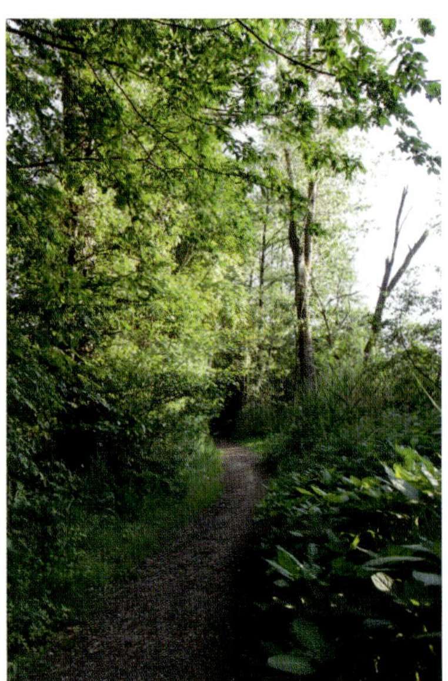

Wenn dieser Hauptweg eine Kurve macht und rechts davon ein kleinerer abzweigt, biegen wir rechts ab. Auf der Wiese links von uns sammelt sich im Winter Wasser, und so entsteht bei Frost eine herrliche Schlittschuhbahn für die Kinder. Neben der Holzbrücke ❷ war der Biber fleißig und hat einen großen Damm errichtet. Jetzt wandern wir immer geradeaus, am renaturierten **Islinger Mühlbach** entlang mit seiner Sumpflandschaft, seinen Biberburgen und Auen. Im unberührten Pappelwäldchen links neben unserem Weg brüten sogar Eisvögel.

An einem Feld angekommen, biegen wir rechts ab und können neben dem Weg Korbweiden erkennen, die im Winter und bis zum Neuaustrieb jedoch nur ihre Stummel zeigen. Etwas später begleiten uns dann fünf große wunderschöne Birnbäume, die im Frühling herrlich blühen. Bei einer T-Kreuzung angekommen, wenden wir uns nach links und gehen über den Hügel. Wir haben dort eine weite Aussicht zum Regensburger Dom und nach Norden zu den Hängen des Keilbergs bis

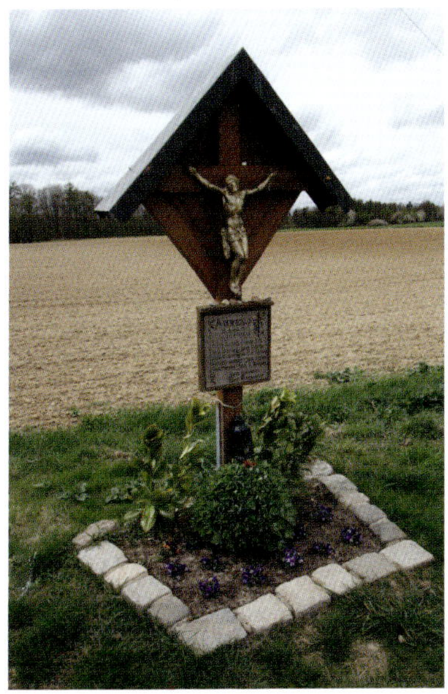

Gedenkkreuz für gefallene amerikanische Soldaten

zum Vorwald. Auf der neu errichteten Holzbrücke überqueren wir später wieder den Aubach. Danach biegen wir rechts ab und begleiten wieder das Bächlein. Wenn wir die ersten Häuser Oberhinkofens erblicken, kommen wir auch an einem Bolzplatz ❸ vorbei. Wir wenden uns hier aber nach links und gehen eine S-Kurve, nicht in den Ort hinein, sondern in die entgegengesetzte Richtung. Bald passieren wir eine Streuobstwiese.
Am höchsten Punkt unseres Weges erblicken wir rechts den Kirchturm von Obertraubling und in der Ferne die Landmarke Schloss Wörth. Nur ein wenig später erstaunt uns dann ein ungewöhnliches, sehr gepflegtes Holzkreuz ❹ mit zehn Namen amerikanischer Soldaten, die im Zweiten Weltkrieg beim Abschuss ihres Flugzeugs an diesem Ort gefallen sind.
Wenn wir eine Wegkreuzung mit einem Kreuz und einer Bank davor ❺ erreichen, biegen wir

Niedermoorlandschaft

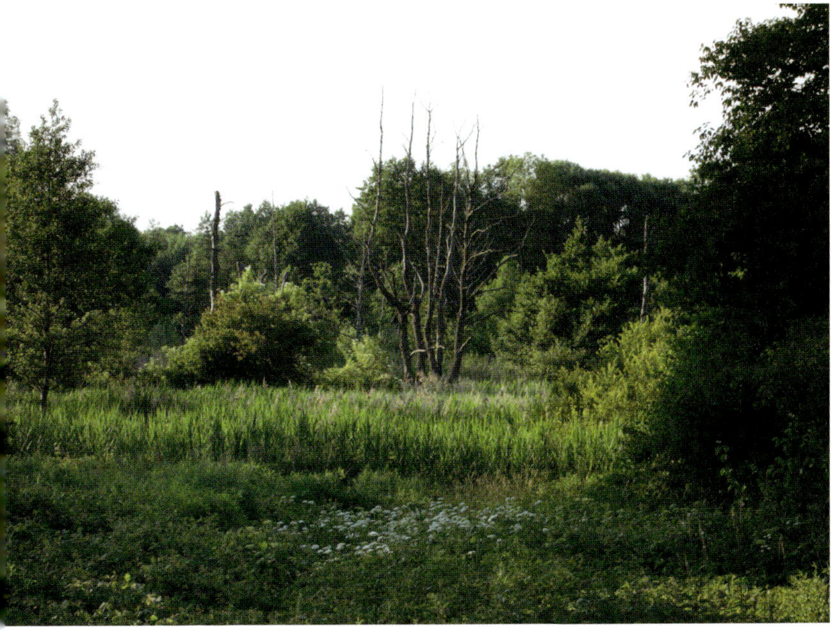

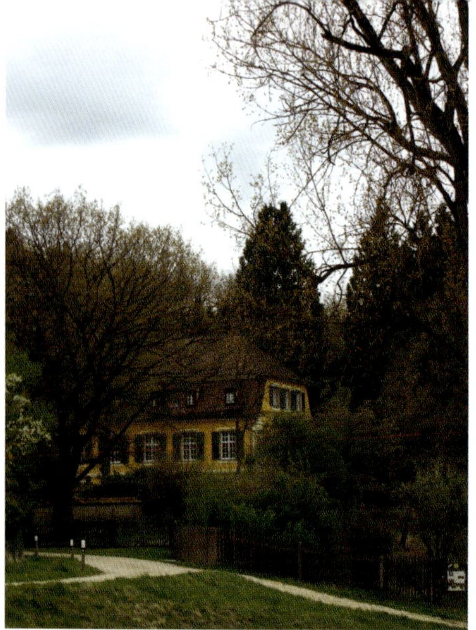

Schloss Höfling

nach links ab und steuern auf **Schloss Höfling** ❻ zu. Wir können nun zunächst noch kurz nach links gehen und über den Zaun das hübsche kleine Schloss betrachten, in dem gelegentlich Konzerte stattfinden. Oder wir wenden uns gleich nach rechts auf den Pfad, der sich zwischen Wald und Wiese erstreckt; nach kurzer Zeit begegnen wir nun wieder dem Aubach.

Wenn wir auf einen breiten Weg treffen, biegen wir rechts ab. Eine Tafel informiert hier über die örtlichen Pflanzen- und Tierarten. Wir gehen dann noch einmal nach links, vorbei an einer Streuobstwiese, auf der das Stadtgartenamt immer wieder Kurse für den Baumschnitt veranstaltet. Wenn wir das Brücklein ❷ erreichen, das wir auf dem Hinweg schon einmal passiert haben, überqueren wir es noch einmal, um dann aber nach ca. 50 m über einen weiteren Holzsteg nach rechts abzugehen, immer geradeaus bis zu einer Baumgruppe.

Nachdem wir das Schild „Erfahrungsweg Natur: Gleichgewicht" des Gartenamts der Stadt Regensburg und die dahinter zum Balancieren einladenden Balken passiert haben, biegen wir rechts ab. Auf der linken Seite entspringt eine **Schwefelquelle** ❼, die wir schon bald wahrnehmen können, denn der Geruch ist sehr typisch. Eine Infotafel klärt uns über das dort zutage tretende Gewässer auf.

Wir bleiben nun auf diesem Hauptweg und kommen hier bald am nächsten Schild des „Erfahrungsweg Natur" vorbei, der Spirale. Hier geht's nun immer geradeaus.

Zur Linken werden wir noch auf ein durch eine niedrige Hecke eingefriedetes großes Karree aufmerksam. Es handelt sich um den Grundriss der römischen **Villa Rustica** ❽. Nachdem wir das Grundstück wieder zu unserem Hauptweg hin verlassen haben, folgen wir ihm weiter und erreichen, von Obstbäumen begleitet, von denen wir auch naschen dürfen, bald unseren Ausgangspunkt.

Besonderheiten

Aubach und Oberislinger Mühlbach Burgweinting: Die vor wenigen Jahrzehnten erst renaturierten Bäche weisen zumindest an einigen Stellen noch möglichst natürliche Struktur auf, wenn dem Aubach auch aus Gründen des Hochwasserschutzes leider bereits wieder betonierte Grenzen gezogen werden mussten. So bieten sich interessante Einblicke in das Ökosystem Niedermoor bzw. Sumpf, man sieht Biberburgen und nasse Schilfwiesen, kann seltene Libellenarten oder sogar den Eisvogel beobachten; mit Seidelbast und Türkenbund seien nur zwei der seltenen Pflanzen genannt. Tafeln informieren die Besucher darüber.

Schloss Höfling: Im 12. Jahrhundert muss an dieser Stelle wohl bereits ein Höflein, ein relativ kleiner Hof also, bestanden haben. Schon 1259 hat man hier eine Burg erwähnt. Das heutige Schloss und die Kapelle wurden Mitte des 18. Jahrhunderts von dem Fürstlichen Hofmarschall Xaver Ignaz Freiherr von Reichlin-Meldegg als standesgemäßer Wohnsitz errichtet und wechselten seither mehrmals den Besitzer, bis das Haus Thurn und Taxis das Schloss erwarb. Die Familie des Grafen Walderdorff hat derzeit das Haus gepachtet und bewohnt es.

Schwefelquelle: Sie wurde 1925 auf der Suche nach einem neuen Quellgebiet zur Trinkwasserversorgung Regensburgs entdeckt. Das schwefelhaltige Wasser war aber weder als Trink- noch als Brauchwasser nutzbar, auch weil es einen sehr hohen Härtegrad aufwies. Die Stelle wurde deshalb zunächst wieder verschlossen.

Villa Rustica: Bei diesem 1 ha großen geschützten Bodendenkmal handelt es sich um einen römischen Gutshof um ca. 300 n. Chr., der hier zusammen mit zwei weiteren Höfen zur Versorgung der römischen Garnison in Regensburg, des Castra Regina, beitrug. Die einzelnen Gebäude sind relativ gut dokumentiert, auch Knochen- und Geschirrfunde ergänzen den Befund. Noch vor Ort zu sehen sind der Umfang der Anlage, der durch eine niedrige Hecke dargestellt wird, und steinerne Reste der Brunnenmauer. Bebilderte Infotafeln vor Ort geben weitere Erklärungen.

Brücke im Aubachpark

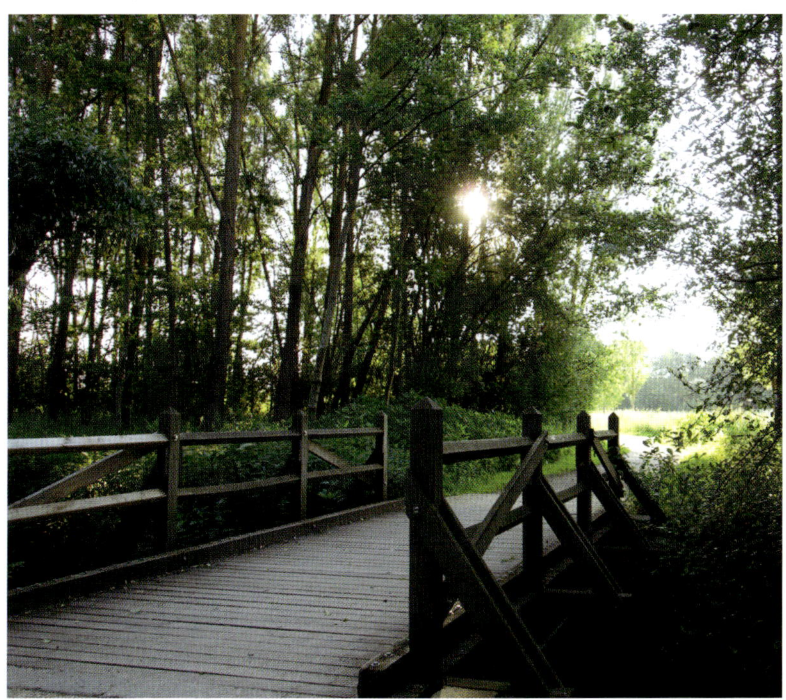

MINTRACHING

Beten und baden

TOUR 14

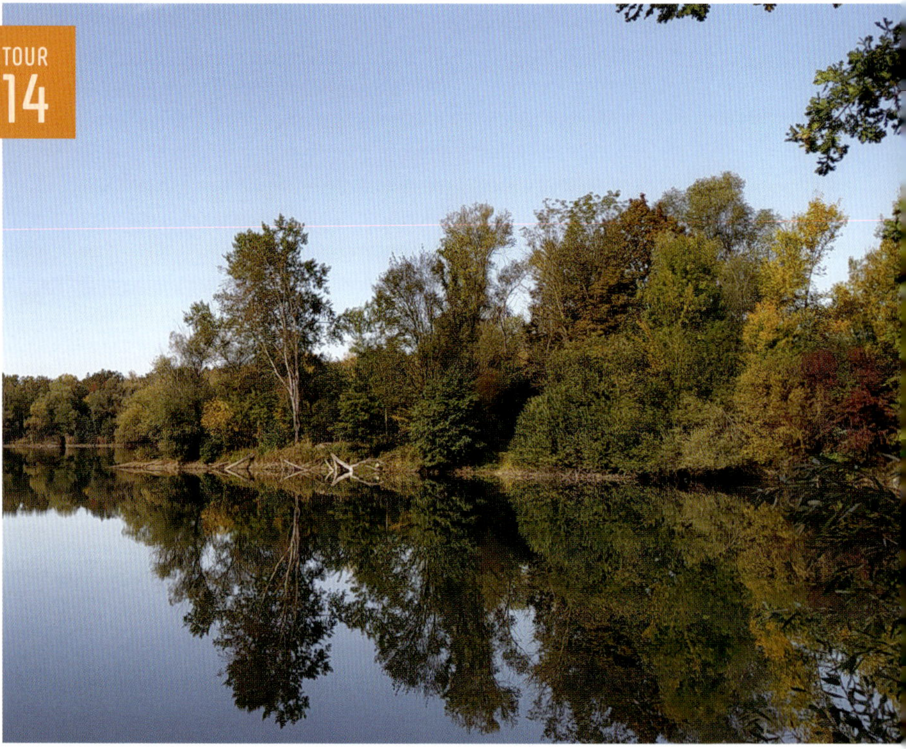

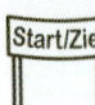

Auf der St 2329 von Schwaighof kommend; nach der kleinen Brücke geht's am Anfang des Waldes rechts hinein zu einem kleinen Parkplatz. (Navi: Schwaighof, 93098 Mintraching)

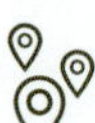

Kapelle Schwaighof – St.-Gilla-See – Kapelle Maria Einsiedel – Almer Weiher

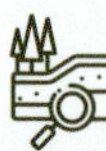

Eine leichte und stille Wanderung im und um das Mintrachinger Holz mit Gäubodenfeeling, Landschaftsschutzgebiet und Badeweiher.

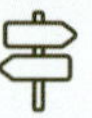

Keine, GPS empfohlen.

Unterwegs keine.
In der Nähe:

Stadtbäcker Wurm
Mintrachinger Str. 10,
93102 Pfatter/Geisling

Gasthof Zur Post
Hauptstraße 3, 93096 Köfering

 Foto: St.-Gilla-See

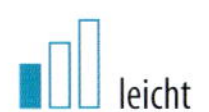
leicht

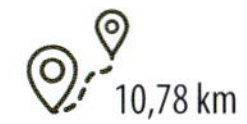
10,78 km

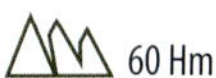
60 Hm

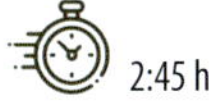
2:45 h

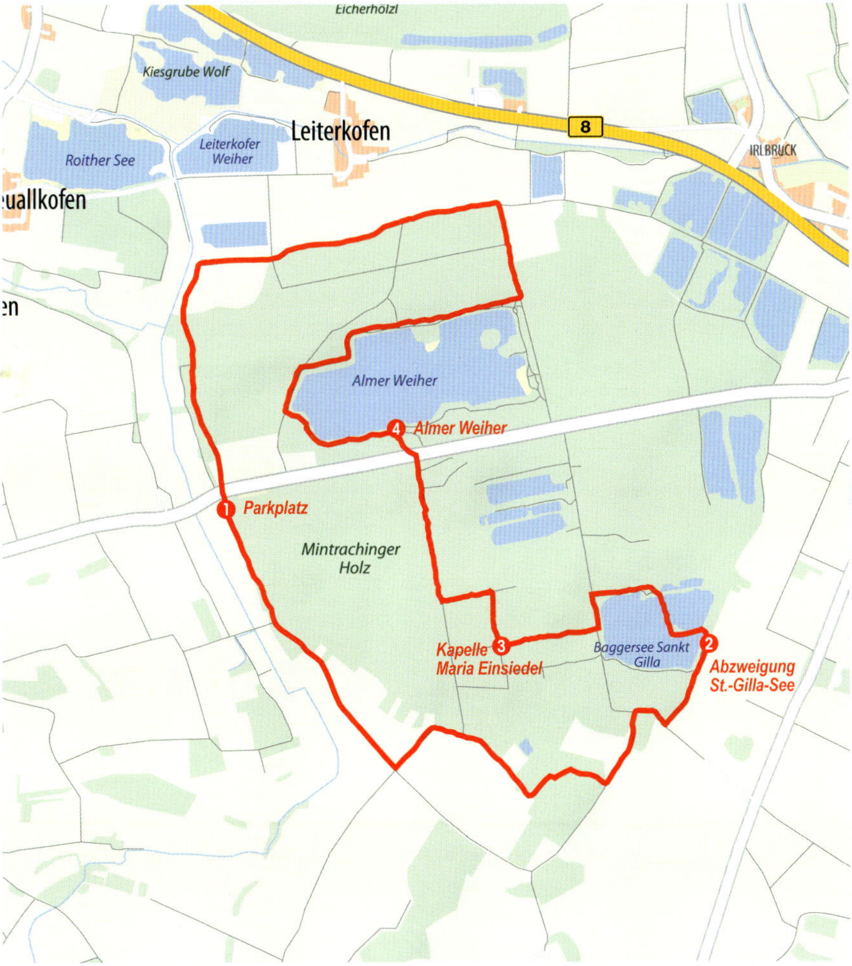

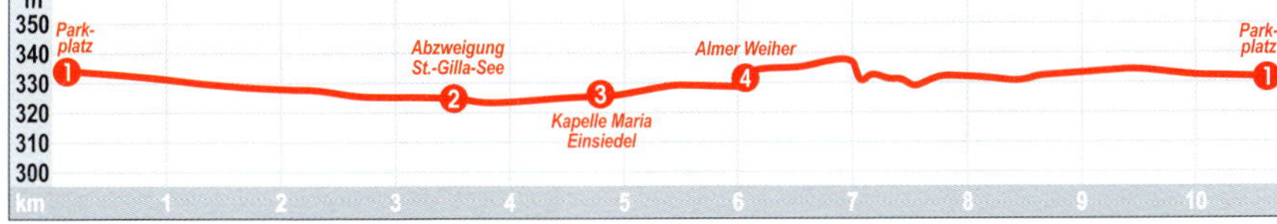

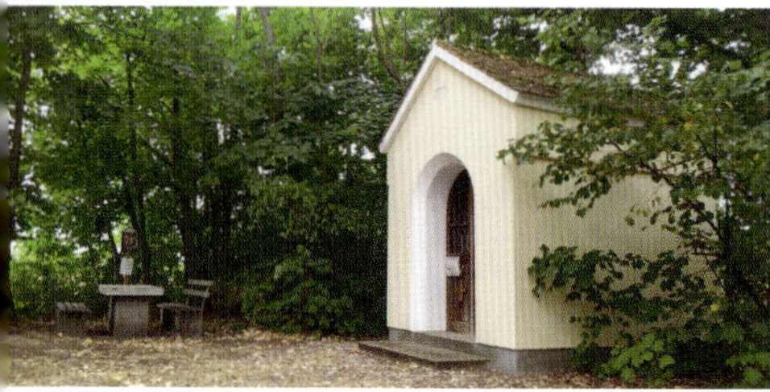

Kapelle Schwaighof

Am Parkplatz ❶ finden wir die 1855 errichtete Kapelle Schwaighof, außerdem einen kleinen Weiher, Tisch und Bänke. Wir schlagen nun den nach Süden führenden Weg durch das Mintrachinger Holz ein (Schild: „Land- und forstwirtschaftlicher Verkehr frei"), an dessen Ende wir rechts des Weges einen neuartigen „Hoch-Sitz" entdecken. Nachdem wir den Wald verlassen haben, geht es dann ein Stück zwischen den Feldern hindurch. Das ist der Gäuboden: Flach, geradlinig und fruchtbar!

An einer Straßenkreuzung biegen wir zuerst links ab Richtung Wald und dort nach rechts, um geradeaus am Feldrand entlang zu wandern. Wir gehen auf diesem breiten Weg so lange geradeaus, bis er nach einiger Zeit in einer Linkskurve ein Stück durch den lichten Wald führt.

Der Gäuboden

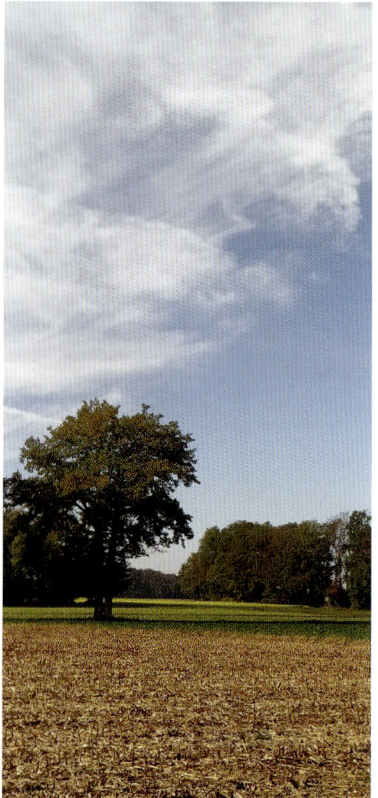

Vom Hopfen umrankter Hochsitz

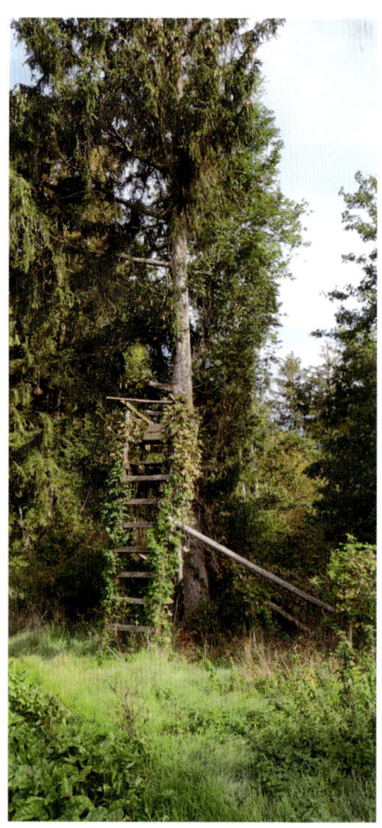

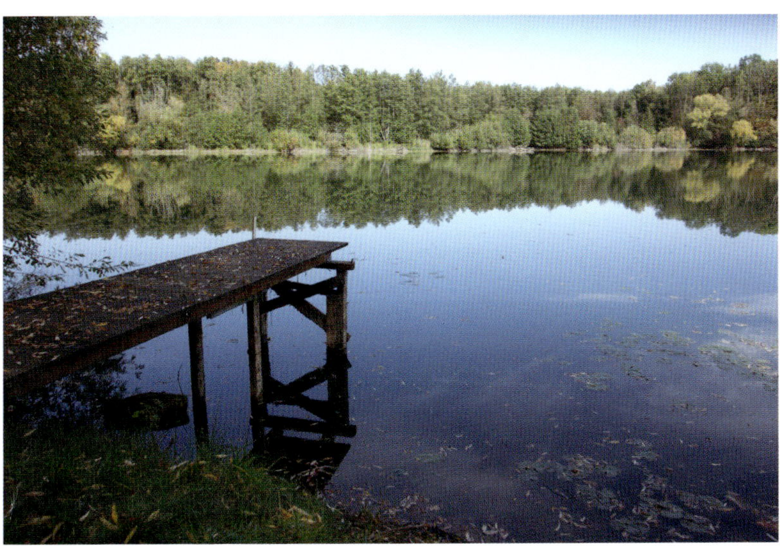

St.-Gilla-See

Malerischer Pfad zwischen den Seen

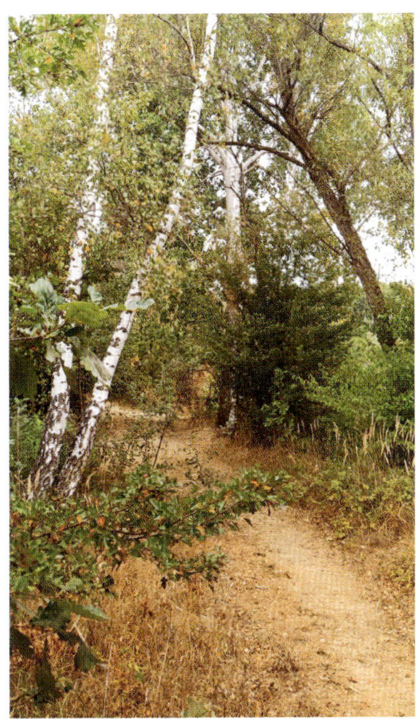

Wenn wir aus dem Wald herauskommen und auf einen breiten Feldweg treffen, biegen wir nach links ab und bleiben jetzt am Feldrand. Bei der nächsten Möglichkeit geht es dann nach rechts in ein Stück naturbelassener Landschaft, die recht ursprünglich anmutet.
Wir gehen jetzt auf den Bauernhof Jägerhaus zu, biegen aber in den nächsten nach links führenden Weg ab und gehen weiter am Waldrand entlang, bis links eine deutliche sichtbare Abzweigung zum geteilten St.-Gilla-See ❷ führt (kurz vorher gibt es bereits links einen schmalen Zugang zum See). Wir passieren dort die Schranke, gehen zwischen beiden Baggerweihern durch und bleiben immer auf diesem jetzt schmalen Pfad, der sich nach links um den größeren See windet. Uns erinnerte dieses Stück an einen Nationalpark, den wir mal besucht hatten, und daher fanden wir den Ort ganz besonders. Wenn unser Pfad auf einen breiten Weg trifft, gehen wir nach links, am

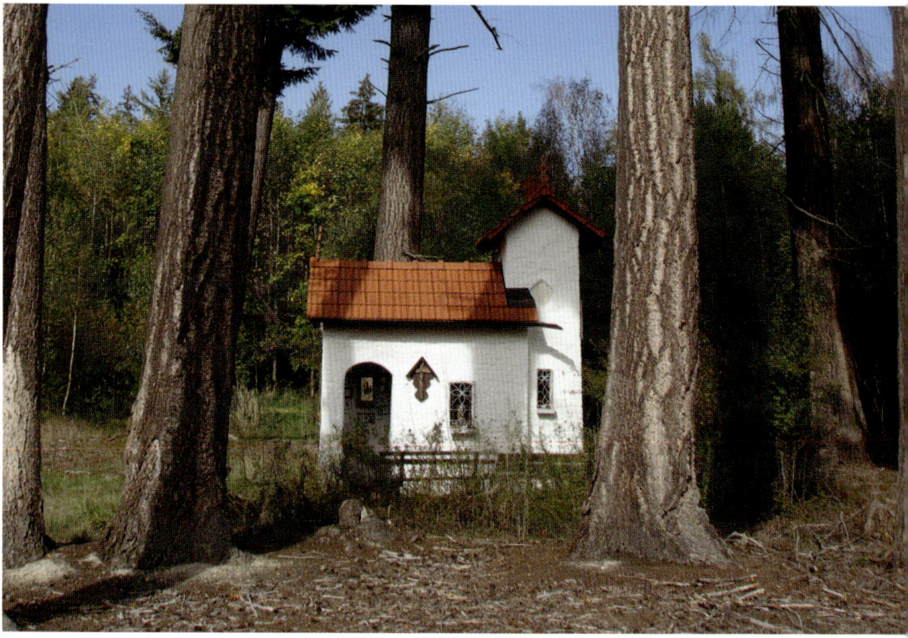

Kapelle Maria Einsiedel

westlichen Rand des Sees entlang, lassen den ersten schmalen Weg nach rechts außer Acht (der ohnehin leicht zu übersehen ist) und biegen nach etwa 150 m dann in den breiteren rechts abzweigenden ab, den wir entlangwandern, bis links ein Pfad zur Kapelle Maria Einsiedel ❸ führt.
Zurückgekehrt überqueren wir den breiteren Weg und gehen direkt gegenüber auf sehr schmalem Trampelpfad direkt zur Lourdes-Kapelle. Interessanterweise sieht diese Kapelle, auch mit dem Christus am großen Kreuz und der Ruhebank daneben, der vorherigen äußerst ähnlich.

Lourdes-Kapelle

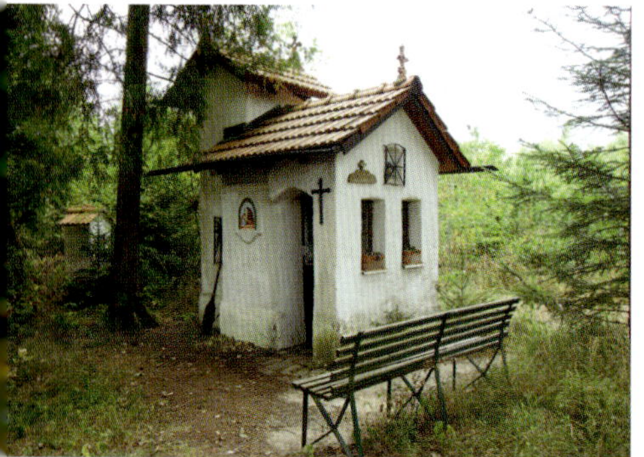

Nun wandern wir nach links bis zum Kapellenwegweiser an einem recht breiten Weg und biegen dort rechts ab Richtung Norden. Aber auch an diesem geraden Stück finden wir noch eine Besonderheit: Links an einer alten Eiche ist eine Gedenktafel angebracht; sowohl Bild als auch Text lohnen sich, entdeckt zu werden!
Auf der anderen Seite der Staatsstraße, direkt gegenüber, führt dann ein Pfad durch die Brombeeren zum Almer Weiher ❹, den wir im Uhrzeigersinn, also auf der West- und Nordseite, fast umrunden. Unser Weg führt allerdings (natürlich) nicht an den Stränden und der Infrastruktur im Osten und Südosten des Badesees vorbei. Gelegentlich führen aber kleine Pfade zu meist versteckten Plätzen des Nackt-Bade-Sees, und natürlich kann man dort spontan eine kleine Schwimmpause einlegen. Wenn der Weg sich fast am Ende des Weihers gabelt, schlagen wir den

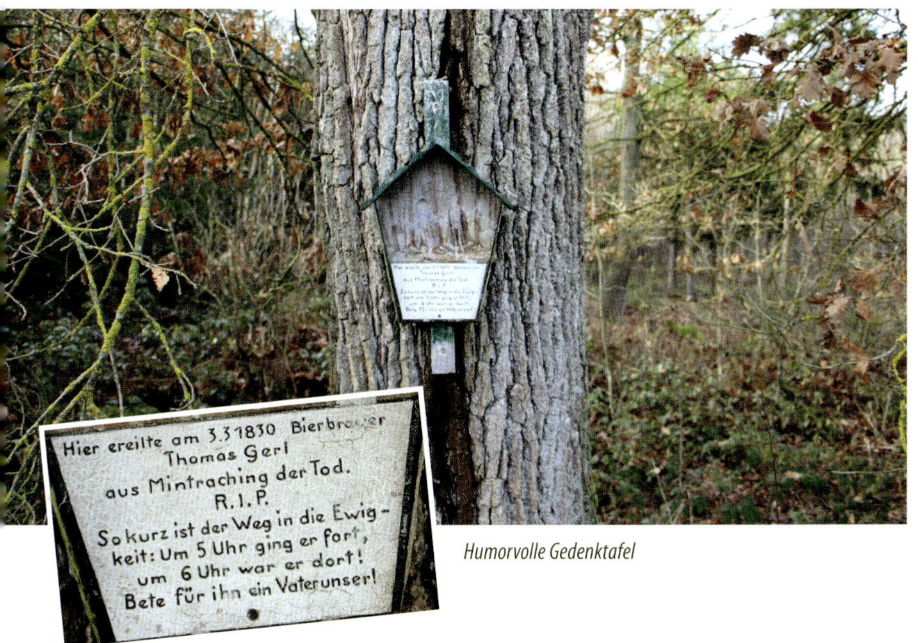

Humorvolle Gedenktafel

linken Pfad, der vom See wegführt, ein und biegen noch einmal nach links in den breiteren Weg ab, der uns bis zum Ende des Waldes führt. Dort geht's nach links und nun immer am Waldrand entlang, vor uns der Ort Leiterkofen. Nach dem Wald kommen wir zu einer Kreuzung, gehen geradeaus weiter durch die Felder, biegen noch einmal links ab und kommen so direkt zum Ausgangspunkt zurück.

Bemerkenswert

Mintrachinger Waldkapellen: Kapelle Maria Einsiedel und Lourdes-Kapelle: Die beiden denkmalgeschützten, nahezu baugleichen Marien-Kapellen mit Turm und Bildstock wurden 1905 von Gottlieb Schiendlbeck zum Dank dafür erbaut, dass er beim Baumfällen knapp dem Tod entronnen war.

Gedenktafel: Eine hölzerne Tafel zeigt einen Mann, der vom Tod begleitet wird. Beide tragen den gleichen Hut und Gehrock. Die Unterschrift lautet: „Hier ereilte am 3.3 1830 Bierbrauer Thomas Gerl aus Mintraching der Tod. R.I.P. So kurz ist der Weg in die Ewigkeit: Um 5 Uhr ging er fort, um 6 Uhr war er dort! Bete für ihn ein Vaterunser!"

Almer Weiher: Der mit 30 ha größte der ehemaligen Baggerseen im Mintrachinger Holz, einem ehemaligen Sumpfgebiet; der See ist Privateigentum des Anglerbundes Regensburg; als FKK-Badeweiher mit Infrastruktur und Stränden im Süden und Osten geduldet.

TEGERNHEIM

Zum Regensburger Gipfelkreuz

TOUR 15

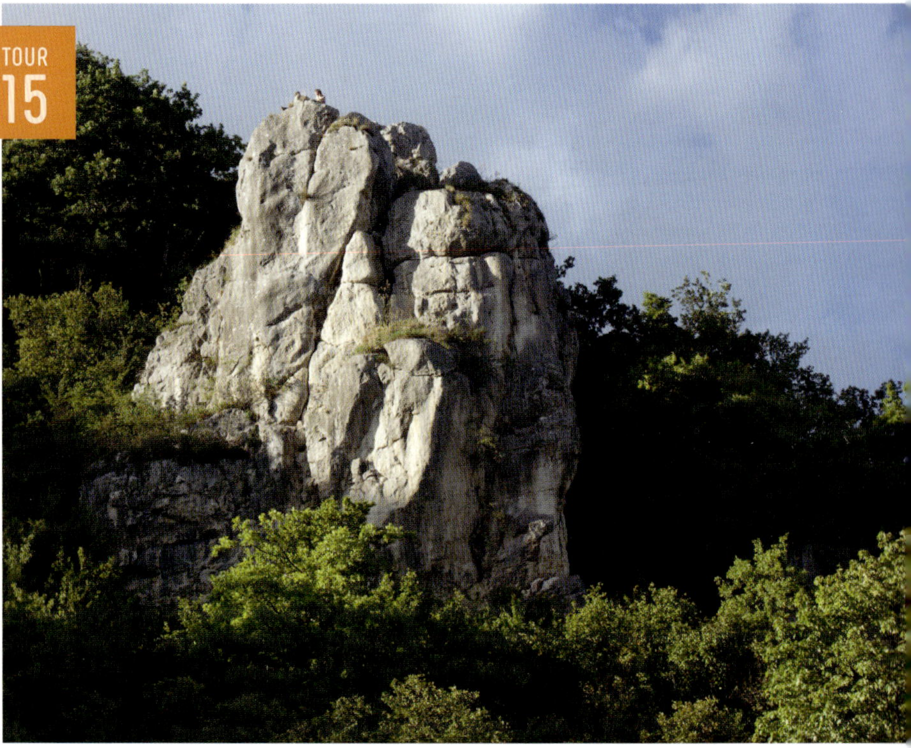

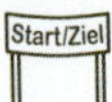

Parkplatz bei der Tegernheimer Schlucht, Am hohen Sand, 93105 Tegernheim

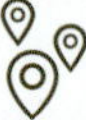

Tegernheimer Schlucht – Hohe Linie – Hohes Kreuz – Aussichtspunkt – Keilstein

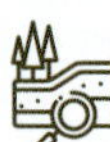

Keilberg: Weite Aussichten bietet das einsame „Gipfelkreuz" im Nordwesten, das auch viele Alteingesessene nicht kennen, aber auch der großartige und ausgebaute Aussichtspunkt im Süden. Beim Parkplatz finden sich auch zwei sogenannte Lost Places; längerer Aufstieg auf bequemen Wegen, am Ende kurz steil abwärts. Achtung: Absturzgefahr an ungesicherten Aussichtspunkten!

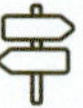

Rotes Rechteck, grünes Rechteck, teilweise unmarkiert

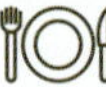

Unterwegs keine.
In der Nähe:

Dorfgasthof Federl/Scheck
Tegernheimer Kellerstraße 2,
93105 Tegernheim

Gaststätte-Pension Götzfried
Donaustraße 13A, 93105 Tegernheim

Foto: Felsen am Südhang des Keilsteins

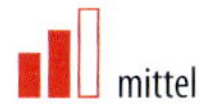 mittel 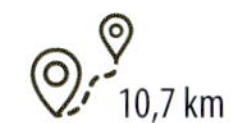 10,7 km 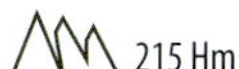 215 Hm  3:00 h

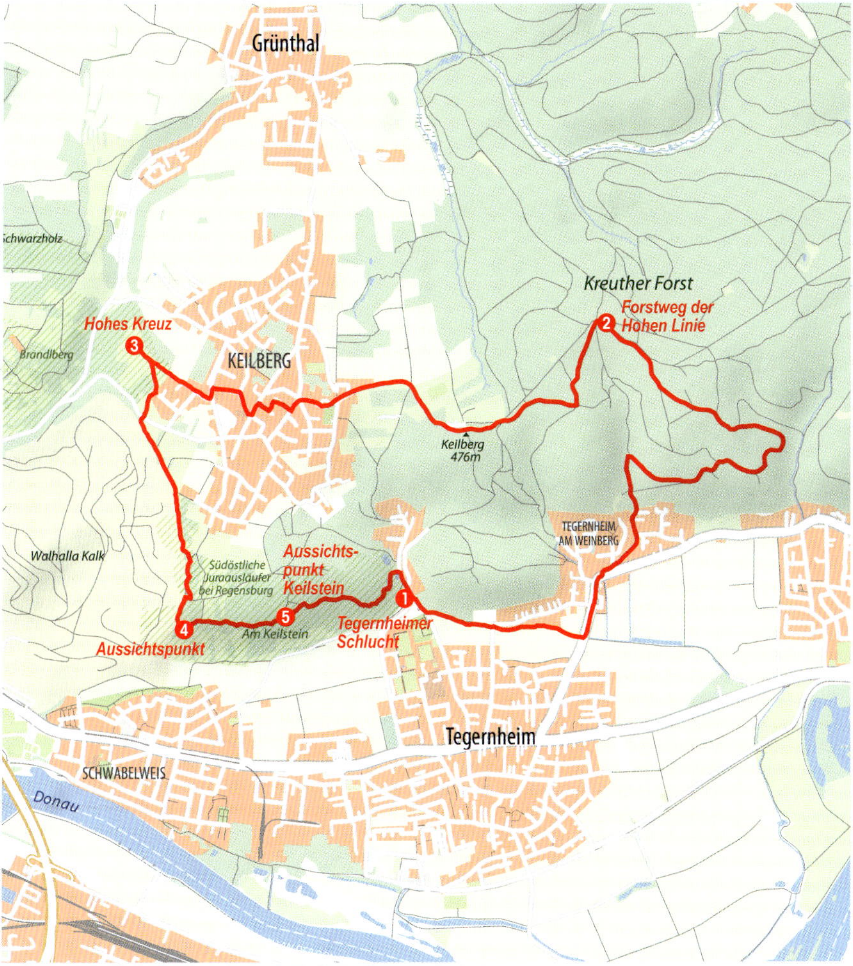

Grünthal
Schwarzholz
Kreuther Forst
2 Forstweg der Hohen Linie
Hohes Kreuz 3
KEILBERG
Brandlberg
Keilberg 476m
TEGERNHEIM AM WEINBERG
Walhalla Kalk
Südöstliche Juraausläufer bei Regensburg
Aussichtspunkt Keilstein
1 Tegernheimer Schlucht
4 Aussichtspunkt
5
Am Keilstein
Tegernheim
SCHWABELWEIS
Donau

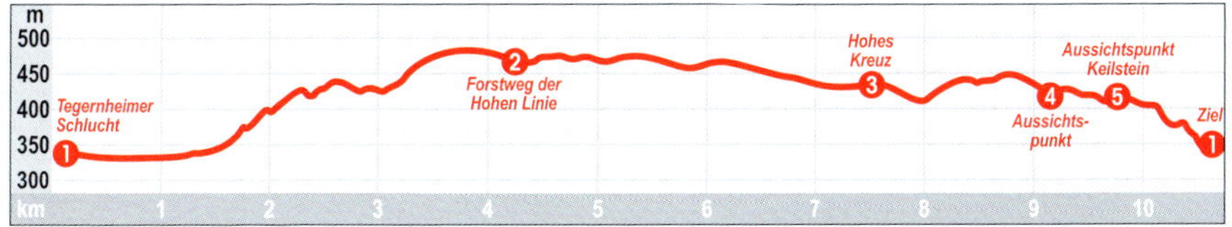

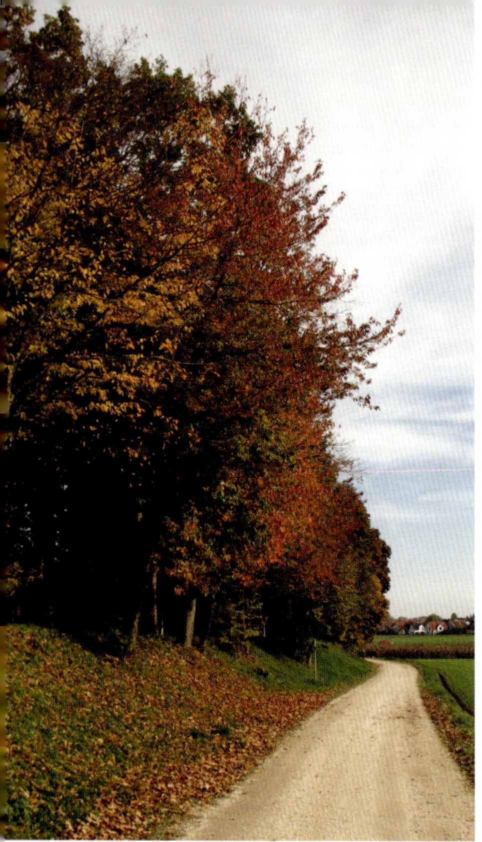

Start Richtung Donaustauf

Gleich am Eingang zur Tegernheimer Schlucht ❶ informieren mehrere Tafeln ausführlich über den Geopfad. Wir folgen nun erst der Tegernheimer Kellerstraße nach Süden, biegen aber gleich nach links ab und wandern an dem von Nuss- und Kastanienbäumen gesäumten Weg Richtung Donaustauf. Bei der zweiten Kreuzung biegen wir (kurz vor dem Spielplatz) nach links in die Weinbergstraße, danach in die Straße Zur Adlerseige, schließlich geht's geradeaus recht steil bergauf in den Wald hinein.

Bei der ersten Möglichkeit biegen wir rechts ab in einen breiten, grasigen Weg. Bei der nächsten T-Kreuzung halten wir uns weiter rechts und wandern nun in einer weiten Linkskurve um den Berg herum, dann kurz ziemlich steil bergauf. Oben treffen wir auf die Markierung rotes Rechteck, der wir so lange folgen, bis wir auf den breiten Forstweg der Hohen Linie stoßen ❷. Da wir aber lieber einen schmalen Pfad benutzen wollen, gehen wir mit dem grünen Rechteck gleich wieder links in den Wald hinein und folgen dieser Markierung

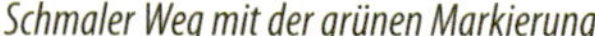

Schmaler Weg mit der grünen Markierung

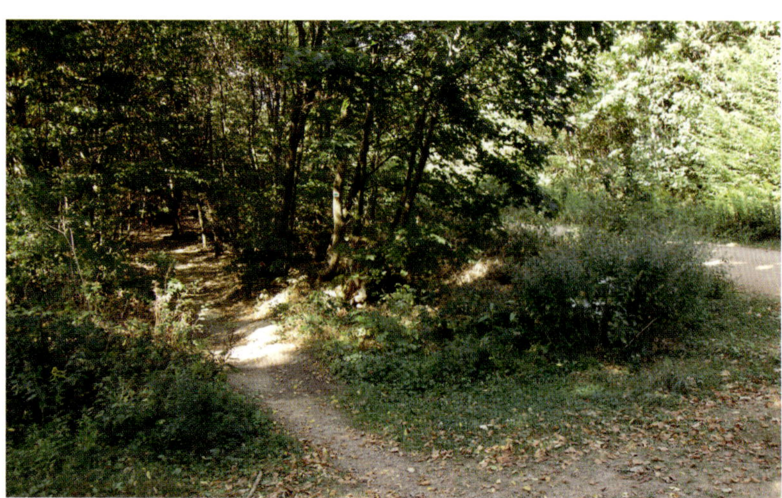

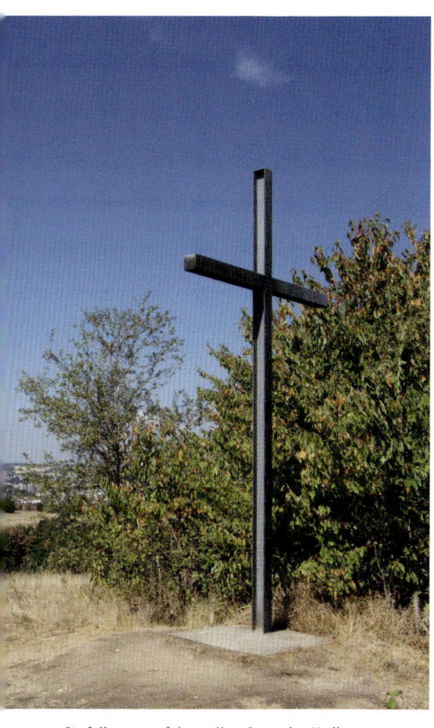

Gipfelkreuz auf der stillen Seite des Keilbergs

nun bis zum Ort Keilberg. (Anmerkung: Beim nächsten Querweg nach links abbiegen, dann wieder rechts.)

Auch im Ort bevorzugen wir die kleinen Wege und schlängeln uns folgendermaßen hindurch: erst nach links in die Alfons-Sigl-Straße, dann rechts in den Eschenweg, an dessen Ende links über den Fußweg, dann wieder rechts. Danach biegen wir links in die Keilberger Hauptstraße ein, dann rechts in den Keilberger Schulweg ab, links in den Lärchenweg. Hier kann man schon bis nach Hainsacker sehen. Jetzt noch mal kurz nach links und schließlich rechts ab in die Hutweide – geschafft (liest sich komplizierter und länger, als es ist …). Jetzt geht es immer geradeaus bis zu einer Schranke. Dort findet sich eine Tafel über diesen Teil des Naturschutzgebietes der südöstlichen Juraausläufer. Immer weiter erreichen wir endlich das hohe Kreuz ❸, von dem aus sich ein neuer Blick auf die Stadt bietet – bis hin zum Kirchturm von Hohengebraching, aber auch über den Steinbruch.

Steinbruch Keilberg

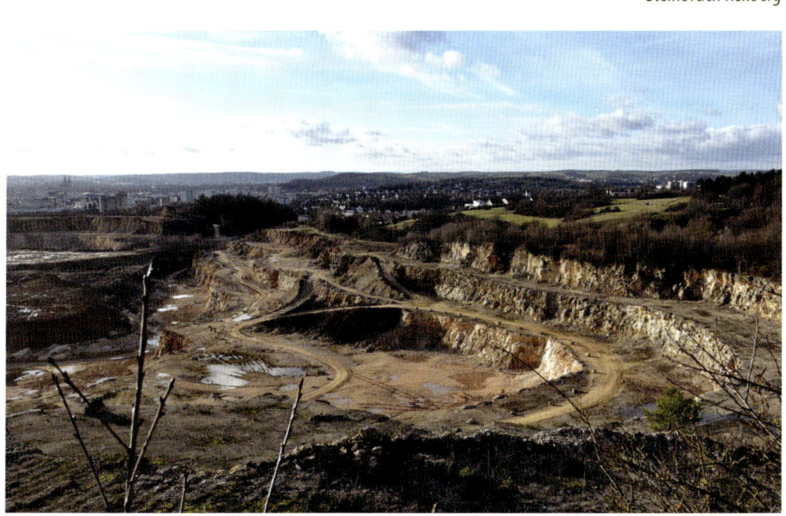

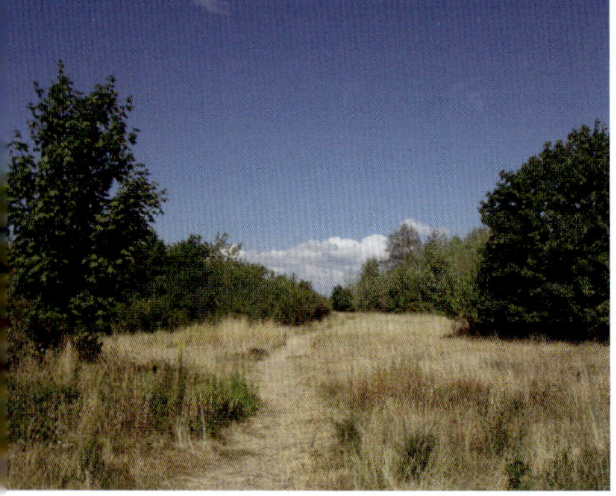

Trockenrasen auf der Hutweide

Wir kehren danach um und zurück Richtung Schranke. Auf halbem Weg dorthin wandern wir nach Brombeersträuchern auf einen Trampelpfad nach rechts, später aber nicht geradeaus zurück in den Ort, sondern nach rechts bergab und über eine Wiese in Richtung Steinbruch hinunter zur Straße, die wir überqueren. Auf der gegenüberliegenden Seite ist der Weg hinauf zur Kante des Steinbruchs schon gut zu erkennen.

Wir gehen nun immer an diesem Rand entlang. Endlich erreichen wir so die Felshänge nach Süden und drei schöne Aussichtspunkte ❹. Achtung: hier bitte besonders gut aufpassen (vor allem bei nassem und rutschigem Boden), denn sie sind nicht gesichert! Weiter geht's parallel zum Hang nach Osten zum ausgebauten Aussichtspunkt Keilstein (gesichert) ❺. Hier befinden sich Bänke, Info-Tafeln zu Geologie und Flora sowie zur frühen Besiedlung dieses Gebietes. Die aufwändig gestaltete Orientierungstafel führt unseren Blick von den Domtürmen über den Hohengebrachinger Kirchturm, die Stärkefabrik Sünching und die Stadtpfarrkirche Straubing bis zum Bogenberg. Man soll sogar den Watzmann erkennen können. Wir sind jetzt auf dem Rückweg nach Tegernheim. Dazu nehmen wir weiterhin den Weg nach rechts, gelangen schließlich auf eine Wiese, bei der wir links abbiegen und ein kurzes Stück am Waldrand entlanggehen.

Der Abstieg ist dann ein wenig steil. Wir kommen oberhalb der verlassenen Gebäude des ehemaligen Tegernheimer Sommerkellers (nahe ❶) vor-

Blick vom letzten der ungesicherten Aussichtspunkte

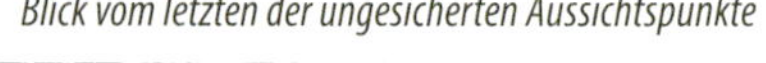

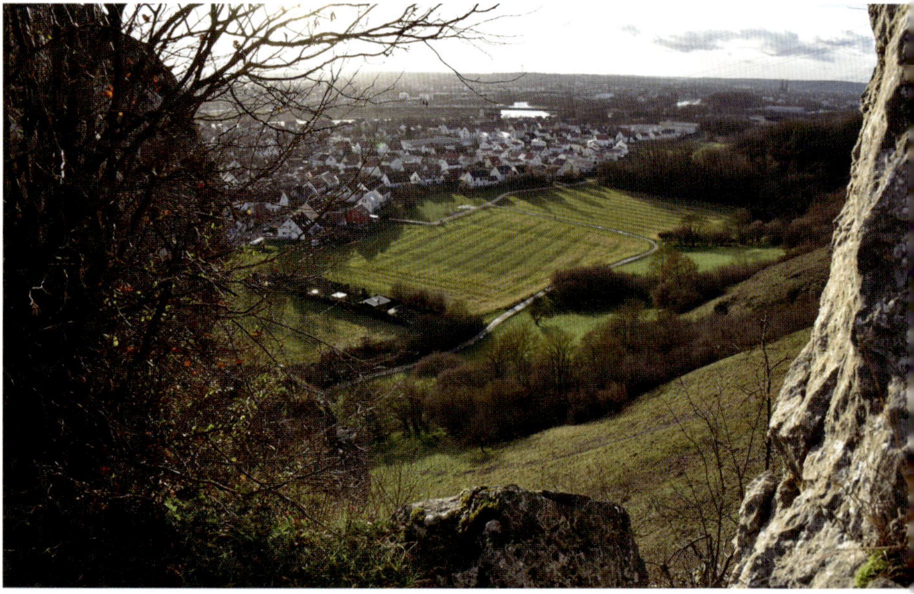

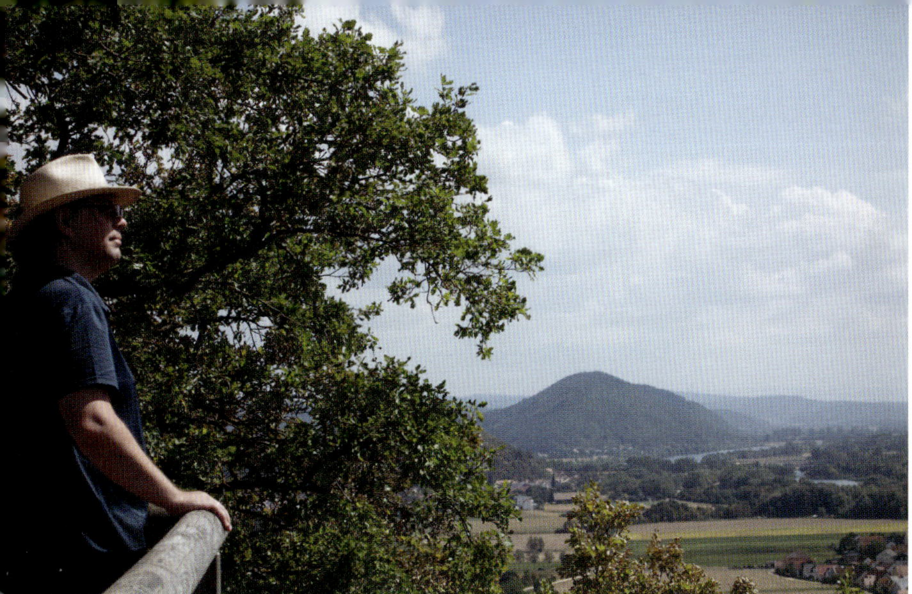

Aussichtspunkt Keilstein mit Blick auf den Scheuchenberg

bei, am Ende noch an dessen Weiher. Wenn wir auf die Straße stoßen, sind wir rechts schon wieder fast beim Ausgangspunkt.
Wer möchte, kann versuchen, hier den ehemaligen Minigolfplatz zu finden.

Bemerkenswert

Steinbruch Keilberg: Schon seit dem Mittelalter wird Bergbau am Keilberg betrieben: Eine Karte von 1868 verzeichnete in dieser Gegend 25 Steinbrüche. Im 19. Jahrhundert wurden Eisenerz und Porzellanerde abgebaut. Auch das in Regensburg seit Jahrhunderten ansässige Kalkbrennerhandwerk war ein wesentlicher Wirtschaftszweig. Die Geschichte des heutigen Kalkwerks ist wechselhaft, aber bereits seit 1876 firmierte es unter dem Namen „Kalkwerk Walhalla D. Funk Regensburg". Der Abbau soll bis 2035 weitergehen.

Ehemalige Tegernheimer Sommerkeller: Am Keilsteiner Hang 179. Seit dem 19. Jh. befand sich hier eine beliebte Ausflugsgaststätte für die Regensburger. Es handelt sich um zwei Gebäude: Näher zur Straße liegt das ehemalige Haupthaus (Kern um 1730 mit Festsaal im ersten Stock) mit Schankbetrieb bis 1939. Von einer US-Fliegerbombe zerstört, wurde es später wieder aufgebaut. Weiter hinten am Hang befindet sich ein zweites Gebäude mit einer markanten Eiche (Naturdenkmal) unmittelbar daneben. Es ist das ca. 1830 erbaute, denkmalgeschützte Sommerhaus, ein gewinkelter Satteldachbau mit hölzerner Außentreppe. Zudem existieren im Hang einige ebenfalls denkmalgeschützte Felsenkeller aus derselben Zeit.

Ehemaliger Minigolfplatz: Er liegt nördlich der Kurve Baierweinweg/Tegernheimer Kellerstraße und ist erreichbar durch Lücken in der Hecke von der Kellerstraße aus (Ende eines Biketrails); manche Bahnen könnte man sogar noch bespielen. 1945 wurde nördlich des Minigolfplatzes die Eröffnung eines Cafés genehmigt, in Anlehnung an den Vorgänger ebenfalls „Tegernheimer Keller" genannt. Dies bauten die Besitzer in den 1960ern zu einem Hotel mit Minigolfanlage aus, beides wurde aber in den 1990er Jahren aufgegeben.

SULZBACH

Der Walfisch von Donaustauf – Über den Scheuchenberg

TOUR 16

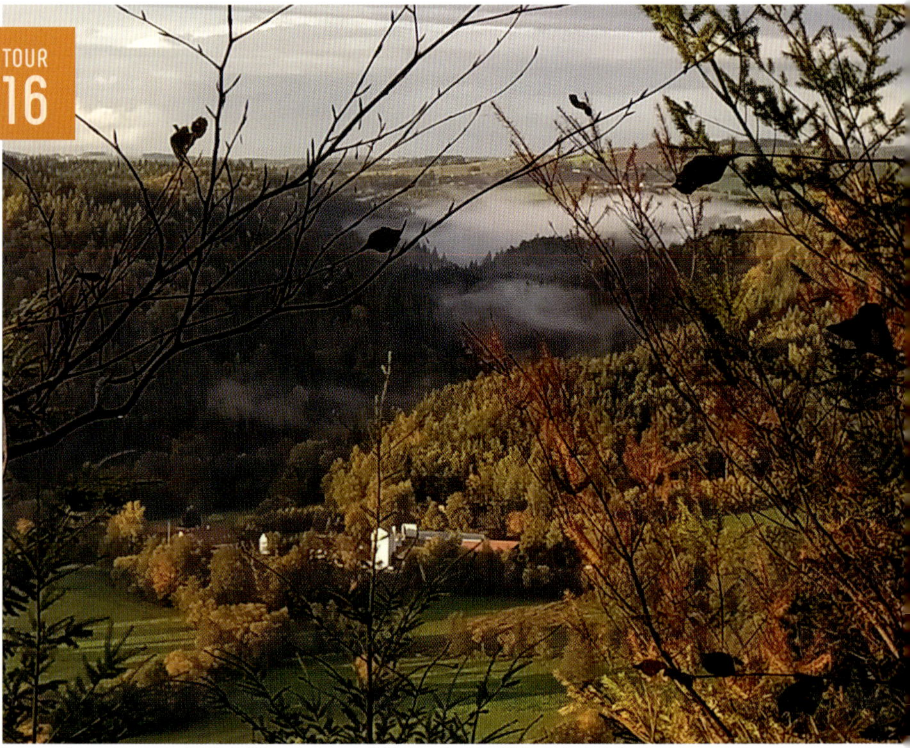

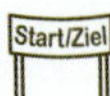

Parkplätze in der Scheuchenbergstraße und in der Otterbachstraße, 93093 Sulzbach (bei Donaustauf)

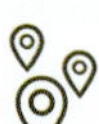

Scheuchenberg – Waldkapelle – Aussicht – Wegspinne – Gedenkstein

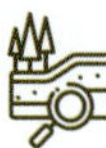

Der Scheuchenberg nach Donaustauf ist weithin zu sehen und liegt wie ein Wal neben der Donauebene. Man fährt oft vorbei, geht aber viel zu selten hinauf, dabei ist es gerade am Anfang auf dem Weinberg auf schmalem Pfad und zwischen alten Eichen ganz besonders schön. **Hinweis:** Wie überall im Thiergarten muss man mit Wildschweinen rechnen.

Hauptroute: Fast oben angelangt, geht es nach dem Kreuz auf dem Grat dann recht steil nach oben, dafür ist hier das schönste Stück des Weges; Variante: ohne den Grat, aber auch mit Aussicht.

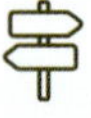

Fernwanderweg E8, grüner Punkt, teilweise unmarkiert

Unterwegs keine.
In der Nähe:

Landgasthof Hotel Hammermühle (mit Biergarten), Thiergartenstraße 1, 93093 Donaustauf

 Foto: Blick nach Norden auf Hammermühle

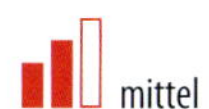 mittel

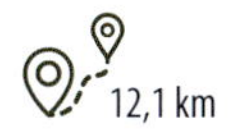 12,1 km

280 Hm

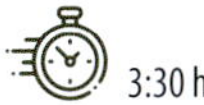 3:30 h

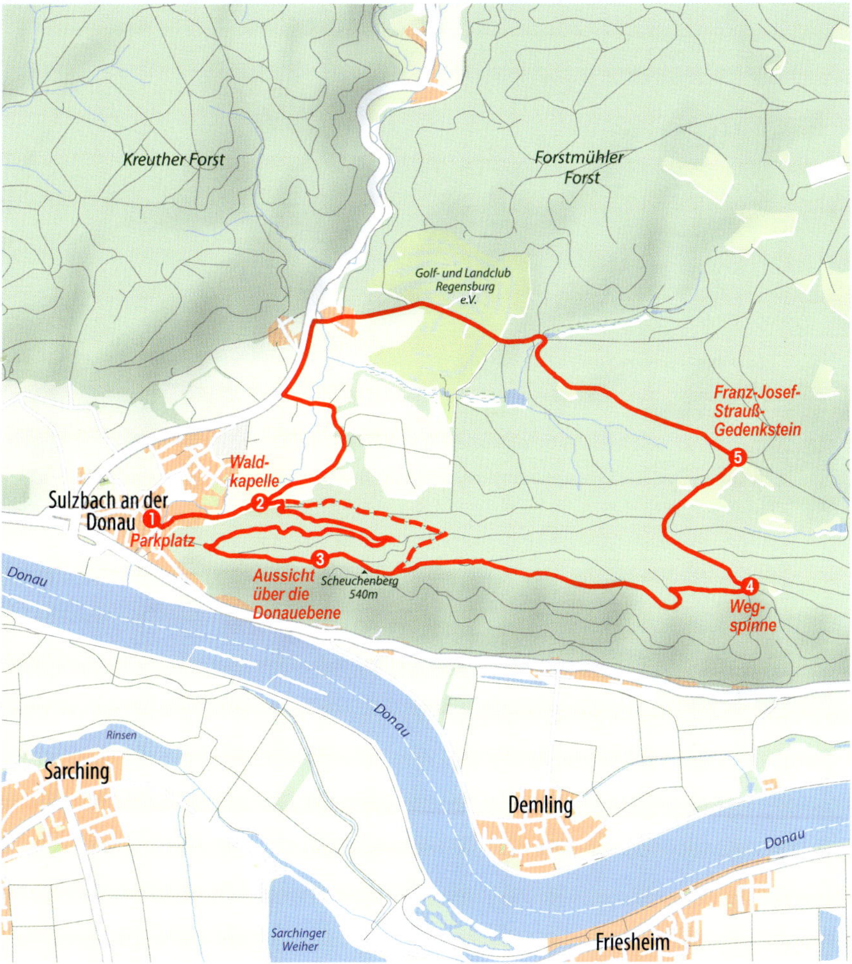

Kreuther Forst
Forstmühler Forst
Golf- und Landclub Regensburg e.V.
Franz-Josef-Strauß-Gedenkstein
Wald-kapelle
Sulzbach an der Donau
Parkplatz
Aussicht über die Donauebene
Scheuchenberg 540m
Weg-spinne
Donau
Rinsen
Sarching
Demling
Friesheim
Sarchinger Weiher

m
550
500
450
400
350
300
Park-platz
Waldkapelle
Aussicht über die Donauebene
Wegspinne
Franz-Josef-Strauß-Gedenkstein
Park-platz
km 1 2 3 4 5 6 7 8 9 10 11 12

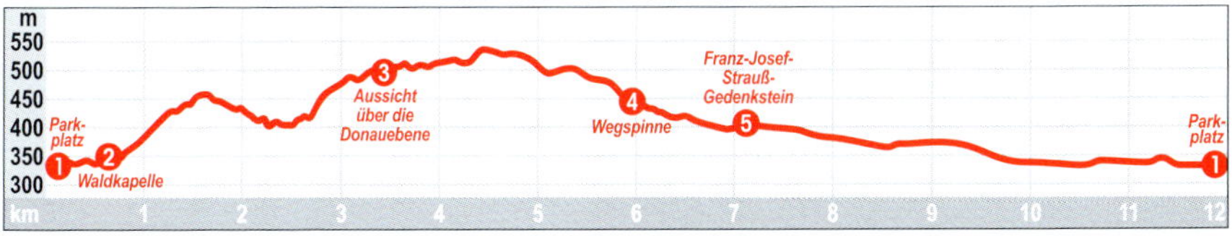

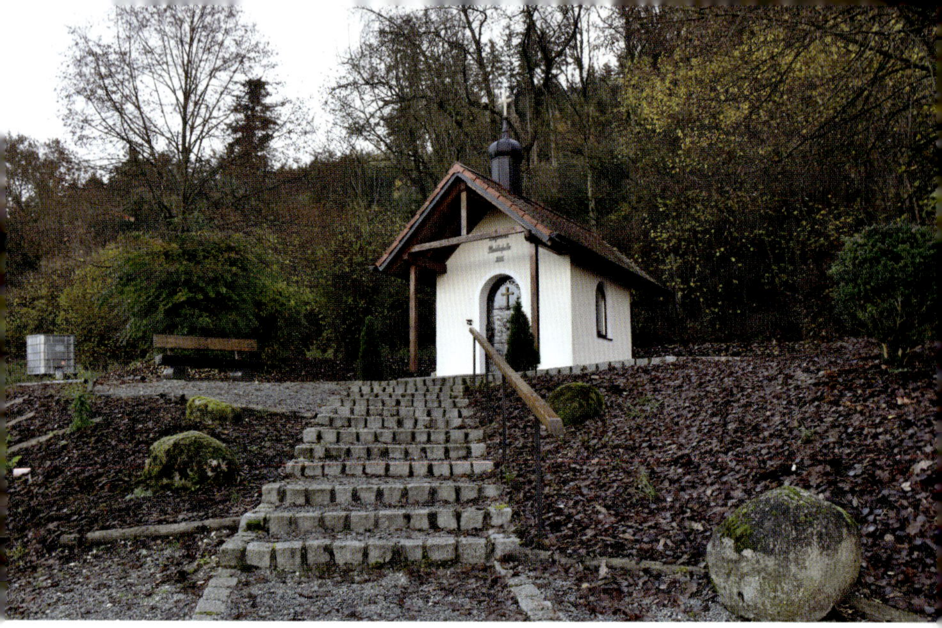

Waldkapelle bei Sulzbach

Zunächst gehen wir vom Parkplatz ❶ auf den Scheuchenberg zu und biegen nach der Brücke nach links in den Waldweg ab. Entlang des Otterbachs gelangen wir auf einem modernen Kreuzweg aus dem Ort hinaus zur relativ neuen Waldkapelle ❷. Direkt danach geht es rechts den Feldweg hinauf.

Hauptroute: Nach 130 m führt ein schmaler Trampelpfad rechts direkt in den Wald, und schnell sind wir damit bei einem breiteren grasigen Weg, der nach rechts und hinauf führt. Weiter oben stoßen wir auf den nächsten Querweg und wenden uns im spitzen Winkel wiederum nach rechts. Die nächsten zwei Abzweigungen halten wir uns weiter rechts und gehen so gegen den Uhrzeigersinn um den Scheuchenberg herum. Wir genießen auf dieser Strecke eine schöne weite Aussicht nach Norden, auf den Dachsberg und den Thiergarten, und am Horizont erkennt man auch das rote Dach der Wallfahrtskirche Lichtenberg. Geradeaus erblicken wir kurz auch mal die Walhalla (später das Krankenhaus Donaustauf). Am Grat angekommen steht links ein Kruzifix, nach dem es nun nach links um die Kurve geht und steil wird! Dieser Teil des Bergrückens heißt Weinberg, und auf ihm wandern wir nach Osten, zunächst bis zu einer freien Stelle mit Aussicht über die Donauebene ❸.

Blick vom Scheuchenberg nach Norden

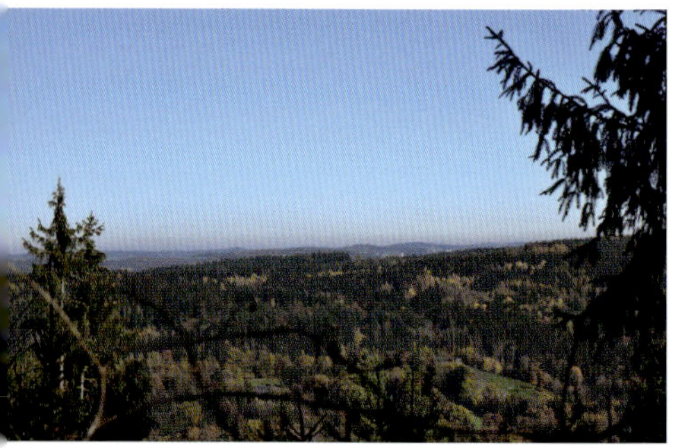

Variante: 1 Kilometer kürzer als Hauptroute. Von der Waldkapelle ❷ aus nehmen wir bei den nächsten beiden Weggabelungen je den rechten

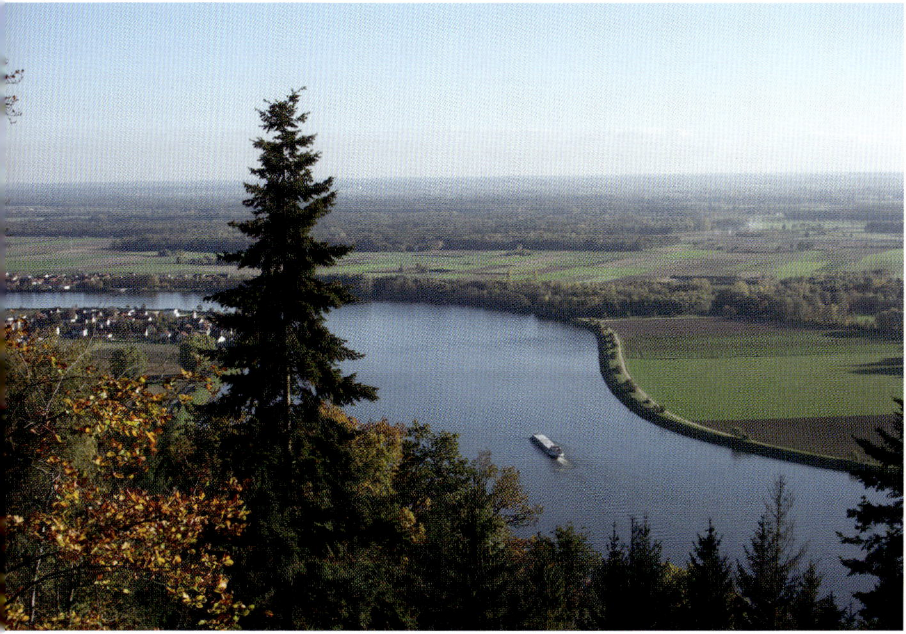

Donau und der Ort Demling

Weg den Berg hinauf. Wenn wir vor uns ein Wildgatter sehen können, biegen wir im spitzen Winkel wiederum nach rechts ab; es geht weiter relativ steil bergauf. Oben am Grat angekommen findet sich links ein Überstieg über den dortigen Wildzaun. Um zur weiten Aussicht über die Do-

Überstieg in den Thiergarten

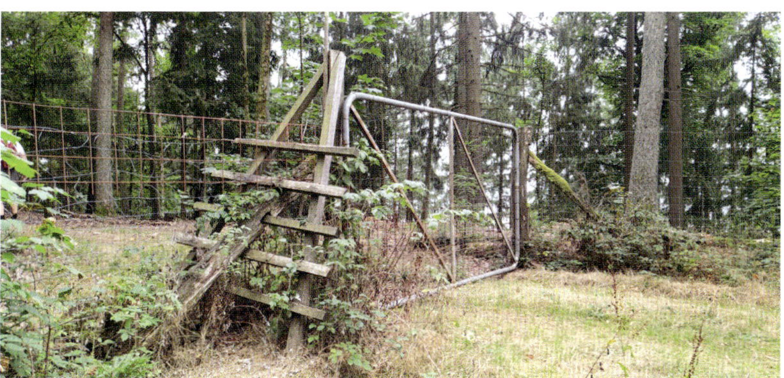

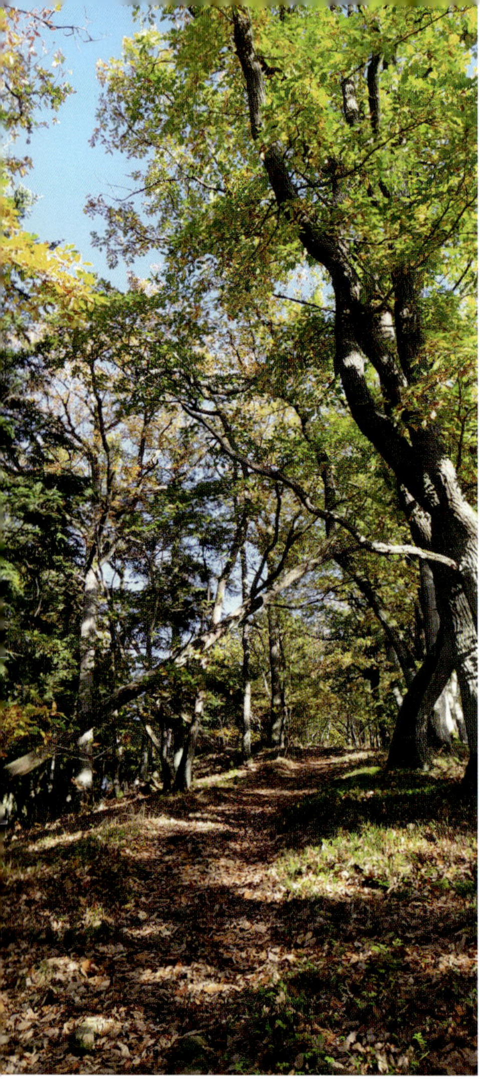

Traumpfad auf dem Scheuchenberg

nauebene zu gelangen, wenden wir uns nun aber zunächst nach rechts und gelangen auf einem schönen romantischen Pfad mit Eichen nach etwa 350 m zu der freien Stelle mit Aussicht ❸.

Unten in der Donauschleife sehen wir den Ort Demling, gegenüber Friesheim, noch weiter im Süden die hohen Gebäude der Stärkefabrik von Sünching und rechts den Sarchinger Weiher. Von ❸ aus geht es (bei der Variante wieder zurück) nach Osten, und nun übersteigen wir das Wildgatter zum Thiergarten. Es geht weiter geradeaus bis zu einer Wegspinne, an der wir den rechten Weg, der geradeaus weiter und aufwärts führt, einschlagen. Schließlich haben wir den höchsten Punkt auf dem Scheuchenbergrücken erreicht, den Kreinerberg mit 538 m.

Wenn wir aus dem Wald kurz auf eine Lichtung kommen, sind wir schon auf dem Scheibelberg (502 m). Hier macht unser Weg eine Linkskurve, aber nach kurzer Zeit biegen wir in spitzem Winkel nach rechts ab und gelangen so zu einer Wegspinne mit sechs abzweigenden Wegen ❹, von denen wir den linken nehmen. Bei der nächsten größeren T-Kreuzung kommen wir rechts in die schöne Kastanienallee, durch die wir bis zum Kreuzungspunkt bei der großen Eiche und dem

Bildstock von alter Eiche am Golfplatz

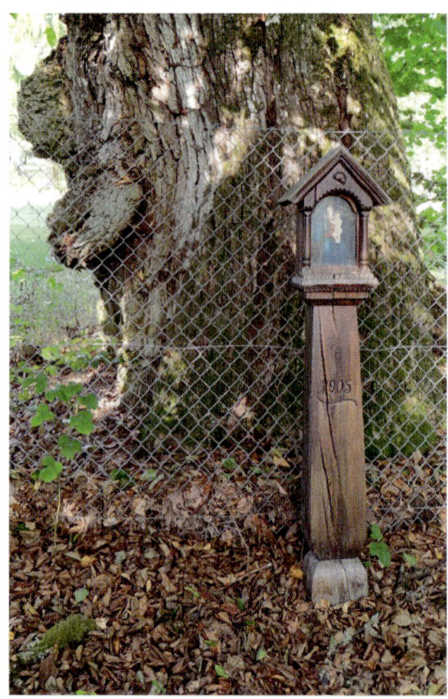

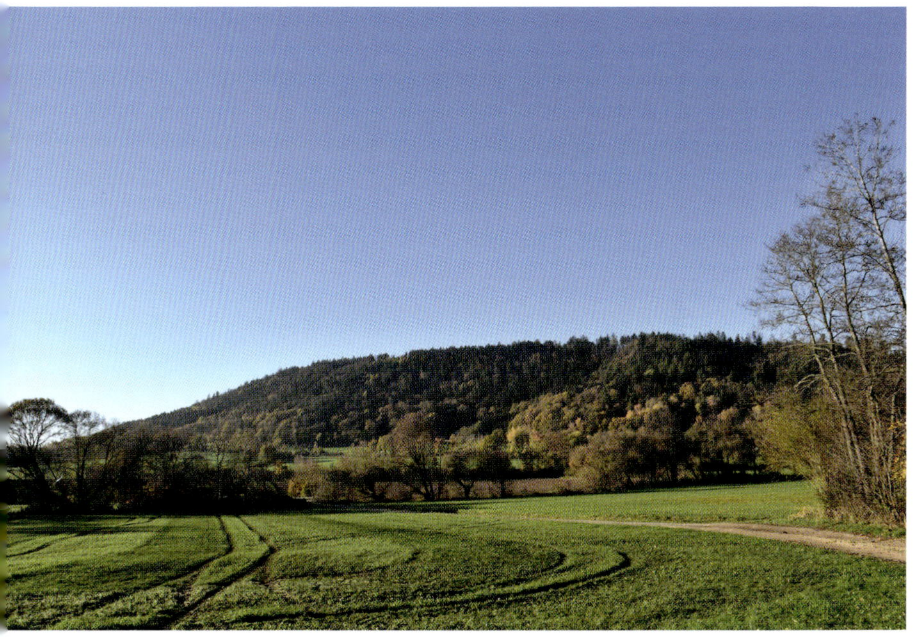

Blick zurück auf den Dachsberg

Gedenkstein für Franz-Josef Strauß ❺ gehen dürfen.

Dies ist die Stelle mit der Thiergarten-Bezeichnung „32 Bankerl" (Tafel gegenüber der Eiche). Hier biegen wir nach links ab in den Jakobsweg bzw. europäischen Fernwanderweg E8, der uns bequem bis nach Hammermühle bringt. Am Zaun des Golfplatzes kann man unterwegs noch einen Marienbildstock vor einer Eiche entdecken. Nach dem Gasthaus und der Brücke über den Otterbach biegen wir links ab (ab jetzt grüner Punkt bis Ende!) in den Weg, der zunächst parallel zur Straße Richtung Sulzbach verläuft, bei der nächsten Abzweigung aber nach links wieder über den Bach führt. Hier können wir den Scheuchenberg noch mal von unten aus betrachten. Nun geht es an der Wiese entlang bis zum Ort und schließlich zum Ausgangpunkt zurück.

Bemerkenswert

Scheuchenberg: Der Scheuchenberg ist ein länglicher Bergrücken, bestehend aus dem Weinberg, Kreinerberg und Scheibelberg. Schon im 13. Jahrhundert existierte im Bistum Regensburg eine Familie Scheucher, einer der Scheu(c)her bekleidete das Amt eines Forstmeisters. Ob der Berg von diesem Geschlecht (sie nannten sich damals Scheuchones) seinen Namen hat oder umgekehrt, ist nicht bekannt.

Otterbach: Der Otterbach stammt aus der Vereinigung zweier Bäche in Süssenbach und mündet bei Sulzbach in die Donau. Er hat somit auf seinem Weg durch den Bayerischen Vorwald fast 20 km und 150 Höhenmeter zurückgelegt.

HAMMERMÜHLE

Uralte Bäume, Märchenwiesen und Borstentiere

TOUR 17

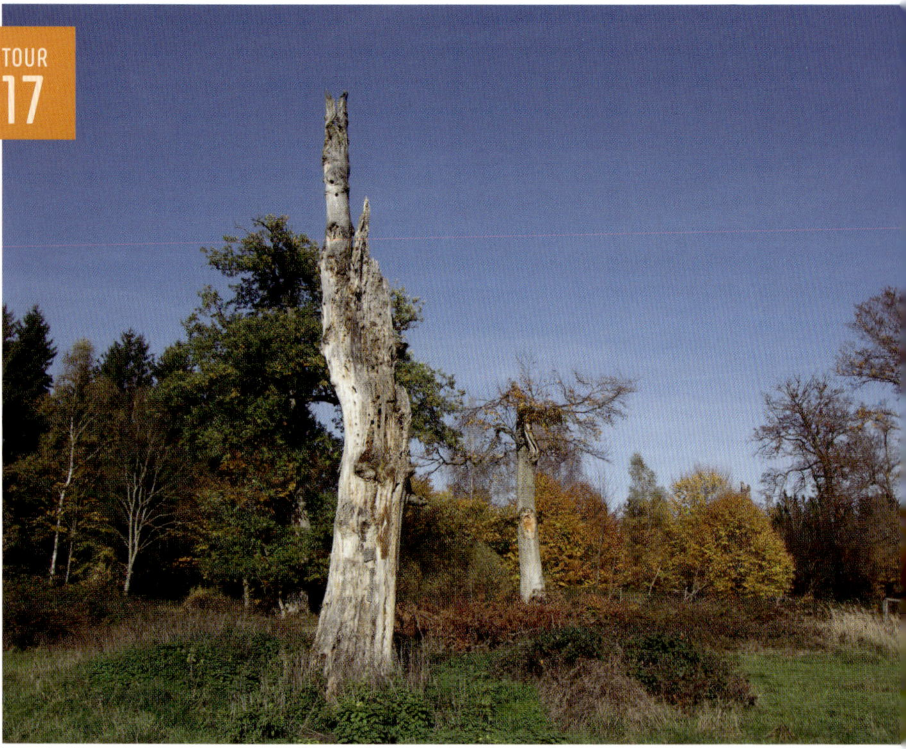

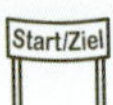

Am Landgasthof Hammermühle (Thiergartenstraße 1, 93093 Donaustauf) vorbeifahren bis zum ausgeschilderten Wanderparkplatz

Parkplatz – Wildfütterung – alte Eiche – kleine Wiese – zwei alte Eichen – Wiese zur Wildfütterung – weitere Wildfütterung – Eiche mit „Auge" – Golfplatz – Parkplatz

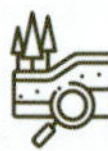

Der fürstliche Thiergarten birgt Geheimnisse und Schätze, die zu entdecken sich sehr lohnt. Der wundersame Wuchs etlicher Baum-Methusalems gehört zum Staunenswertesten. Drei (kurze Tour: zwei) Anstiege auf breiten Wegen. Im Thiergarten sind die Routen nicht markiert. Mit Wildschweinen muss man in diesem Gebiet jederzeit rechnen.

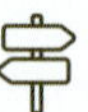

Keine, GPS empfohlen.

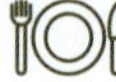

Unterwegs keine.
In der Nähe:

Landgasthof Hotel Hammermühle (mit Biergarten), Thiergartenstraße 1, 93093 Donaustauf

 Foto: Biotopbaum bei der Wiese zur Wildfütterung

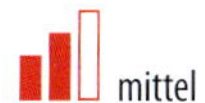
mittel

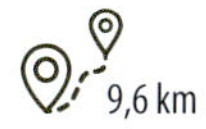
9,6 km

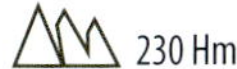
230 Hm

2:45 h

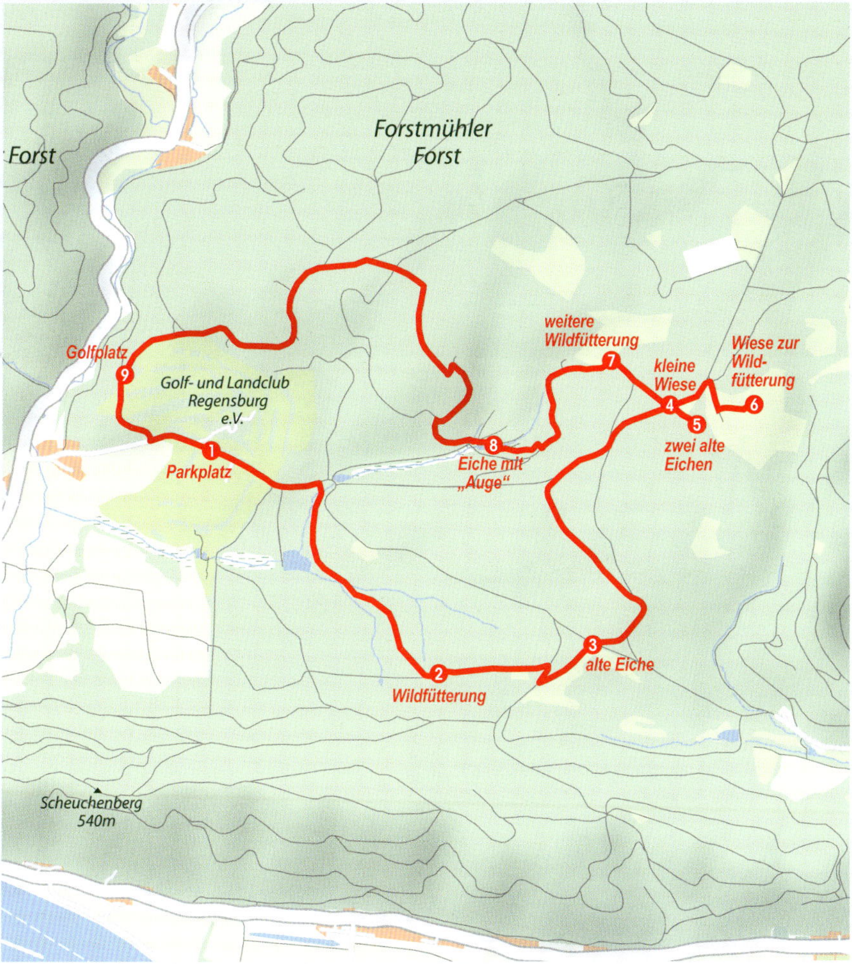

Forst
Forstmühler Forst
Golfplatz
9
Golf- und Landclub Regensburg e.V.
1
Parkplatz
8
Eiche mit „Auge“
weitere Wildfütterung
7
kleine Wiese
4
5
zwei alte Eichen
Wiese zur Wild-fütterung
6
3
alte Eiche
2
Wildfütterung
Scheuchenberg 540m

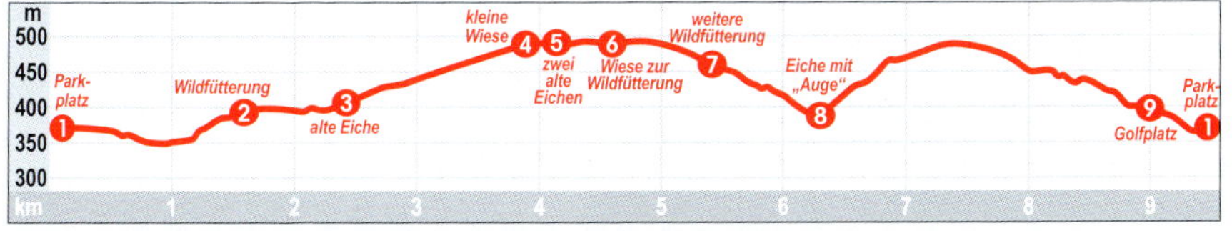

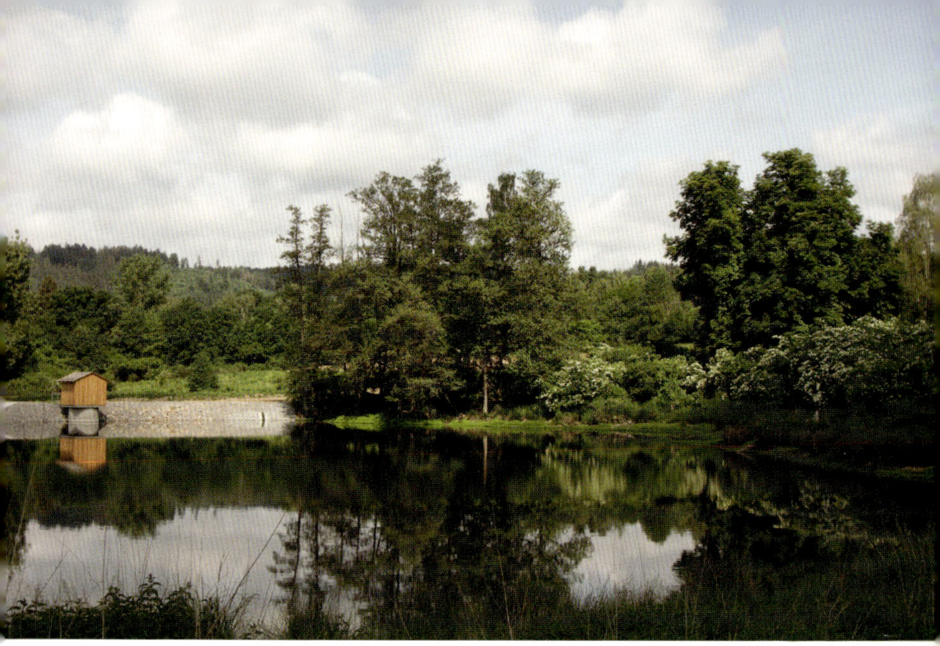

Weiher neben dem Golfplatz

Wir gehen die Straße ❶ weiter am Golfplatz entlang. Nahe am Zaun des Golfplatzes findet sich eine erste knorrige alte Eiche und davor ein hölzerner Bildstock mit einem Marienbildnis. Nachdem wir auch den großen freien Lagerplatz passiert haben, nehmen wir den nächsten Weg nach rechts und abwärts. Unser Weg führt am mittlerweile leider stark befestigten Weiher vorbei links um die Kurve und nach kurzer Zeit bergauf bis zu einer Wildfütterung ❷.

Gedenkstein an der Wegkreuzung

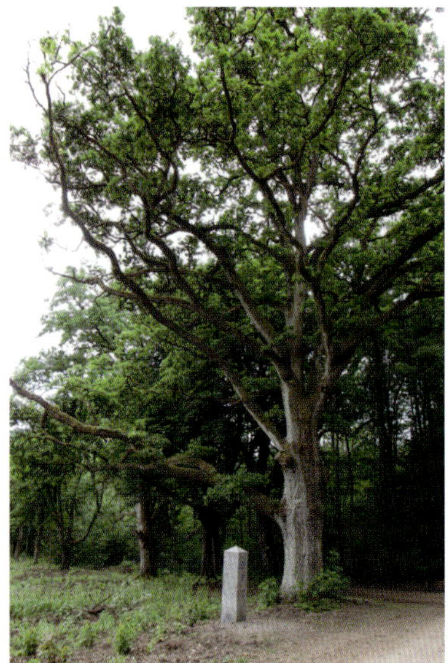

An der nächsten Gabelung sehen wir vor uns wieder einen Eichenmethusalem und dahinter eine uralte Buche. Wir biegen jetzt rechts ab und dann gleich wieder links und kommen auf die Kastanienallee, auf der wir nun links weiter wandern. An der nächsten Wegkreuzung angekommen, dient uns als Wegmarke wieder eine alte Eiche ❸. Daneben wurde eine Granitstele zur Erinnerung an den ehemaligen bayerischen Ministerpräsidenten Franz Josef Strauß errichtet, der in der Nähe bei der Jagd an einem Herzinfarkt verstorben ist. Im Frühsommer blühen auf der Wiese dahinter lila Lupinen. Wir gehen von der Allee aus geradeaus leicht rechts weiter und länger auf diesem Weg bergauf. Dort, wo unser Weg in die von links kommende Forststraße einmündet, passieren wir das Schild „Royeswiese“. Nach einiger Zeit kommen

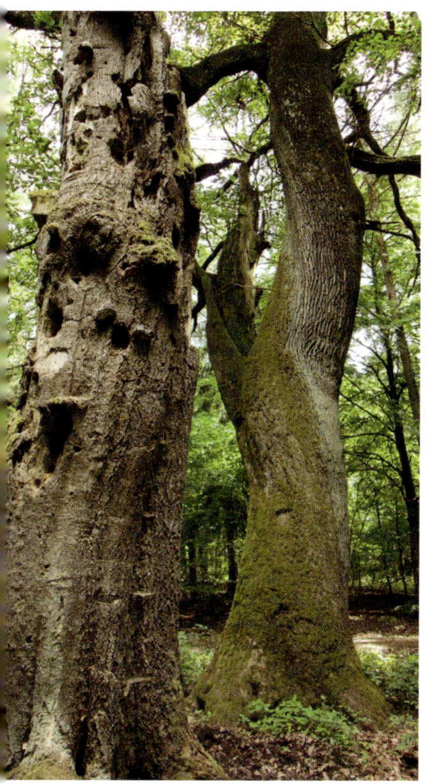

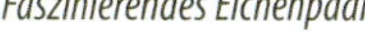

Faszinierendes Eichenpaar

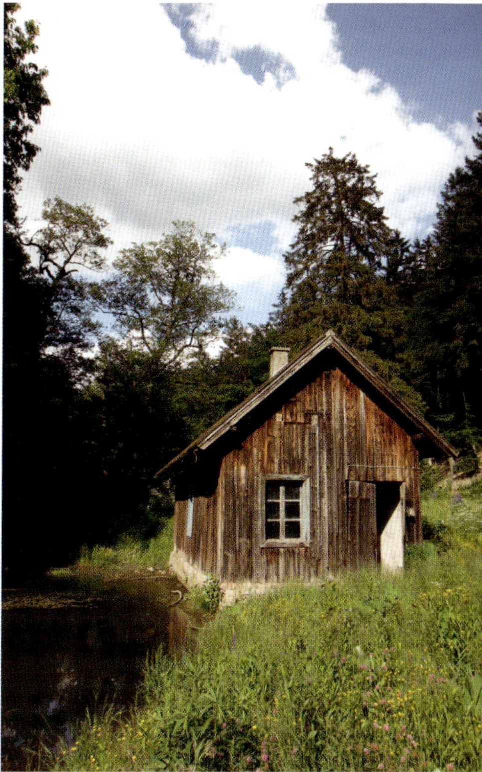

Waldidylle

wir an einer Linde vorbei, an der noch einmal das Schild „Royeswiese" angebracht ist, danach kommt eine kleine Wiese ❹.

Vor ihr machen wir einen Abstecher nach rechts zu zwei beeindruckenden Bäumen: Wir gehen nach rechts, bis wir nach kurzer Zeit vor uns einen Zaun mit einem verschlossenen Tor sehen. Hier stehen links neben dem Weg die beiden alten sehenswerten Eichen ❺, eine davon gedeiht noch, die andere ist bereits abgestorben und dient als Biotopbaum. Danach kehren wir um bis zum Hauptweg und kommen nun an der Wiese ❹ vorbei, und danach über ein Bodengitter. Jetzt heißt es rechts in einen schmaleren sandigen Weg einschwenken und dann gleich in den nächsten rechten (nicht den am Zaun entlang). Wir können schon das Dach eines Gebäudes erkennen, und große Kastanien geleiten uns zur Wiese, die zur Wildfütterung dient ❻. Dort muss man dann einfach umherstreifen und verschiedene Entdeckungen machen, skurrile Bäume gibt es genügend. An einem Biotopbaum vorbei, der sich wie ein Zeigefinger zum Himmel streckt, führt etwa ein Weg nach links und dann gleich wieder nach rechts zwischen zwei hohen schmalen Buchen hindurch und weiter zu mehreren riesigen liegen-

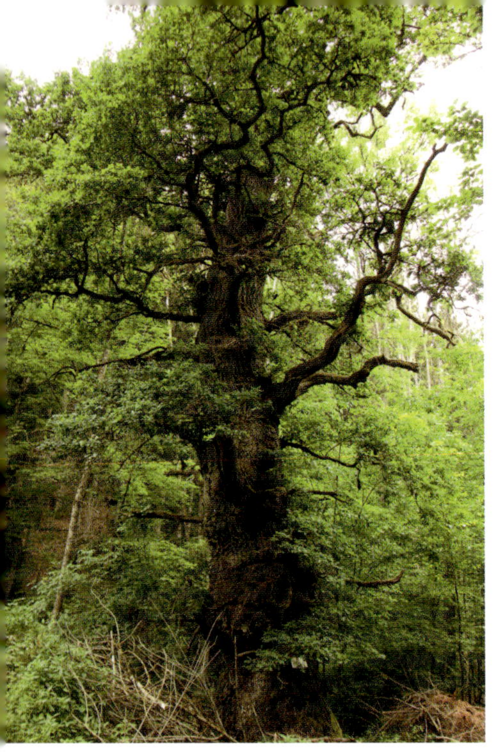

Baummethusalem

den Stämmen und Ästen; die Natur ist selbst schon Kunst.

Wenn wir uns genug gewundert haben, wandern wir wieder auf demselben Weg zum Hauptweg zurück, auf dem wir gekommen sind, und auch wieder über das Gitter. Bei der kleinen Wiese ❹ biegen wir diesmal nach rechts ab und gehen nach unten, am Zaun entlang. Wir steuern nun auf eine weitere Wildfütterung ❼ zu. Links gehen wir nun zwischen dem Hang und dem Gebäude um die Kurve und dann rechts des Hanges und links vom Noppenbach weiter und immer leicht bergab. Wir folgen dem Zaun, bis wir den Bach überqueren. Jetzt sehen wir vor uns rechts wieder eine ganz wunderbare Eiche ❽ mit einem großen „Auge". Wie viele Jahrhunderte steht sie schon hier?

Wer heute schwächelt, kann nach dem Bach gleich links abbiegen und ihm auf schöner Strecke noch ein wenig folgen bis zur Forststraße. Dort rechts abbiegen, und schnell ist man wieder beim Ausgangspunkt. Ansonsten nehmen wir den Überstieg über den Wildzaun und danach wan-

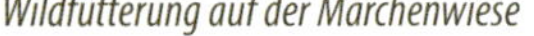

Wildfütterung auf der Märchenwiese

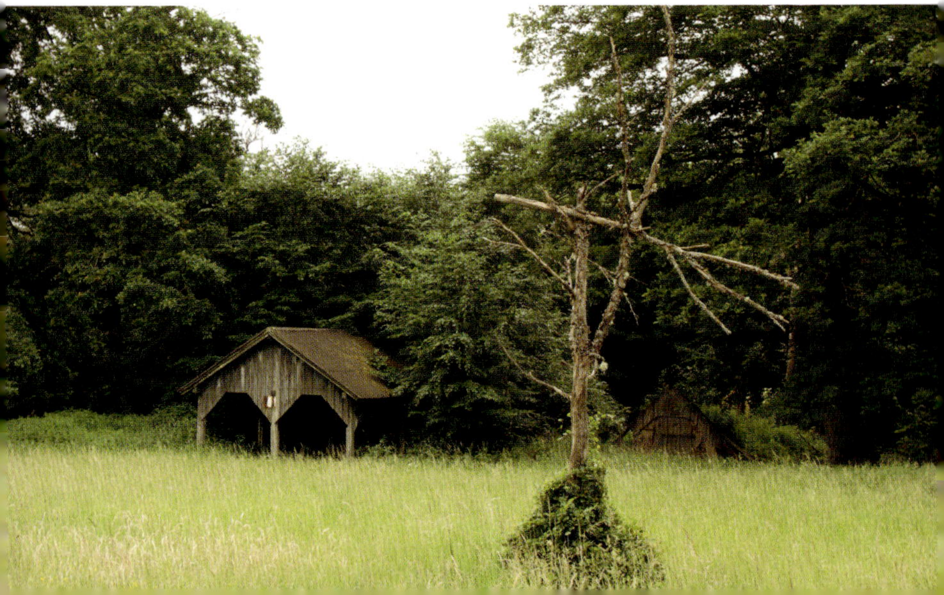

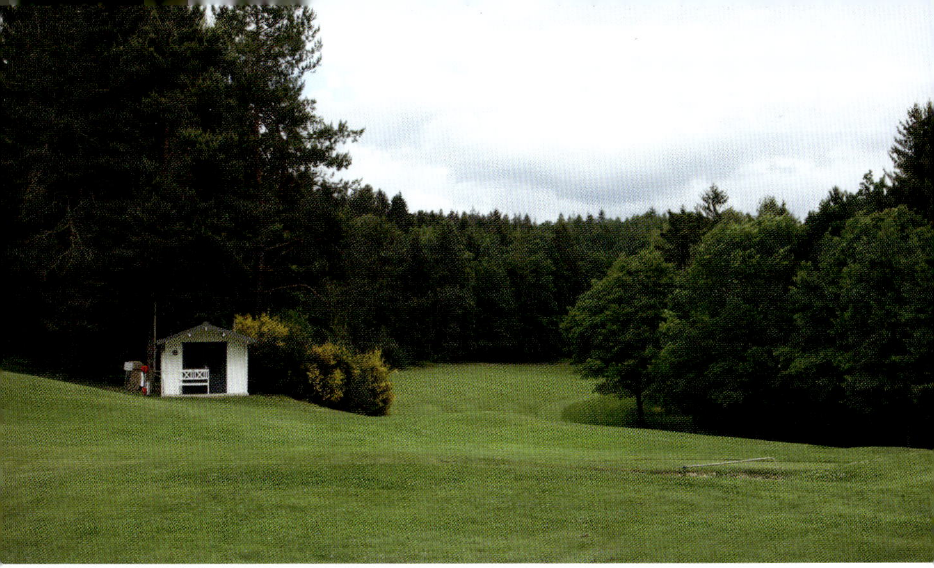

Weg über den Golfplatz

dern wir gleich links am Zaun entlang nach oben. An der nächsten T-Kreuzung geht's nach rechts und weiter bergauf. Wenn der Weg vor uns später scheinbar aufgelassen ist, umgehen wir dieses Hindernis, indem wir nach links abbiegen und den nächsten Weg nach rechts einschlagen. Bequem immer geradeaus kommen wir so später an eine Kreuzung mit einem schmalen Holztisch, an dem vorbei es zu einem Wildzaun mit Überstieg geht. Die Wildschweine lassen wir damit hinter uns und wandern weiter geradeaus leicht bergab. Unterwegs kommen wir an einem ehemaligen kleinen Steinbruch vorbei. Hier kann man kurz einen Abstecher in den nach links führenden Weg machen und hat dann, je nach Jahreszeit, eine überraschende Fernsicht. Dann, weiter geradeaus, führt uns unser Weg oberhalb des Golfplatzes entlang. Achtung, fast am Ende quert unser Weg nun den Platz, und man muss sich vor von rechts kommenden Golfbällen in Acht nehmen ❾, wovor aber ein Schild rechtzeitig warnt. Sobald wir die Straße erreichen, nur noch nach links abbiegen, und schnell ist der Ausgangspunkt wieder erreicht.

Bemerkenswert

Hammermühle: Bereits Ende des 14. Jahrhunderts existierte hier am Otterbach eine Hammer- und Holzmühle. Später wurde mit Wasserkraftunterstützung eine Schmiede betrieben, danach auch eine Getreidemühle. Seit Beginn des 20. Jahrhunderts trug neben der Landwirtschaft auch der Betrieb einer Gaststätte zum Lebensunterhalt bei.

Thiergarten: Der Name kommt nicht etwa von den „Tieren", sondern von dem Hof „Thürgarten", der 1600 erstmals erwähnt wurde. Heute ist dies ein Ortsteil von Altenthann, liegt aber ein gutes Stück davon entfernt an der Staatsstraße 2145. Der 2800 ha große Fürstliche Thiergarten wurde 1813 als Jagdgebiet seiner Besitzer, der Familie Thurn und Taxis, angelegt und eingezäunt, wodurch er als großes Waldgebiet erhalten geblieben ist. Bis heute finden Jagden auf Hirsche und Wildschweine statt. Letztere begegnen einem auch gelegentlich.

ALTENTHANN

Von der Sonnenterrasse zum Otterbach

TOUR 18

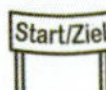

Platz vor dem Alten Pfarrhof, Ringstraße 5, 93177 Altenthann

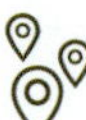

Alter Pfarrhof – Kapelle St. Ägidius – Drei Martern – Wildfütterung – Alter Pfarrhof

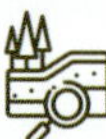

Die hügelige Landschaft des Falkensteiner Vorwalds rund um das hoch gelegene Altenthann und das Otterbachtal ist eine besonders reizvolle Gegend. Längerer, aber gemäßigter Anstieg auf bequemem Weg zu den Drei Martern.

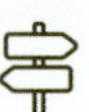

Rotes Dreieck, Ritter, T7, grünes Dreieck, teilweise unmarkiert

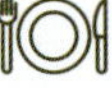

Unterwegs keine.
In der Nähe:

Waldgaststätte Otterbachtal/Koreawirt
Bruckhaus 1, 93177 Altenthann

 Foto: Altenthann

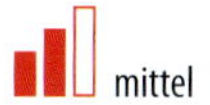 mittel

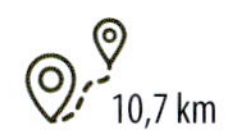 10,7 km

215 Hm

 3:00 h

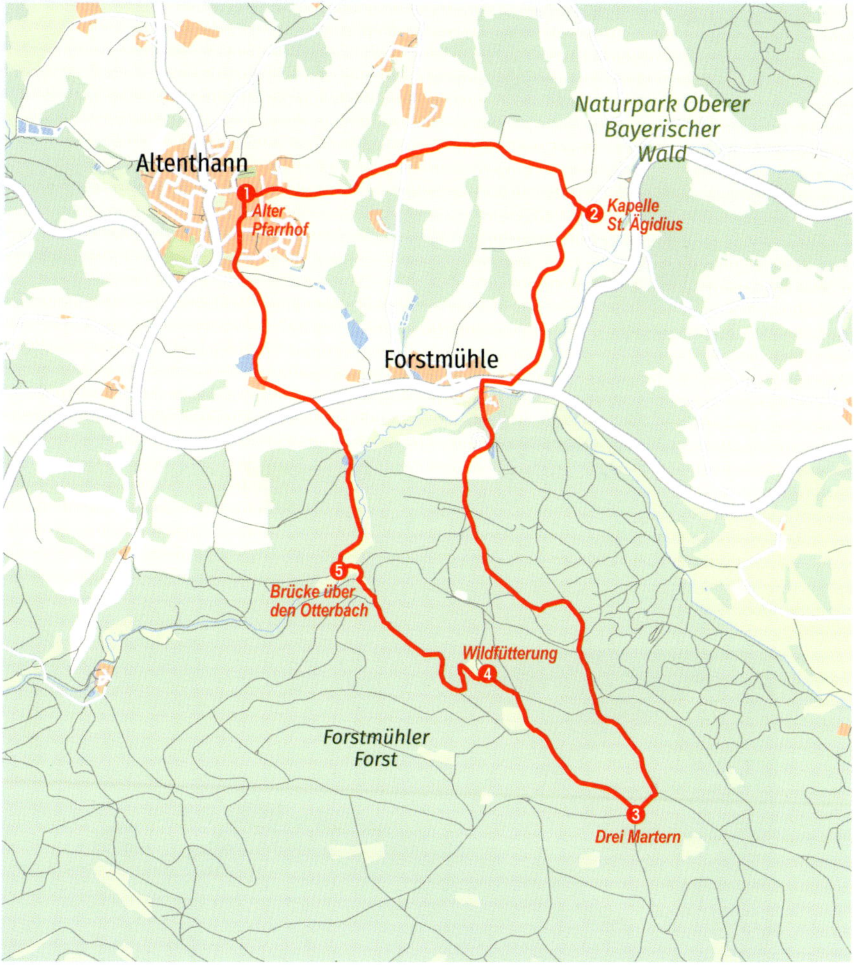

Naturpark Oberer Bayerischer Wald

Altenthann

1 Alter Pfarrhof

2 Kapelle St. Ägidius

Forstmühle

5 Brücke über den Otterbach

4 Wildfütterung

Forstmühler Forst

3 Drei Martern

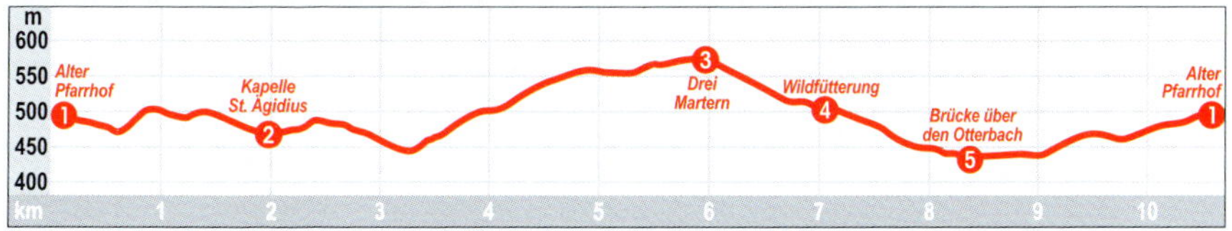

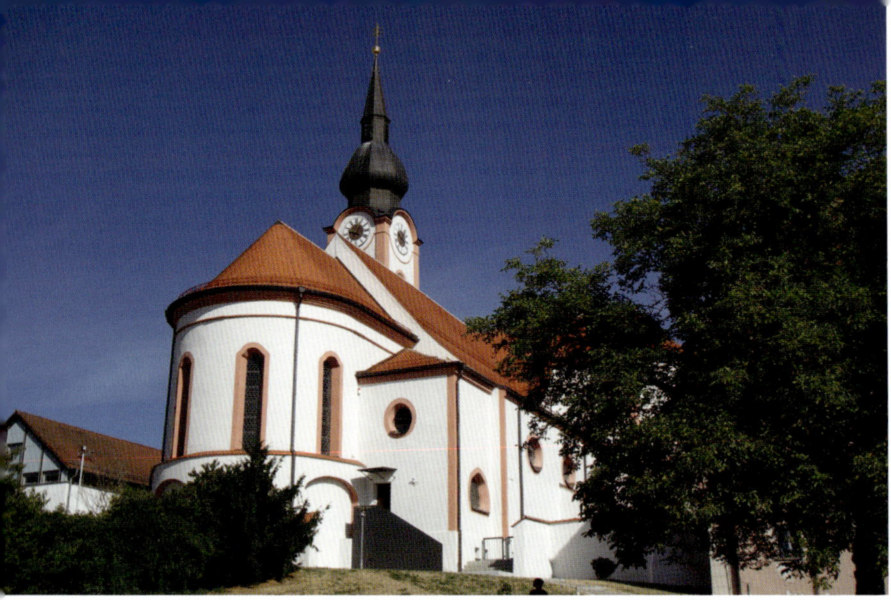

Pfarrkirche Altenthann

Wir starten am Alten Pfarrhof ❶, gehen zunächst den Angerweg entlang nach Osten und folgen jetzt länger dem roten Dreieck und dem Rittersymbol. Das bedeutet, dass wir nach dem Haus Röhrenweg 3 rechts in den Feldweg abbiegen (der Ritter befindet sich an der rechten Scheune), zwischendrin mal die Kreisstraße überqueren und an der kleinen Kapelle dort vorbeigehen.

Richtung Gottesberg

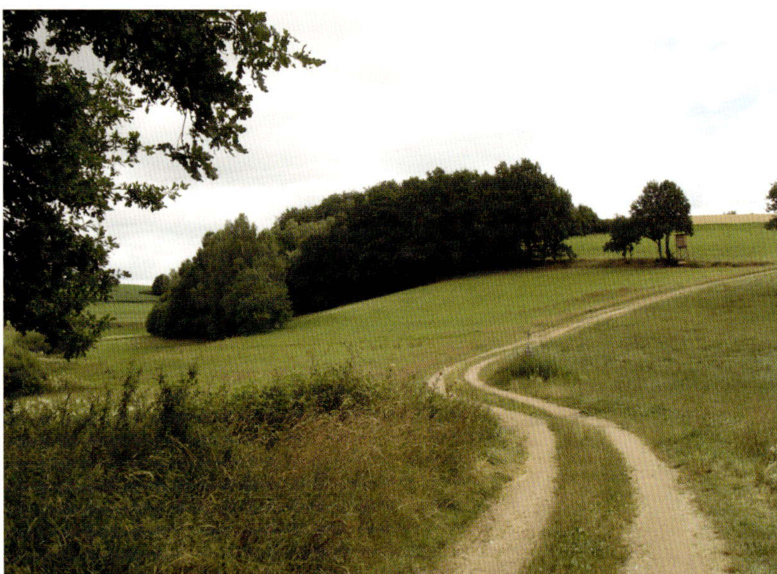

Auf der Anhöhe danach findet man eine schön gelegene und von Birken eingerahmte Bank und ein großes Kreuz. Wenn man von hier nach Osten blickt, kann man auf dem Hügel in der laublosen Zeit den Turm der Burgruine Siegenstein entdecken.

Schnell gelangen wir jetzt, am Bauernhof vorbei, zur Kapelle St. Ägidius in Schönfeld ❷, die schon wegen ihres außergewöhnlichen Aussehens länger und rundum betrachtet werden will. Wenn wir dann aber weiter möchten, gehen wir wieder zum Haus mit der Nummer 2 zurück, denn gegenüber führt unsere Route an der Kastanie vorbei (von der Kirche kommend) nach links weg. Beim Mast der Überlandleitung biegen wir in den Feldweg nach links ab. Oben auf der Höhe bitte umschauen zur Kirche und die beiden großen Hö-

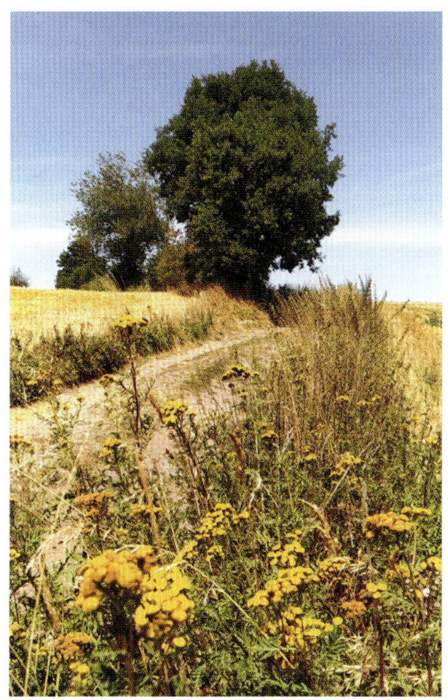

Sommerstimmung mit Rainfarn

Kapelle St. Ägidius in Schönfeld

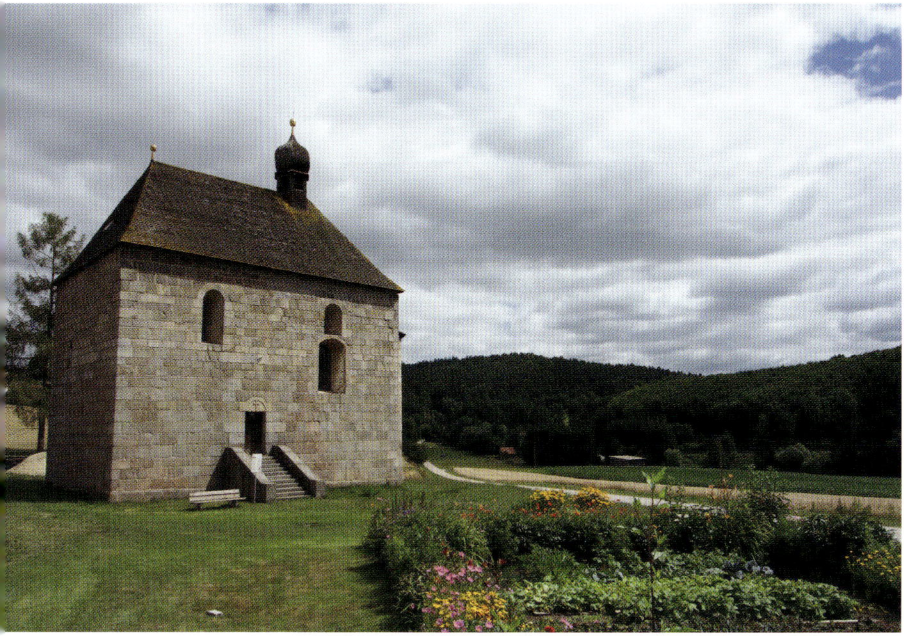

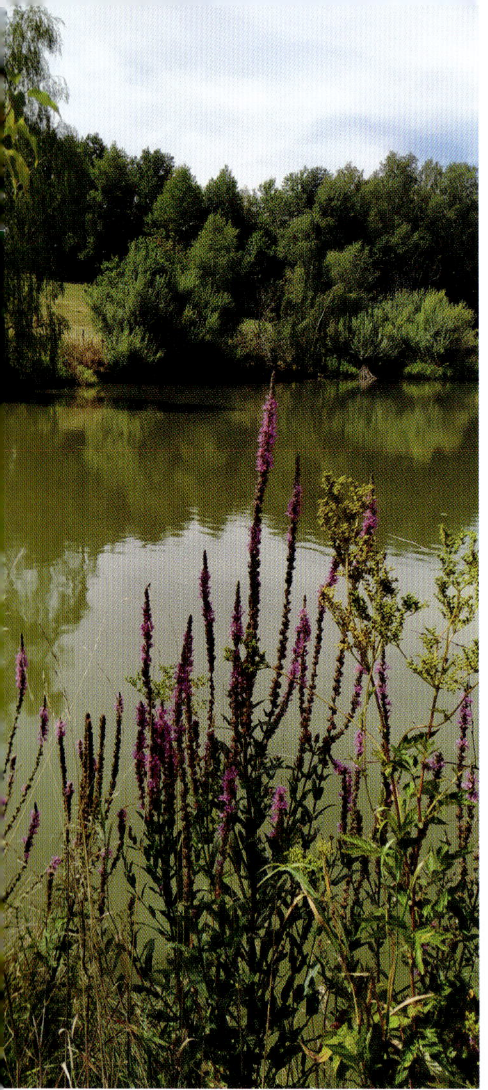

Teich in Weiherhaus

fe nicht vergessen! Dass dies der alte Verbindungsweg nach Forstmühle war, zeigt das kleine, von zwei Linden eingerahmte und Maria gewidmete Heiligenhäuschen, an dem wir unterwegs vorbeikommen.

Nur wenig später wandern wir schon zwischen den Koppeln des Reiterhofes in den Ort Forstmühle. Dort an der Straße biegen wir nach rechts ab, aber schon bei der Hausnummer 5 überqueren wir zunächst die Straße und, vorbei am alten Feuerwehrhaus, über eine kleine Brücke auch den Otterbach. Nun geht es auf breitem Weg geradeaus weiter, zwischenzeitlich rechts an einem Weiher vorbei, wobei wir uns jetzt auf dem T7 befinden (mit „T" werden die Markierungen im Thiergarten bezeichnet). Bald bietet sich uns ein ausgesprochen schöner Panoramablick auf das malerisch am Hügel gelegene Altenthann, und neben der Kirche ist sogar der alte Pfarrhof zu erkennen. Geradewegs führt unser Weg jetzt in den Wald, wo schon nach kurzer Zeit an einer Weggabelung mit einem „Einfahrt verboten"-Verkehrszeichen rechts an einer Fichte die Beschilderung T7 und unser nächstes Ziel, die Drei Martern, auf einer Tafel zu finden sind.

Wir gehen nun durch einen hohen und lichten Forst immer moderat bergan und gelangen so unkompliziert zu einer großen Kreuzung, von der sechs Wege abgehen.

Jetzt sind wir an den Drei Martern ❸ (= Marterln) angekommen, die wir kurz nach der Kreuzung links am Waldrand entdecken. Unsere weitere Route nimmt den ersten Weg, der von unserem nach rechts und abwärts führt. An der nächsten Abzweigung gehen wir wieder rechts und sehen schon hinter der nächsten Kurve ein ausgesprochen pittoreskes Häuschen bei einer Wildfütterung ❹. Nach dem Haus zweigen wir links ab, gehen also unterhalb der Wiese und bei der Scheune in einer Linkskurve in den Wald hinein. Nach kurzer Zeit treffen wir auf einen breiteren Weg und folgen diesem nach rechts weiter bergab, bis wir auf ein Wildgatter treffen, neben dem aber ein sehr bequemer Übersteig dieses Hindernis leicht überwindet. Bald sind wir im Otterbachtal angekommen und biegen bei der nächsten Kreuzung, von der aus man schon an einer wenig entfernten, jedoch markanten alten Buche rechts das aufgemalte grüne Dreieck erkennen kann, nach rechts ab und an diesem Baum vorbei und folgen nun eigentlich immer dieser Markierung. Das bedeutet, dass wir zunächst auf einem kleinen Brücklein den Otterbach ❺ überqueren und danach gleich nach rechts über die Wiese (manchmal ist dies nur ein schmaler Pfad) Richtung Waldrand gehen. Entlang des Otterbachs wandern wir nun auf einem schönen Waldweg wieder Richtung Altenthann. Zwischendrin passieren wir einen Fischweiher, die Straße, ein Marterl, die Häuser und den Teich von Weiherhaus, eine Bank und ein großes Kreuz am Ortseingang.

Bemerkenswert

Alter Pfarrhof Altenthann: Erstmals wurde an dieser Stelle Ende des 11. Jahrhunderts eine Burg erwähnt, der Ort dann hundert Jahre später. Im Laufe der Jahrhunderte durchlief das Gebäude mehrere Besitzerwechsel und Umbauten; so kann man seit Ende des 16. Jahrhunderts davon ausgehen, dass sich ein Hofmarkschloss an dieser Stelle befand, das allerdings 200 Jahre später abbrannte. Einige Jahre später wurde dort der heute noch existierende, denkmalgeschützte ehemalige Pfarrhof errichtet. Das Gelände ist von einer Mauer umgeben, durch die ein schönes Tor mit Dreiecksgiebel führt, und ist frei zugänglich. Im Inneren des Gebäudes befindet sich noch die bemerkenswerte Hauskapelle, die etwa bei Ausstellungen besichtigt werden kann.

Kapelle St. Ägidius in Schönfeld: Die auffällige, weil sehr ungewöhnliche und große Granitkirche gehört zu den am besten erhaltenen in der Oberpfalz. Seit ihrer Erbauung in der Spätromanik um 1160/70 blieb sie nahezu unverändert erhalten. Die ungewöhnliche Dicke der Mauern und die Verblendung mit großen Granitquadern, ebenso ein Keller, lassen die Vermutung zu, dass es sich um eine Wehrkirche gehandelt hatte. Die Kirche gehörte zu einem befestigten Gutshof, einem Ansitz. Wer genau und auf allen Seiten sucht, findet auch die Steinmetzzeichen in den Mauersteinen.

Drei Martern: Es handelt sich hier um drei hölzerne Bildstöcke, also Marterln, mit Bildern hinter Glas. Auf dem rechten und linken sind je zwei Engelsgesichter mit Flügeln abgebildet, auf dem mittleren ein röhrender Hirsch, im Himmel darüber das Kreuz im Strahlenkranz. Die Geschichte von dem Hirschen, in dessen Geweih ein heiliges Symbol erscheint und den Jäger zur Einsicht und Umkehr veranlasst, ist ein uraltes Motiv, das sich bis nach Indien und sogar Mesopotamien zurückverfolgen lässt. Diese sogenannte Wanderlegende wurde für die Heiligen Eustachius (gest. um das Jahr 118) und Hubertus (gest. im Jahr 727) übernommen. Sie soll Ansporn zur Mäßigung und waidgerechten Jagd geben oder allgemein daran erinnern, dass die Starken die Schwachen nicht ausbeuten dürfen.

Im Otterbachtal

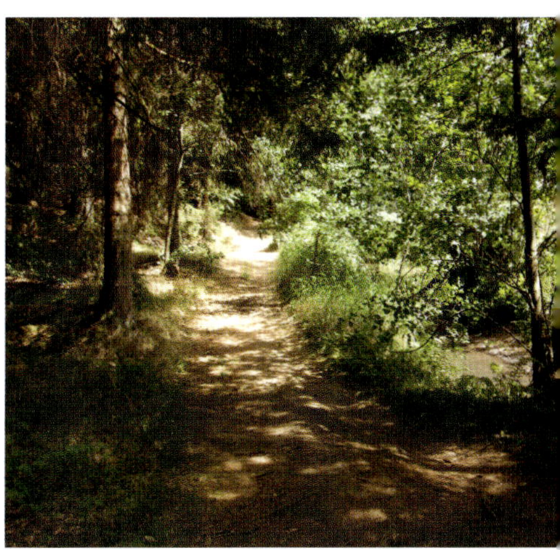

FUSSENBERG

Romantische Tour durchs Gambachtal nach Hauzenstein

TOUR
19

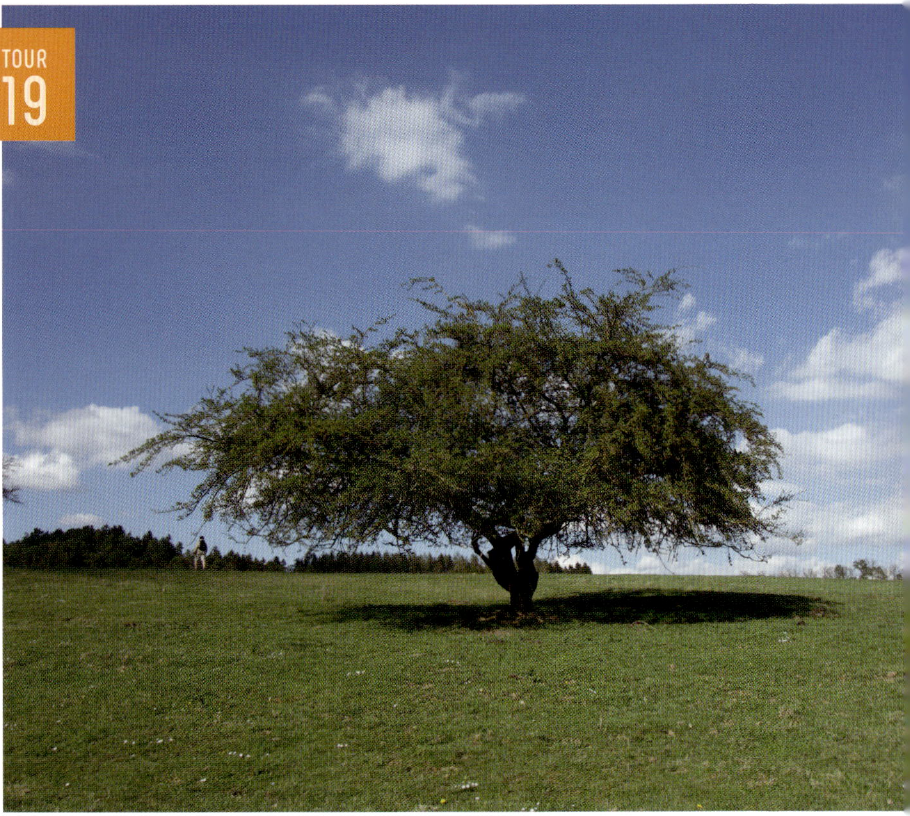

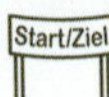

Am Weiherdamm, 93173 Wenzenbach, Fußenberg

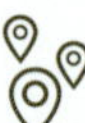

Am Weiherdamm – Schloss Hauzenstein – Holzkreuz – Grube – Wegspinne - Hesperidengarten – Kapelle

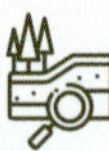

Eine abwechslungsreiche und idyllische Wanderung. Besonders im Frühjahr blühen hier ungewöhnlich viele verschiedene Blumen. Auf dem Rückweg finden Schwarzbeerpflücker im Sommer reiche Vorkommen.

Achtung: Die extensive Kuh-Haltung des Gutes Hauzenstein bringt es mit sich, dass unterwegs möglicherweise über eine durch Elektrozaun gesicherte Weide gegangen werden muss. Dies erfolgt auf eigene Gefahr.

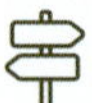

Grünes Dreieck, teilweise unmarkiert

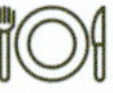

Gaststätte Gambachtal
Weihermühlweg 16, 93173 Wenzenbach

 Foto: Weißdorn inmitten der Weide

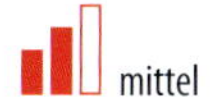 mittel

 11,1 km

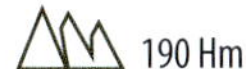 190 Hm

 3:15 h

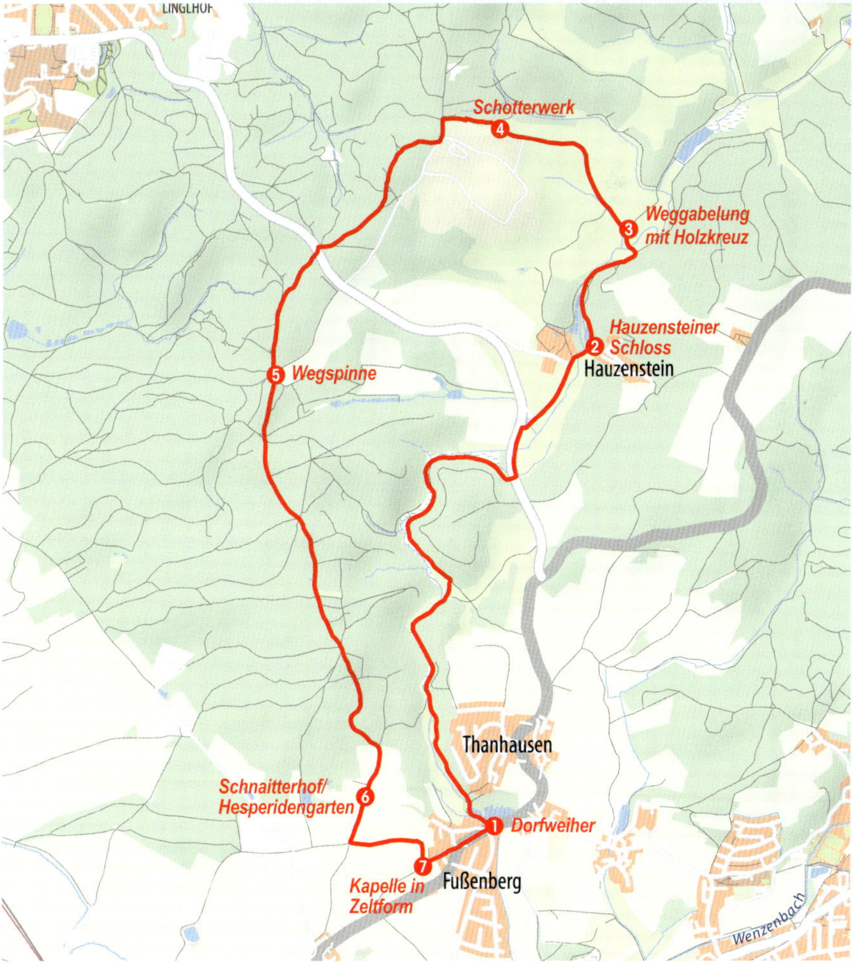

LINGLHOF
Schotterwerk
4
3 Weggabelung mit Holzkreuz
2 Hauzensteiner Schloss
Hauzenstein
5 Wegspinne
Thanhausen
6 Schnaitterhof/ Hesperidengarten
1 Dorfweiher
7 Kapelle in Zeltform
Fußenberg
Wenzenbach

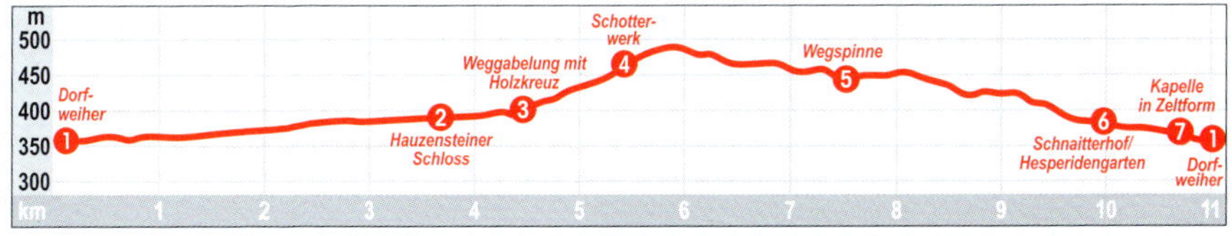

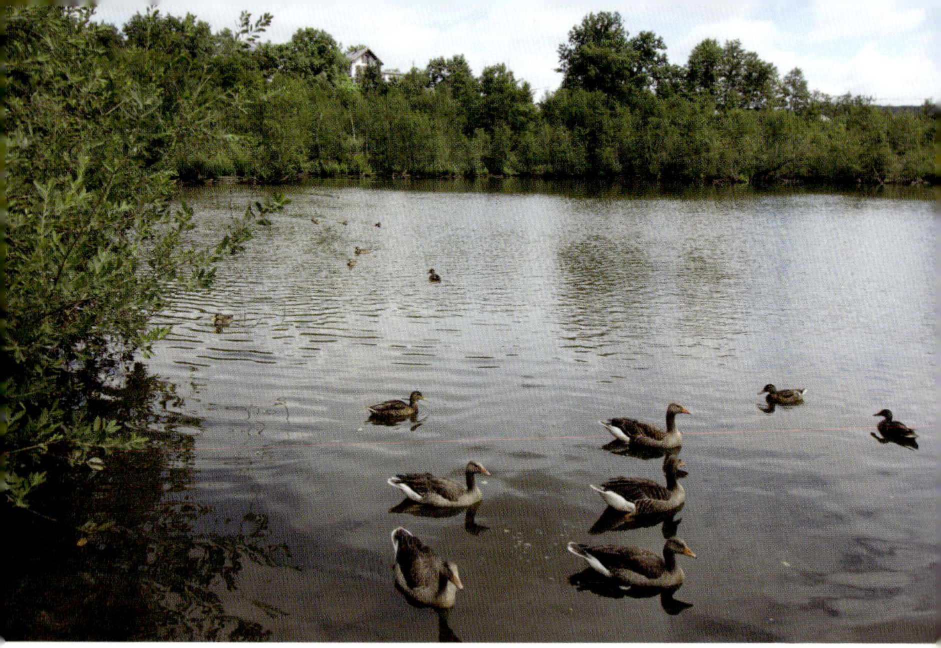

Weiher in Fußenberg

Wir wandern am Ufer ❶ des Weihers entlang und kommen nach kurzer Zeit an einem weiträumigen Spielplatz vorbei. Danach gehen wir schräg links über die Wiese zum Waldrand und dort entlang eines schmalen Pfades Richtung Wald, wo schon bald der Gambach unseren romantischen Weg lange begleiten wird. Wenn dieser auf einen Durchlass zu einer Weide trifft, überqueren wir sie, einem Trampelpfad folgend, Richtung Wald, wo wir uns nach links wenden und uns dann schnell wieder direkt neben dem Gambach befinden.

Entlang des Gambachs

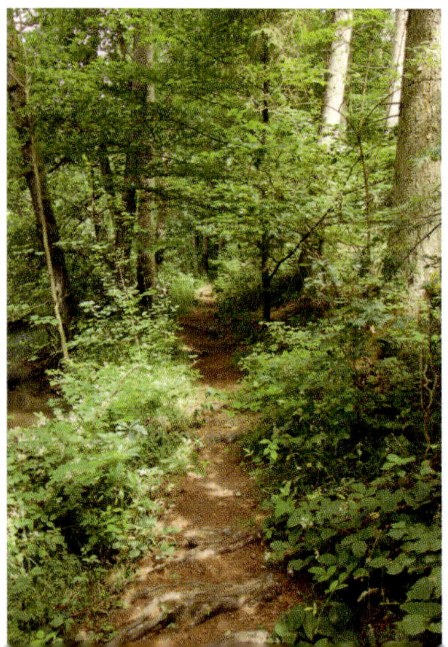

Am Rand der Kreisstraße R21 geht's dann kurz nach links, bis wir bei der ersten Möglichkeit nach rechts abbiegen. Jetzt erreichen wir eine Allee mit mächtigen Bäumen, die uns nach Hauzenstein geleitet, vorbei auch an der Kapelle mit dem gräflichen Wappen, dann über das kleine, von einem steinernen Nepomuk beschützte Brücklein. Vor uns liegt nun das malerische Ensemble aus rotem ehemaligem Gesindehaus, gelbem Verwalterhaus mit Schopfwalmdach und Geweih an der Fassade und Hauzensteiner Schloss ❷. Vor dem roten Haus (Schlossstraße 1) biegen wir links ab auf den schmalen Pfad, der uns entlang der Weiher führt.

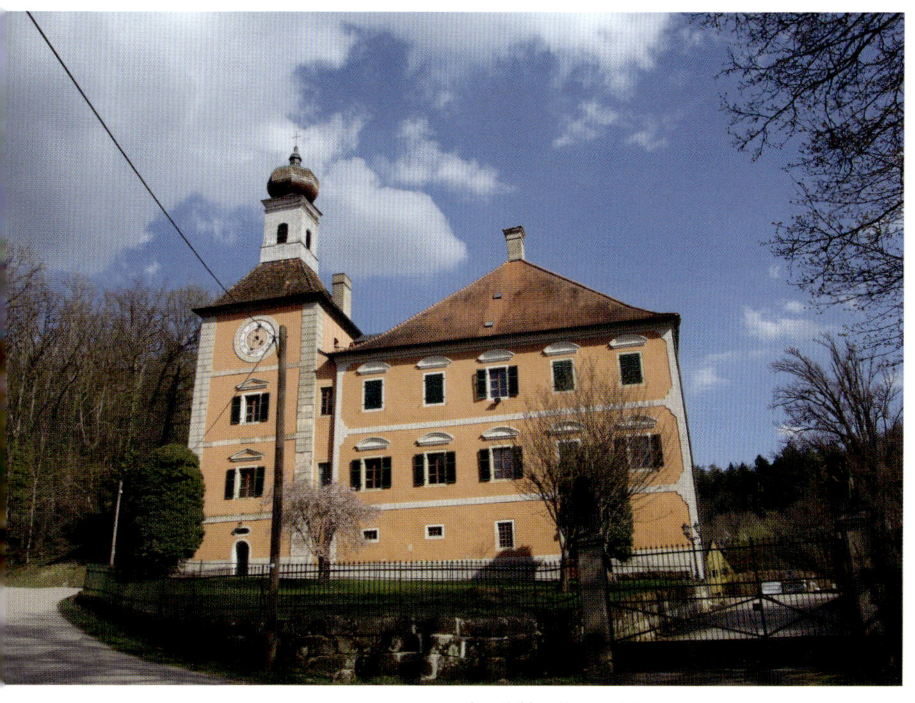

oben: Schloss Hauzenstein

links: Schmaler Pfad rechts der Teiche

Wenn wir, immer geradeaus, die unbefestigte Straße nach Löchl und Kürn erreichen, wandern wir auf ihr weiter, bis wir eine Weggabelung mit großem Holzkreuz erreichen ❸. Wir biegen hier nach links vom Hauptweg ab und gehen nun hügelaufwärts. Links von uns steht auf der Weide ein mittlerweile arg verfallenes Kleinhäusler-Wohnstallhaus, ein Imker hat dort seine Bienenstöcke platziert. Oben auf dem Hügel passieren wir einen fast verlandeten Tümpel, der den weidenden Kühen als Wasserstelle dient, und kommen, nach links gewandt, vorbei an riesigen uralten Birnbäumen. So gelangen wir zu einer eingezäunten Eichenneuanpflanzung, an der wir entlanggehen. Wenn sich unser Blick nach Nordosten wendet, erkennen wir in der Ferne den hochgelegenen Ort Kürn.

Weiter oben verlassen wir die Weide, gehen geradeaus weiter und kommen dann an der tiefen und weiträumigen Grube ❹ vorbei, die der Schotterabbau dort mittlerweile in die Natur getrieben hat. Wir nehmen nun rechts daneben, geradeaus über die schmale Böschung gehend, einen schmalen, zunächst zwischen Gräsern nicht leicht erkennbaren Pfad in den Wald hinein.

Bald führt dieser uns wieder am Rand der Grube entlang, bis wir auf eine Forststraße treffen. Hier biegen wir nach links ab und gehen weiter um die Grube herum, bis wir die Markierung grünes Dreieck finden, die uns den Weg rechts in den Wald hinein weist. Wir werden jetzt unbeirrt bis zum Ende der Tour immer dieser Markierung folgen! Hier wachsen – Achtung SammlerInnen – viele Schwarzbeersträucher, aber auch Walderdbeeren und Preiselbeeren.

Zwischendrin Obacht geben, denn unser breiter Wanderweg zweigt zwischenzeitlich kurz auf einen schmalen Pfad ab, der aber geradeaus weiterführt.

Wenn wir wieder die R21 erreichen, überqueren wir sie und folgen weiter dem grünen Dreieck, das auf der anderen Straßenseite etwas links zu sehen ist. Wir kommen durch einen hellen Kiefernwald. An einer Wegspinne ❺ angelangt, überqueren wir diese und gehen dann auf dem breiten Weg nach rechts.

Wenn wir den Forst wieder verlassen, können wir eventuell schon die Pferde und Esel sehen, die auf der Weide beim Schnaitterhof/Hesperidengarten ❻ grasen. Leider ist diese traumhafte Gartenanlage nicht mehr öffentlich zugänglich, aber ein Blick über den Zaun ist immerhin noch möglich. Nach einer Reihe von Kirschbäumen biegen wir

Weg oberhalb der Sandgrube

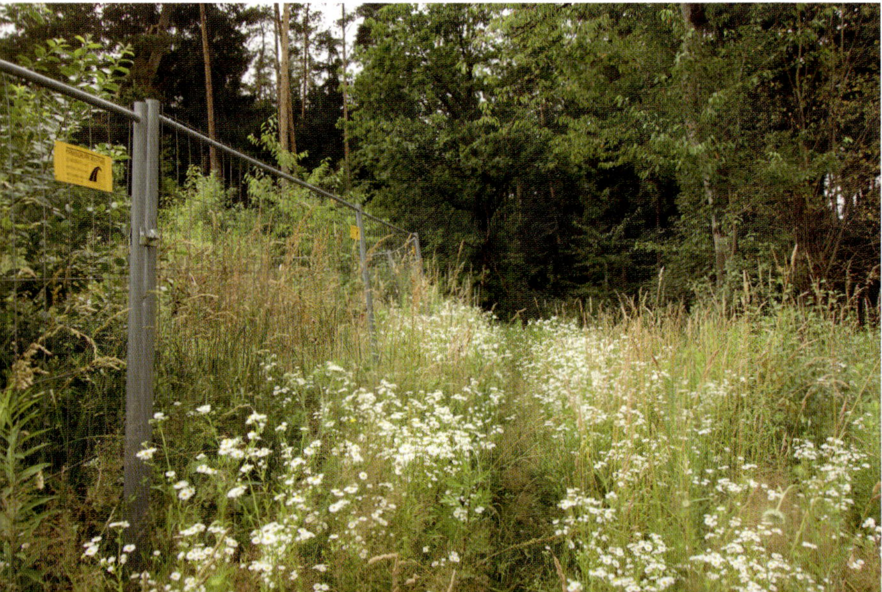

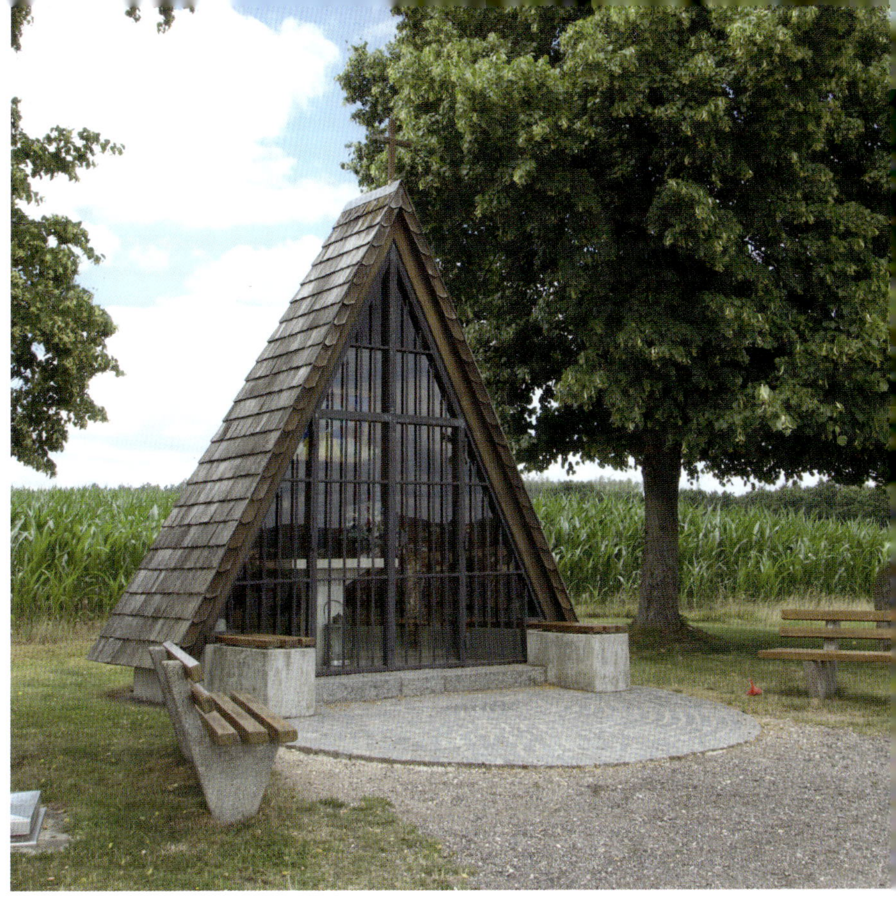

Kapelle St. Sebastian bei Fußenberg

nach links ab über die Felder und sehen jetzt schon die Häuser von Fußenberg. Bevor wir in den Ort kommen, fällt eine moderne Kapelle in Zeltform ❼ mit zwei Bänken ins Auge. Danach geht's noch kurz durch den Ort, und an der Hauptstraße entlang erreichen wir nach kurzer Zeit unseren Ausgangspunkt am Weiher.

Bemerkenswert

Ort und Schloss Hauzenstein: Beides wurde nach Hermann Hauzendorfer benannt, dem Besitzer der ersten Burg, die erst Ende des 14. Jahrhunderts erbaut worden war. Das heutige Schloss wurde Ende des 17. Jh. mit den Resten der alten, im Dreißigjährigen Krieg zerstörten Burg errichtet. Seit 200 Jahren befindet es sich im Besitz der Familie der Grafen Walderdorff, die 1915 den Seitentrakt hinzufügen ließ. Das Gebäude steht heute unter Denkmalschutz. Das dazugehörige Gut Hauzenstein wird seit 1998 ökologisch bewirtschaftet (Demeter-Betrieb).

Kapelle St. Sebastian: Der Schützenverein Gambachtal errichtete 1993 anlässlich des 40. Vereinsjubiläums in Eigenregie die Kapelle St. Sebastian Am Fußenbühl in Fußenberg. Ein Gedenkstein erinnert dort an diese Gemeinschaftsleistung.

ABBACHHOF

Das Denkmal im Hühnerhof

TOUR 20

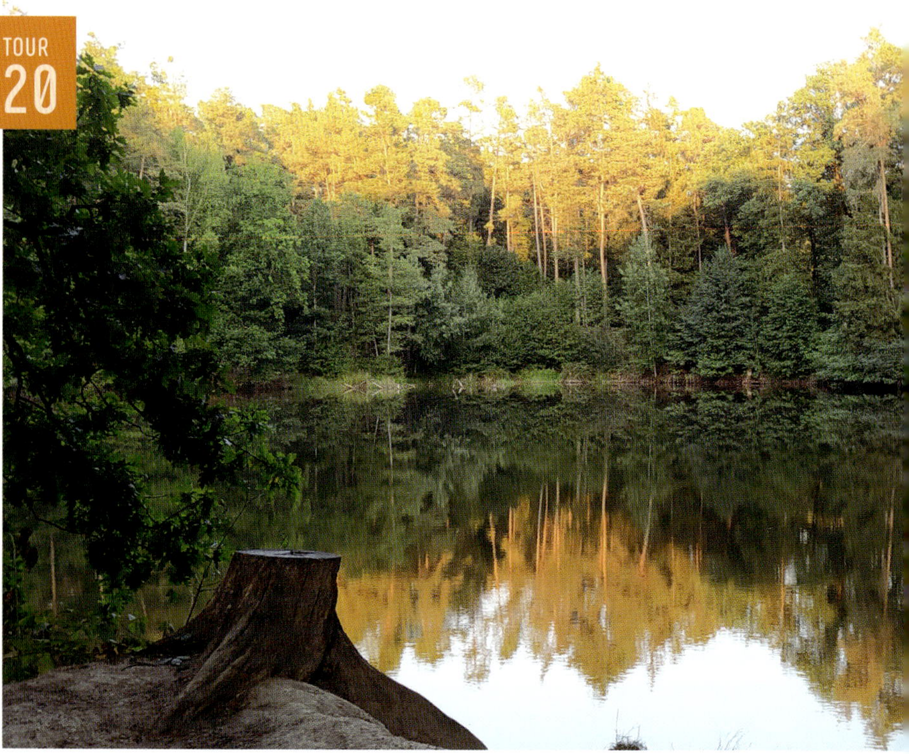

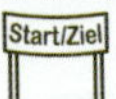

„Hesperidengarten",
Schnaitterhof 1, 93173 Wenzenbach

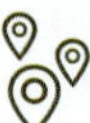

Schnaitterhof – Wegspinne – Gilgenweiher – Kirchenruine Abbachhof – Schnaitterhof

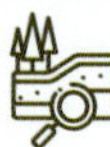

Eine nette Wanderung durch und am Rand von Kiefern- und Fichtenwäldern, vorbei an einigen Weihern, darunter auch ein ehemals bekannter und beliebter Badesee mitten im Wald, und einer romanischen Kirchenruine; einfach zu bewältigen, nur ein längerer Aufstieg nach dem Abbachhof.

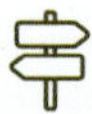

Grünes Dreieck,
teilweise unmarkiert

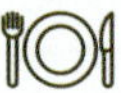

Unterwegs keine.
In der Nähe:

Ebner's Bioküche
Böhmerwaldstr. 12A,
93173 Wenzenbach/ Gonnersdorf

Hofladen Kirsch
mit (Roh-)Milchtankstelle
Jägerstraße 1,
93173 Wenzenbach/Gonnersdorf

Fischerei & Räucherei Mißlbeck
Abbachhof 2, 93173 Wenzenbach

Foto: Weiher bei Abbachhof 2

ABBACHHOF – TOUR 20

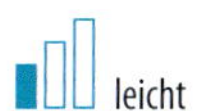 leicht

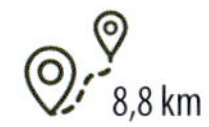 8,8 km

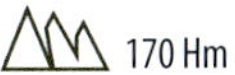 170 Hm

 2:30 h

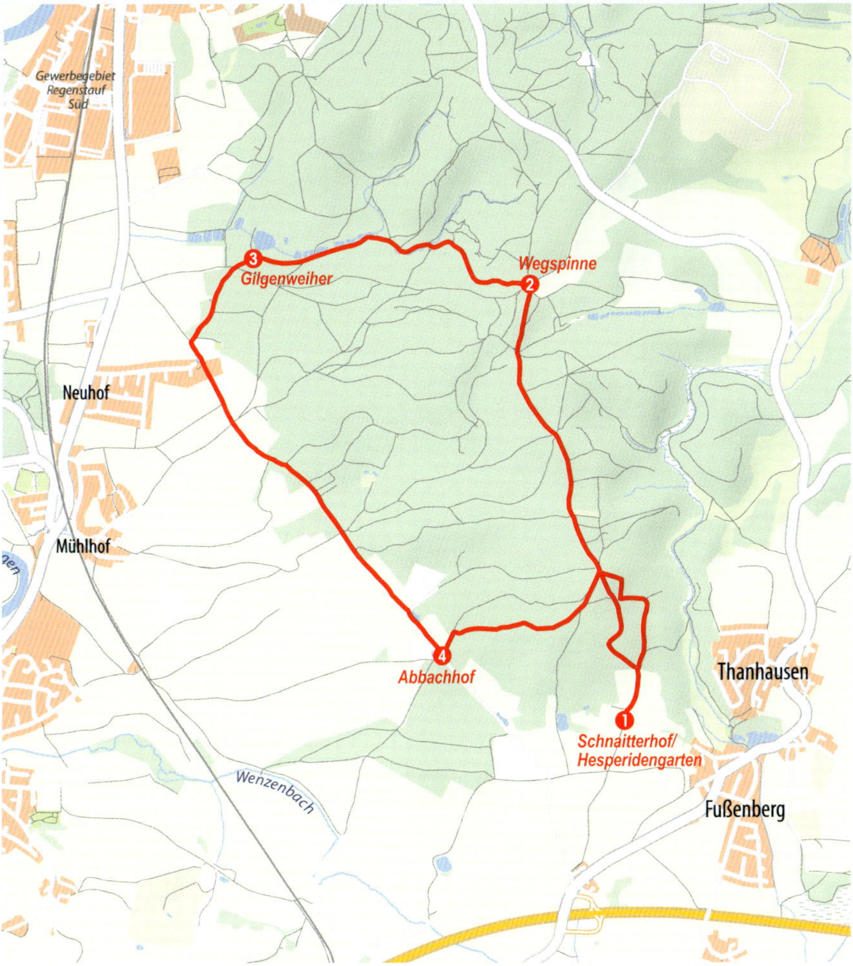

Gewerbegebiet Regenstauf Süd
Neuhof
Mühlhof
Gilgenweiher
Wegspinne
Abbachhof
Schnaitterhof/ Hesperidengarten
Thanhausen
Fußenberg
Wenzenbach

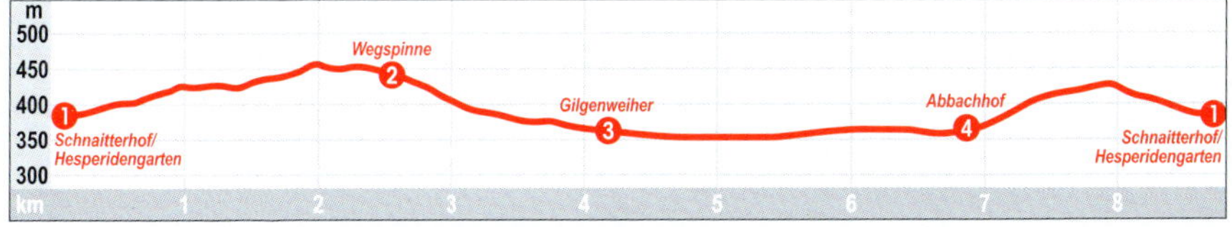

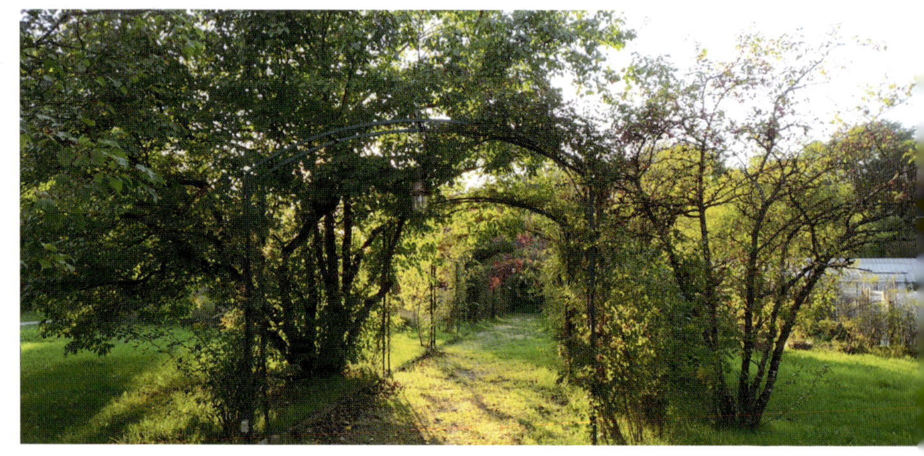

Blick in den Hesperidengarten

Vom Parkplatz vor dem Schnaitterhof ❶ aus gehen wir Richtung Waldrand, und dort biegen wir nach rechts in den Wald hinein. Kurz bevor wir danach den breiten Forstweg erreichen würden, führt uns unsere weitere Route wieder nach rechts in einen zwar breiten, aber grasigen Weg. Bei der nächsten Möglichkeit geht es darauf nach links in einen ziemlich engen Pfad, der uns jetzt doch zum Forstweg (grünes Dreieck) bringt, in den wir rechts abbiegen. Durch lichten Kiefernwald mit Heide und Schwarzbeersträuchern geht es nun bis zu einer Wegspinne ❷. Dort geht es vor der Bauminsel nach links, am dort angebrachten grünen Dreieck vorbei. Danach biegen zwei breite Wege nach rechts und links ab, und geradeaus dazwischen führt ein schmaler Weg – nämlich unserer – bergab.

Neben diesem schönen Weg befinden sich größere und teilweise mit Moos bewachsene Granitblöcke, später fließt rechts von uns ein kleiner Bach, den wir dann auch bald überqueren, um dann nach links abzubiegen und immer geradeaus weiterzugehen.

Nach einiger Zeit begleiten uns auf der rechten Seite mehrere aneinandergereihte aufgelassene und verlandete ehemalige Fischweiher, denen sich drei kleine gepflegte und bewirtschaftete Teiche anschließen. Den Abschluss bildet dann der

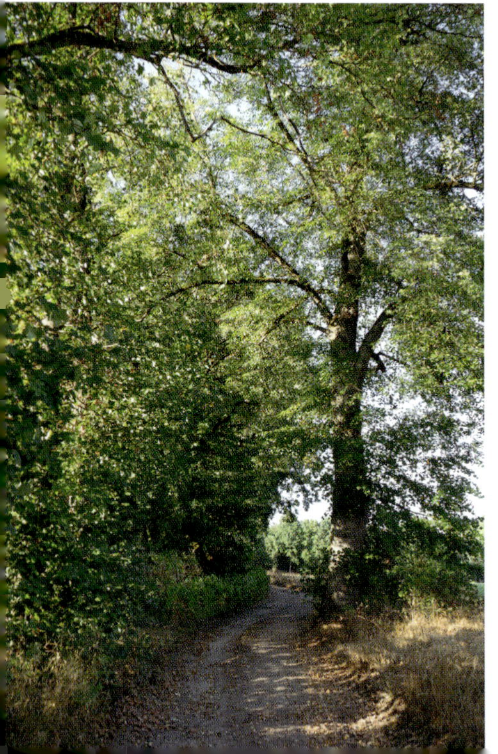

Hier geht es los.

größere, von Wald umgebene, aber sonnige Gilgenweiher ❸, der sich etwa 30 m hinter den Bäumen rechts des Weges befindet, und zu dem nach dem Weiher auch ein breiter Weg bequem hinführt. Ein Abstecher dorthin ist wirklich lohnend, und wer sich nicht an der braunen Wasserfarbe stört, kann auch drin schwimmen. Früher war dies nämlich ein beliebter Badeplatz, sogar für die Regensburger, damals allerdings noch unter dem Namen Adlerweiher.

Weiher bei Abbachhof

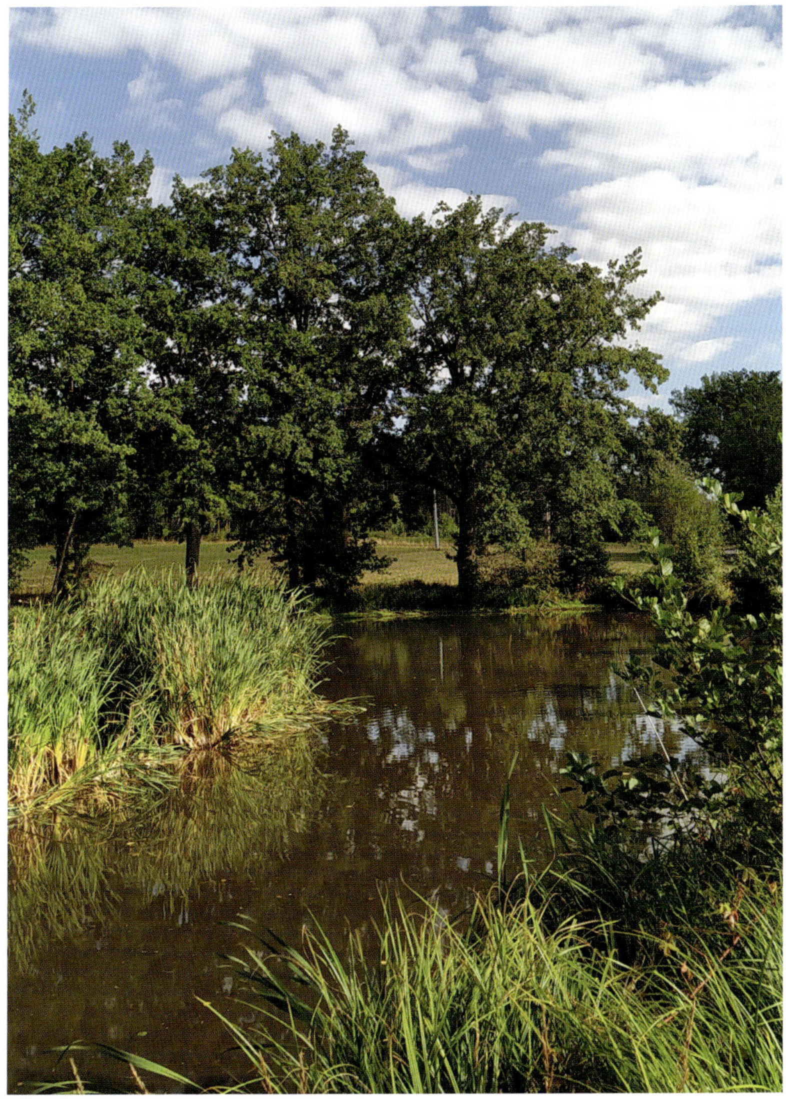

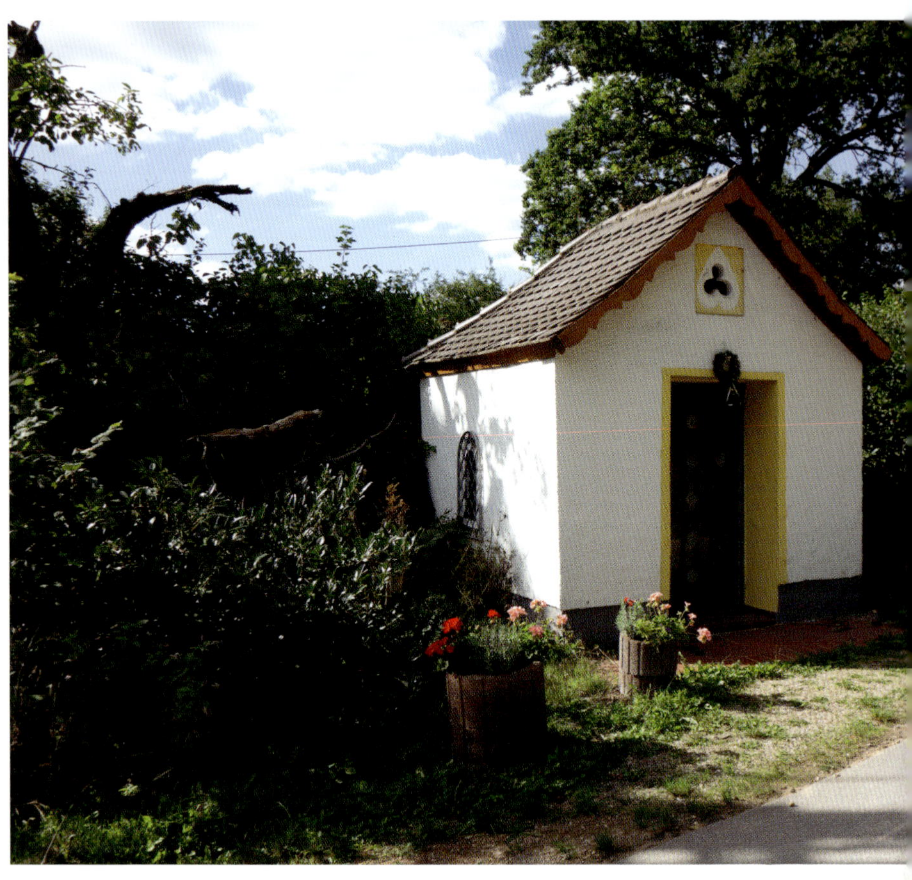

Marienkapelle bei Abbachhof

Danach setzen wir unseren Weg fort, und bei der nächsten Gabelung nehmen wir die linke Abzweigung. Wenn wir aus dem Forst herauskommen, wandern wir zunächst entlang der Koppel des Reiterhofs, der uns auch die Richtung vorgibt, denn wir gehen nach links weiter und an ihm vorbei. Die nächste breite Kreuzung überqueren wir oder rasten zwischendrin auf der rustikalen Bank, die sich hier anbietet. Weiter geht's immer geradeaus, zunächst wieder in den Wald hinein, dann am Waldrand entlang. Links passieren wir die Fischzucht Mißlbeck mit ein paar Teichen und sehen rechts vielleicht zunächst ein paar Pferde auf der Koppel und anschließend die Hühner des Abbachhofes. In ihrem Gehege fristet eine uralte ehemalige Kirche ❹ ein trauriges und unsaniertes Dasein. Gehen Sie einmal um die Ecke und schauen Sie von Süden durch die Spalten des Holztores, um die Kirche von ihrer interessanteren Eingangsseite zu sehen. Es schließt sich die kleine Marienkapelle an der Straße an. Ihr gegenüber laden zwei Bänke zum besinnlichen Verweilen ein. Vor diesen Bänken geht unser Weg nach links weiter Richtung Wald und dann hinein, und wir schlagen den rechten Pfad ein.

Es geht nun längere Zeit wieder durch den lichten Kiefernwald bergan. Auf diesem Weg bleiben wir jetzt auch und gehen geradeaus, bis wir den Forstweg an genau dem Punkt erreichen, wo wir beim Hinweg von der gegenüberliegenden Stelle kommend auch eingebogen sind (dann aber in die andere Richtung). Hier einmal noch rechts abbiegen, und bald sind wir (grünes Dreieck) wieder am Ausgangspunkt.

Bemerkenswert

Schnaitterhof: Im Besitz des Grafen von Walderdorff befindliches und verpachtetes, 400 Jahre altes und saniertes Gebäude, das früher ein Posthof auf der Route von Regensburg nach Böhmen war. Bekannt geworden unter dem Namen Hesperidengarten, beherbergte die Anlage etliche Jahre eine Gärtnerei und Gastronomie.

Abbachhof Kirchenruine: Innerhalb des Hofes, inmitten von Hühnern und Pfauen, steht neben der Straße eine denkmalgeschützte einschiffige romanische Rest-Kirche (die Apsis wurde abgerissen) in der Art der Hauskapellen des 11. und 12. Jahrhunderts. Der Bau aus Sandsteinquadern mit dem Eingang auf der Südseite wurde nach der Säkularisierung 1803 in ein Lagerhaus umgewandelt. Die sanierte Kreuzhofkapelle in der Nähe des Osthafens in Regensburg sieht fast genauso aus. Außerhalb des Hofes befindet sich eine Marienkapelle mit geschnitzter Muttergottes.

Kirchenruine im Abbachhof

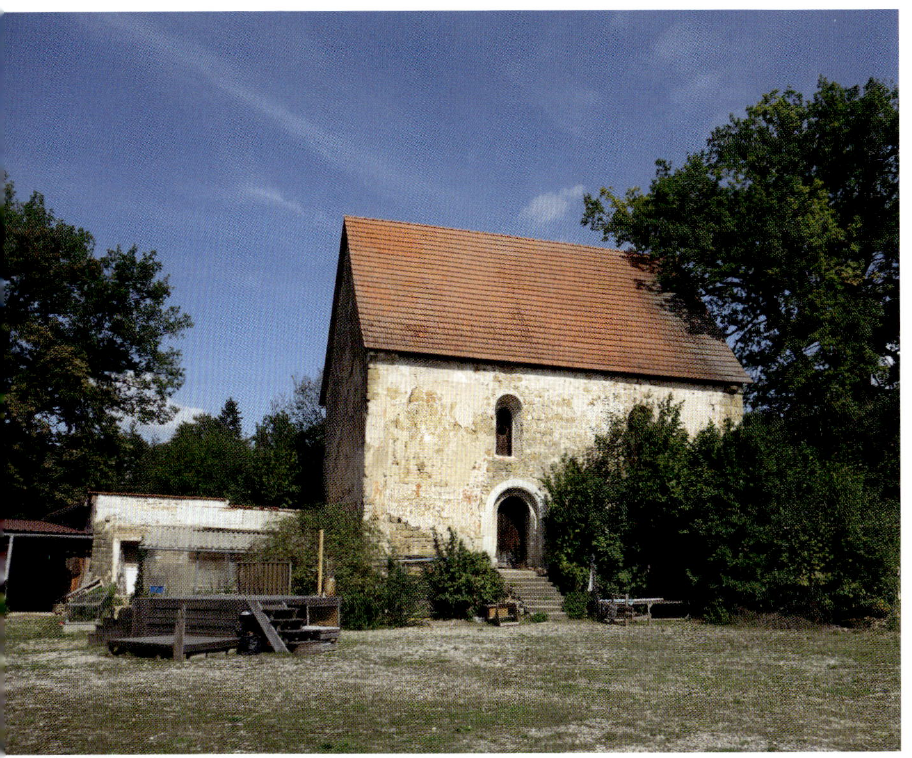

GIBACHT

Traumhafte Weitblicke und mystische Felsen über dem Regental

TOUR 21

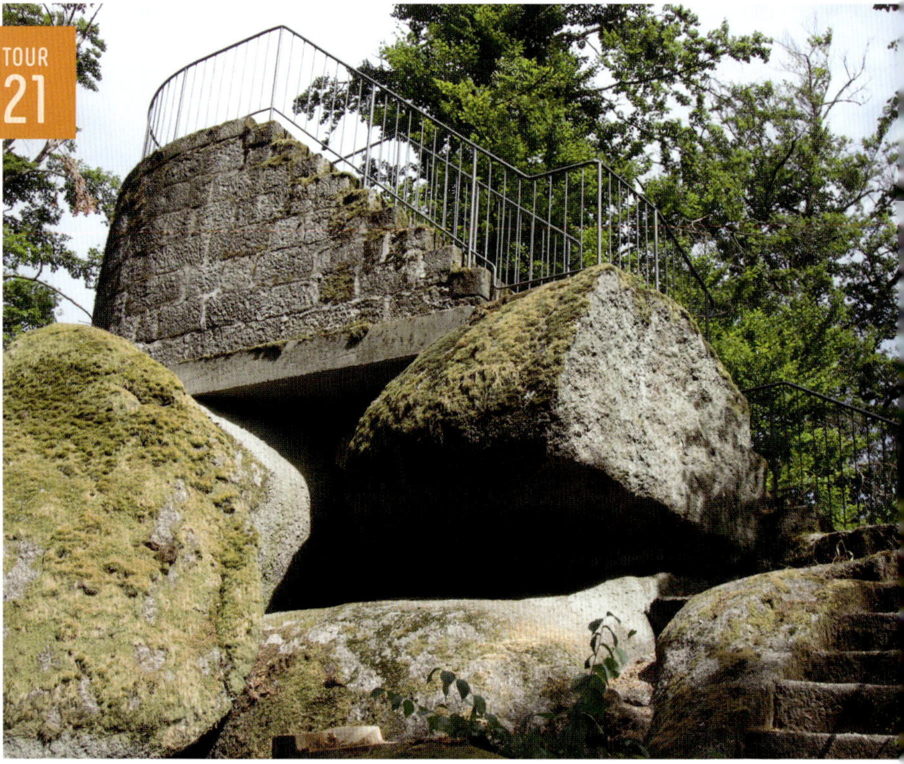

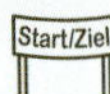

Wanderparkplatz Gibacht,
Gibacht 1, 93128 Regenstauf

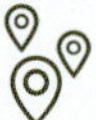

Gibacht – Aussichtspunkt – Wege – Wackelstein – Riedelhöhe – Knotenpunkt Gailenberg – Franzenshöhe – Wegspinne

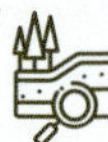

Diese Runde führt auf unterschiedlichen Wegen durch einen stillen Wald und bietet viele Fernsichten auf das Regental und bis in den Bayerischen Wald. In der Nähe begeistern uns viele mächtige bemooste Granitfelsen, die – mit Phantasie – aussehen wie Wal, Frosch, Schlangenauge. Es geht über dem Regental immer wieder bergauf, das sollte man berücksichtigen.

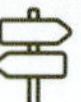

Grünes Rechteck, rotes Dreieck, roter Kreis, blaues Rechteck, grünes Rechteck, teilweise unmarkiert

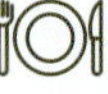

Unterwegs keine.
In der Nähe:

Landgasthof Heilinghausen
Alte Regenstraße 5,
93128 Regenstauf/Heilinghausen

Restaurant Valentinsbad
Regentalstraße 13, 93128 Regenstauf

 Foto: Aussichtsplattform Riedelhöhe

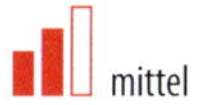
mittel

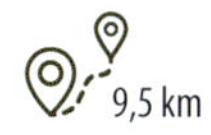
9,5 km

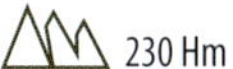
230 Hm

2:45 h

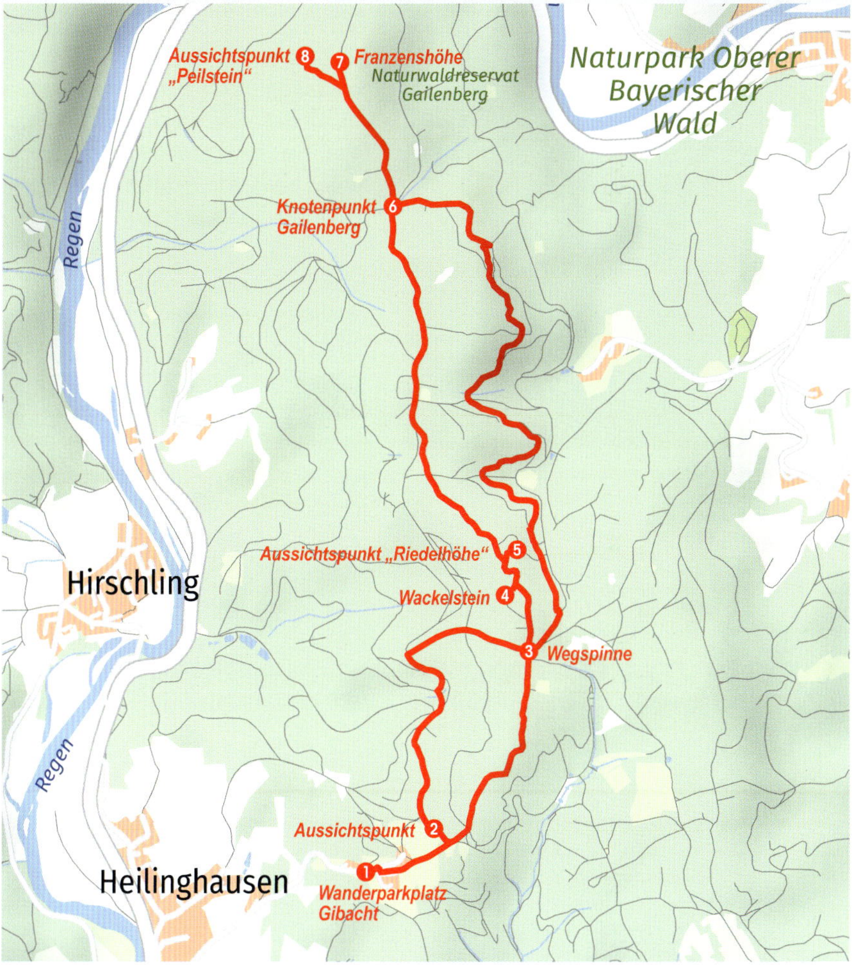

Aussichtspunkt „Peilstein“ 8
7 Franzenshöhe
Naturwaldreservat Gailenberg
Naturpark Oberer Bayerischer Wald
Knotenpunkt Gailenberg 6
Regen
Aussichtspunkt „Riedelhöhe“ 5
Hirschling
Wackelstein 4
3 Wegspinne
Regen
Aussichtspunkt 2
Heilinghausen
1 Wanderparkplatz Gibacht

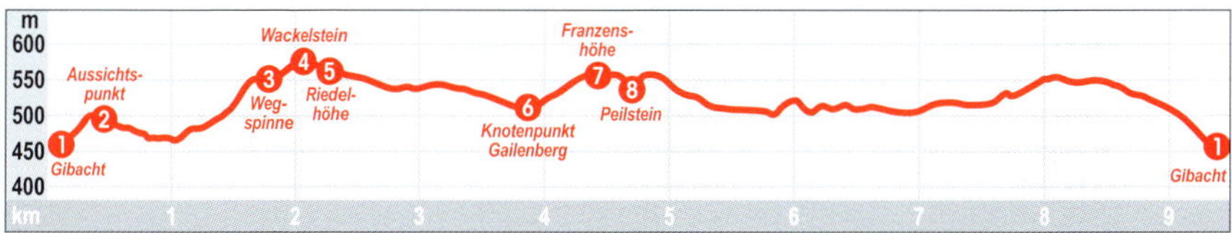

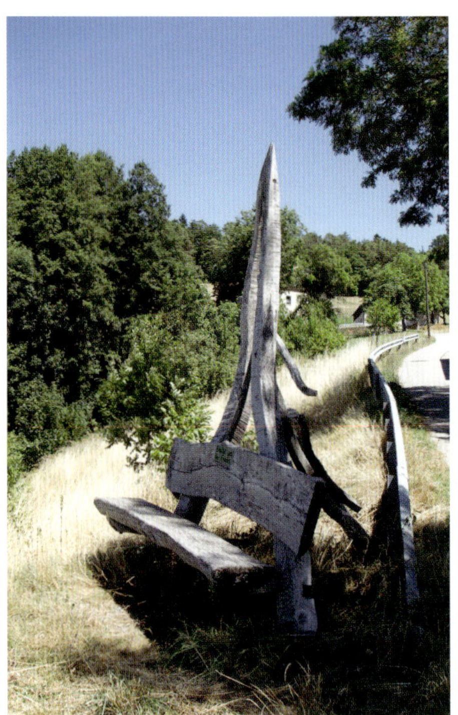

Originelle Bank am Parkplatz

Wir starten am Wanderparkplatz von Gibacht ❶. Eine Pause auf der originellen Bank und die schöne Aussicht heben wir uns für die Rückkehr auf, denn zunächst folgen wir jetzt dem grünen Rechteck, das uns bald über die Wiese am Stadel vorbei hinauf zum Wald leitet. Oben stoßen wir auf einen breiten Weg und folgen ihm nach links.

Gleich erreichen wir den ersten Aussichtspunkt ❷: Eine Bank steht malerisch zwischen Heidesträuchern und lädt dazu ein, die Idylle von Gibacht und den Blick in die Ferne schweifen zu lassen. Wir bleiben auf dem Forstweg, der leicht bergab führt, bis wir einen kleinen Tümpel rechts passiert haben, danach gehen wir im spitzen Winkel rechts bergauf und nach der nächsten T-Kreuzung, die schnell kommt, links. Jetzt heißt es aufpassen: Bald kreuzt nämlich ein sehr schmaler und schon von unten kommender Pfad unseren breiten Weg. Wir nehmen diesen Pfad, der im rechten Winkel nach rechts leicht bergauf führt, wobei wir zwischendrin einen weiteren Pfad überqueren.

Wenn wir aus dem Wald herauskommen, treffen wir auf mehrere breite Wege ❸. An dieser Stelle werden wir auf dem Rückweg wieder vorbeikommen. Jetzt nehmen wir gleich den ersten links und finden an einer Buche auch den entsprechenden Wegweiser rotes Dreieck, dem folgend wir nach kurzer Zeit schon den Wackelstein ❹ erreichen. Natürlich muss man seine Kräfte messen und ver-

Aussicht auf Gibacht

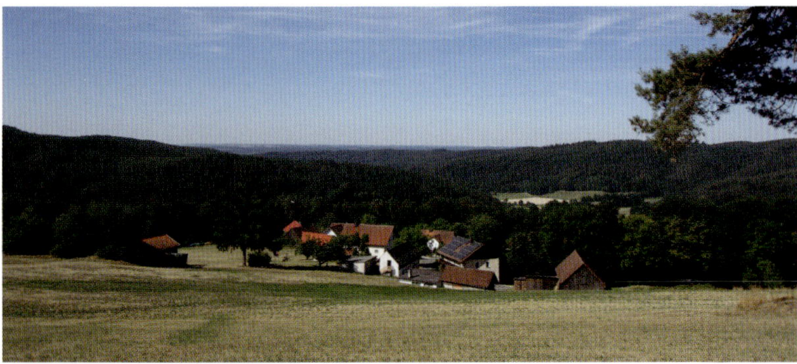

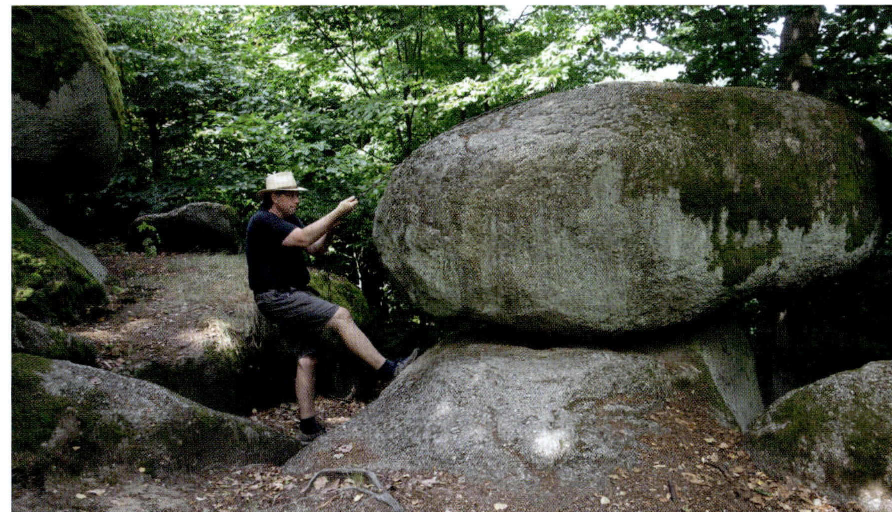

Wackelstein

suchen, diesen Felsblock, an dem eine Kette befestigt ist, zu bewegen, spannender sind aber eigentlich noch die vielen großen und mächtigen Felsbrocken, auf denen man herumkraxeln kann. In der laublosen Zeit hat man hier eine weite Aussicht, die dann auch auf dem nun folgenden Wegstück genossen werden kann; so hat auch der Winter seine Vorteile! Nach kurzer Zeit biegen wir rechts ab zur Riedelhöhe ❺. An einer Buche mit dem roten Dreieck ist dieser Wegweiser zu finden, aber auch die nächsten großen Felsblöcke sind schon durch die Bäume zu entdecken. Die Riedelhöhe ist ein gemauerter und gesicherter, auf Stufen zugänglicher Aussichtsturm nach Osten.

Aussicht von der Riedelhöhe

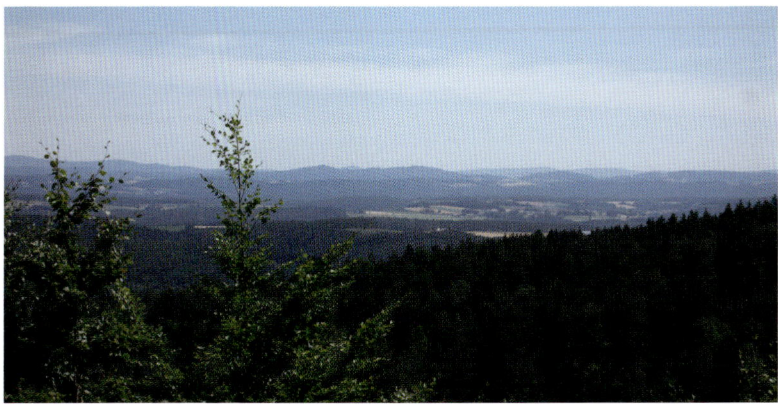

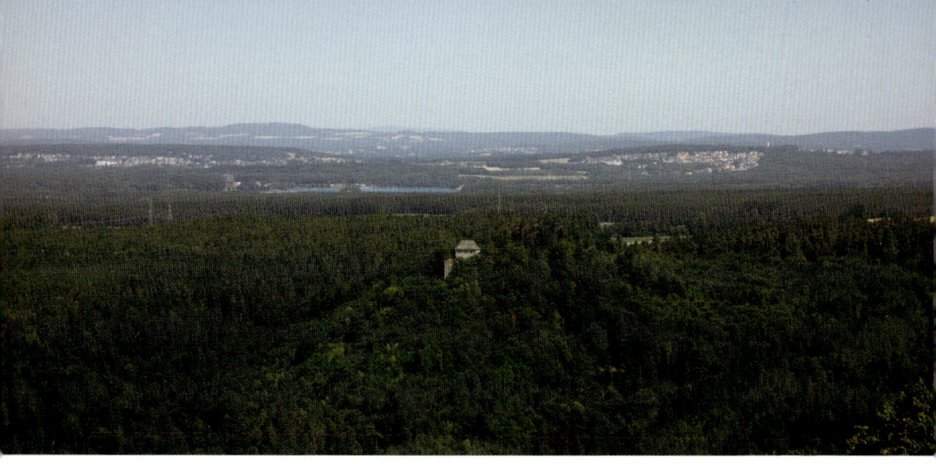

Blick vom Peilstein

Auf unserer weiteren Route zum nächsten Highlight Peilstein (oder Peilnstein), immer dem roten Dreieck folgend, überqueren wir eine Wegspinne mit einem Holzpavillon als Rastplatz, den Knotenpunkt Gailenberg ❻.
Wenn der Weg sich später spaltet, geht's für die, die noch nicht dort waren, zunächst einmal geradeaus weiter (und danach wieder zurück) zum ehemaligen, jetzt aber zugewachsenen Aussichtspunkt Franzenshöhe ❼. Ansonsten nehmen wir den nun links abzweigenden Weg mit dem Wegweiser Peilstein ❽ (roter Kreis). An diesem Felsen hat man das Gefühl, sich auf einem Gipfel (mit Gipfelbuch!) im Bayerischen Wald zu befinden. Die Burg, die aus dem Wald gegenüber herausragt, ist Stockenfels, weiter nördlich leuchtet der große Steinberger See blau, und sogar die „Erlebnisholzkugel" am Ufer ist auszumachen.
Wir kehren daraufhin zurück bis zur Wegspinne ❻, um jetzt nach links dem blauen Rechteck Richtung Geiseck zu folgen. Nun heißt es aufpassen, denn wenn der breite Forstweg eine Rechtskurve macht und dann links an einer Buche das blaue Rechteck angebracht ist, dürfen wir unsere Abzweigung nicht verpassen: Es geht hier nämlich nach rechts in einem spitzen Winkel ein paar Meter etwas steil bergauf. Hier kann es etwas rutschig sein, doch diese kurze Unbequemlichkeit lohnt sich wirklich, denn danach wird unser schmaler Pfad nämlich schnell bequem und wir haben mit ihm einen wunderbaren Panoramablick auf das Regental, auf Schloss Stefling, das auf seinem grünen Hügel thront, bis zu den Bergen des Bayerischen Waldes. Neben unserer Stre-

Verborgener Pfad zu den Granitfelsen

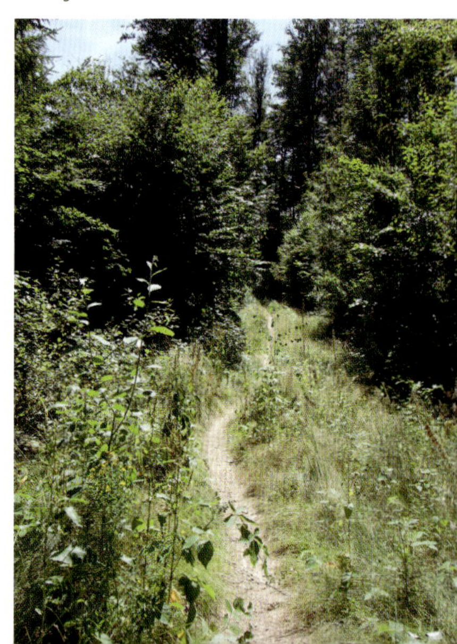

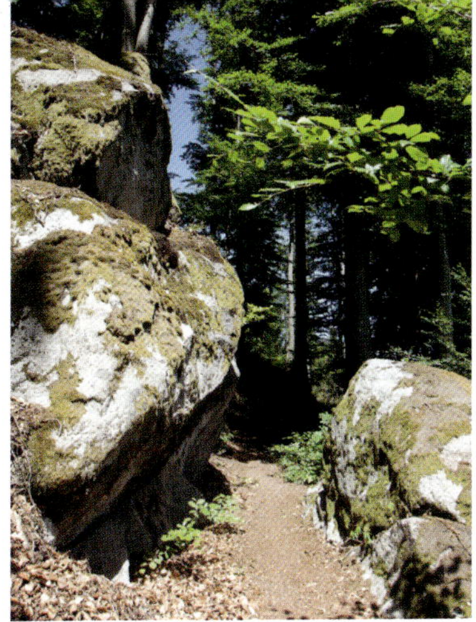

Imposante Steinformationen

cke begleiten uns viele bemooste, unterschiedlich große Granitfelsbrocken, und man kann auch verschiedene „Tiere" darin ausmachen ... Ein märchenhafter Pfad für unsere Phantasie.
Unterwegs überqueren wir einen breiteren Weg. Wenn unser Pfad später auf den geschotterten Weg zuläuft, geht kurz davor, vor der Linkskurve, unser schmaler Pfad doch wieder nach rechts ab. Am Ende müssen wir schließlich doch noch ganz kurz den breiten Weg nehmen, und es geht auf ihm nach rechts. Wir erreichen jetzt wieder Punkt ❸ und erkennen auch den kleinen Pfad, auf dem wir anfangs gekommen waren. Jetzt biegen wir aber nach links ab, und die Markierung grünes Rechteck bringt uns zum Ausgangspunkt, am Ende auch wieder über die Wiese, zurück nach Gibacht.

Bemerkenswert

Wackelstein: Großer Fels mit Punktauflage, den zwei Personen ins Wanken bringen können.

Riedelhöhe: Gemauerter und gesicherter Aussichtsturm

Peilstein: Gesicherter Aussichtspunkt (bis zum Steinberger See und Burg Stockenfels) mit Gipfelbuch.

Burgruine Stockenfels: Am Regenknie gegenüber von Marienthal gelegene Ruine einer Höhenburg aus der Mitte des 14. Jahrhunderts, errichtet von Herzog Ludwig dem Strengen und Herzog Ludwig IV. (dem Bayern), heute im Besitz der Gräfin von Drechsel. Sie ist nur im Rahmen von Führungen zu besichtigen. Weithin bekannt als „Geisterburg": Bierpanscher jeder Art sollen dort im Brunnen auf Ewigkeit schmachten und täglich um Mitternacht ihre nie endende Buße vollziehen müssen. Auch Neugierige verlieren der Sage nach dort ihr Leben und müssen fortan mitleiden und spuken.

Steinberger See: Im Landkreis Schwandorf gelegener größter (1,84 ha) See Ostbayerns. Benannt wurde er nach dem benachbarten Dorf Steinberg. Entstanden ist er aus einer ehemaligen Braunkohlegrube, die nach ihrer Stilllegung mehrere Jahre geflutet wurde. Heute finden sich dort sehr viele Freizeitangebote für Einheimische und Touristen (Campingplatz), u.a. eine 40 m hohe begehbare „Erlebnisholzkugel" und vielfältige Wassersportmöglichkeiten: segeln, Wakeboard, Wasserski, Tretboot und natürlich auch schwimmen.

Schloss Stefling: Bereits 996 urkundlich erwähnte Wehrburg „Steveninga" bzw. „Steuininga" als Hauptsitz der Landgrafschaft der Babonen. Das heutige Schloss, aber auch die Kapelle, wurde 1748 auf alten Mauern barockisiert errichtet, nachdem das alte Bauwerk durch Unwetter stark beschädigt wurde. Heute im Privatbesitz befindlich und nicht zu besichtigen.

Freizeitführer für Bayern ♥ aus Liebe zur Heimat

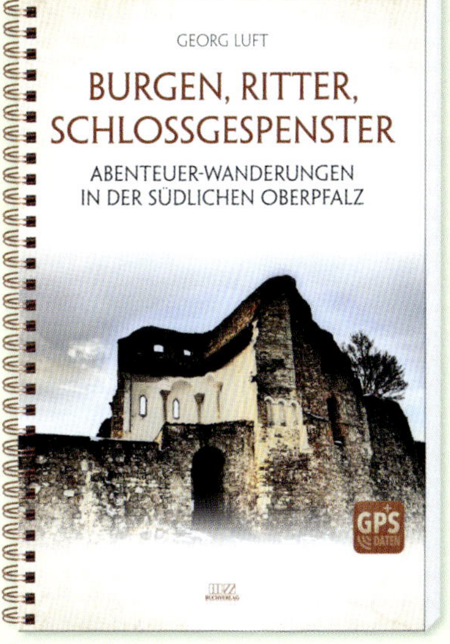

ISBN 978-3-86646-396-7 · Preis: 16,90 €

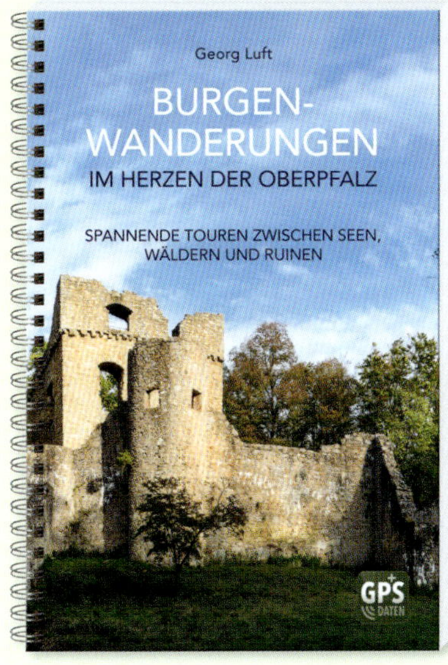

ISBN 978-3-95587-411-7 · Preis: 17,90 €

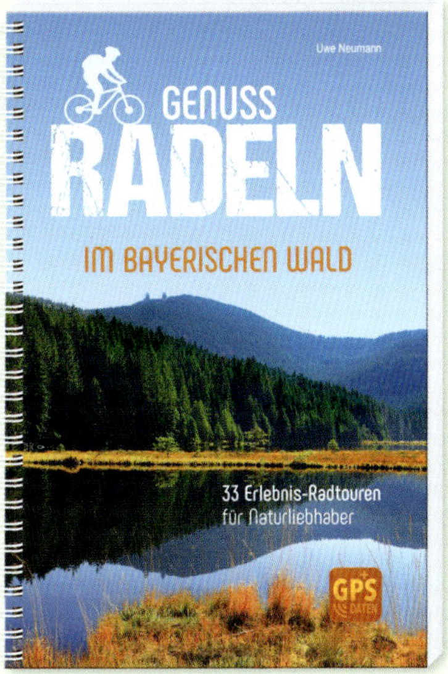

ISBN 978-3-95587-791-0 · Preis: 19,90 €

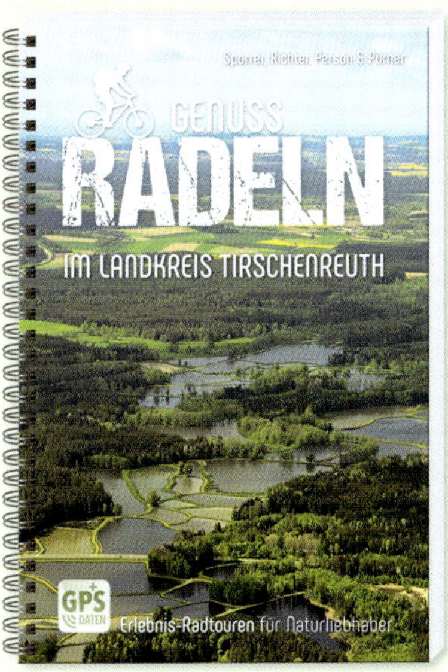

ISBN 978-3-95587-089-8 · Preis: 17,90 €

Fordern Sie kostenlos unser Verlagsprogramm an! Unser komplettes Programm mit Leseproben finden Sie online unter **www.battenberg-gietl.de/Heimat**

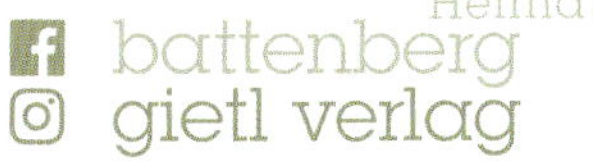

Battenberg Gietl Verlag GmbH
Pfälzer Straße 11 · 93128 Regenstauf
Tel. 0 94 02 / 93 37-0
E-Mail: info@battenberg-gietl.de

Freizeitführer für Bayern ♥ aus Liebe zur Heimat

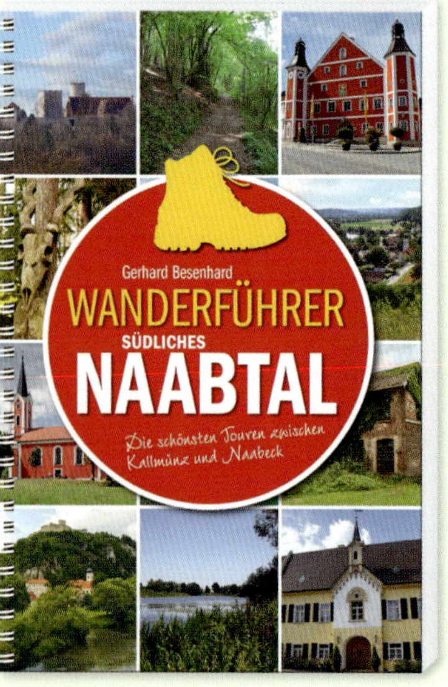

ISBN 978-3-95587-059-1 · Preis: 16,90 €

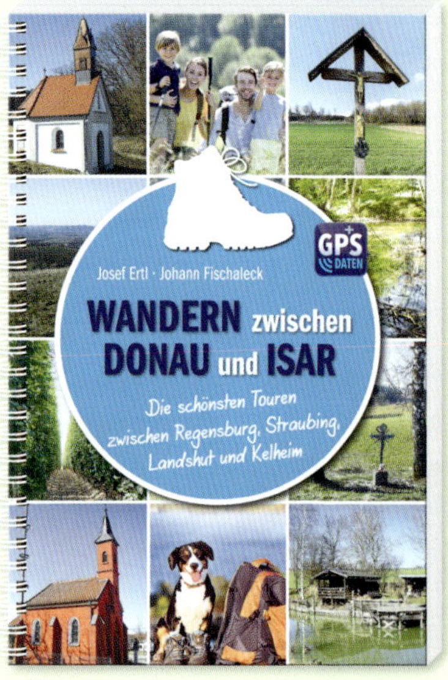

ISBN 978-3-95587-779-8 · Preis: 16,90 €

GPS DATEN

Uwe Stanke

WANDERFÜHRER STRAUBING-BOGEN

Die schönsten Touren zwischen Straubing und Sankt Englmar

ISBN 978-3-95587-810-8 · Preis: 17,90 €

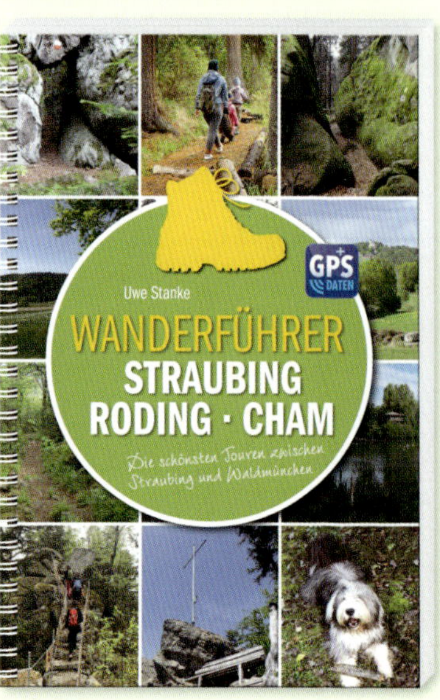

ISBN 978-3-95587-0768-2 · Preis: 16,90 €

Fordern Sie kostenlos unser Verlagsprogramm an! Unser komplettes Programm mit Leseproben finden Sie online unter **www.battenberg-gietl.de/Heimat**

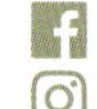

Heimat battenberg gietl verlag

Battenberg Gietl Verlag GmbH
Pfälzer Straße 11 · 93128 Regenstauf
Tel. 0 94 02 / 93 37-0
E-Mail: info@battenberg-gietl.de

Bibliografische Information der Deutschen Nationalbibliothek

Die Deutsche Nationalbibliothek verzeichnet diese Publikation in der Deutschen Nationalbibliografie; detaillierte bibliografische Daten sind im Internet über http://dnb.dnb.de abrufbar.
ISBN 978-3-95587-421-6

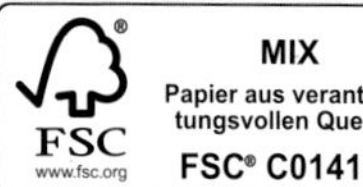

Für uns, die Battenberg Gietl Verlag GmbH mit all ihren Imprint-Verlagen, ist Nachhaltigkeit ein wichtiger Teil unserer Unternehmensphilosophie. Daher achten wir bei allen unseren Produkten auf den Einsatz umweltschonender Ressourcen und Materialien.
Dieses Buch wurde auf FSC®-zertifiziertem Papier gedruckt. FSC (Forest Stewardship Council®) ist eine nicht staatliche, gemeinnützige Organisation, die sich für die verantwortungsvolle und ökologische Nutzung der Wälder unserer Erde einsetzt.

Unsere Partnerdruckerei kann zudem für den gesamten Herstellungsprozess nachfolgende Zertifikate vorweisen:
- Zertifizierung für FOGRA PSO
- Zertifizierungssystem FSC®
- Leitlinien zur klimaneutralen Produktion (Carbon Footprint)
- Zertifizierung EcoVadis (die Methodik besteht aus 21 Kriterien in den Bereichen Umwelt, Einhaltung menschlicher Rechte und Ethik)
- Zertifikat zum Energieverbrauch aus 100 % erneuerbaren Quellen
- Teilnahme am Projekt „Grünes Unternehmen“ zum Schutz von Naturressourcen und der menschlichen Gesundheit

Abbildungen:
Doris Becher-Hedenus & Michael Hedenus sowie Archiv des Verlags

Kartografie:
Battenberg Gietl Verlag GmbH

Haftungsausschluss:
Alle Inhalte wurden von den Autoren sorgfältig recherchiert und nach bestem Wissen und Gewissen aufbereitet. Die Begehung der in diesem Buch beschriebenen Touren erfolgt auf eigene Gefahr. Der Verlag und die Autoren übernehmen für etwaige Schäden sowie auch für Richtigkeit und Aktualität der Angaben keine Haftung. Der Verlag und die Autoren weisen darauf hin, dass Privatgrund sowie auch privates Eigentum unbedingt zu respektieren sowie aktuelle Info-Tafeln hinsichtlich zu schützender Bereiche o. Ä. zu beachten sind.

1. Auflage 2023
ISBN 978-3-95587-421-6

www.battenberg-gietl.de